भारत में
प्रशासनिक सेवा परीक्षाएँ
मिथक एवं यथार्थ

भारत में प्रशासनिक सेवा परीक्षाएँ

मिथक एवं यथार्थ

देवेंद्र सिंह

प्रकाशक

प्रभात प्रकाशन प्रा. लि.

4/19 आसफ अली रोड, नई दिल्ली–110002

फोन : 23289777 • हेल्पलाइन नं. : 7827007777

इ–मेल : prabhatbooks@gmail.com ❖ वेब ठिकाना : www.prabhatbooks.com

संस्करण

2025

मूल्य

तीन सौ पचास रुपए

मुद्रक

नरुला प्रिंटर्स, दिल्ली

———— ★ ————

BHARAT MEIN PRASHASANIK SEVA PAREEKSHAYEN: Mithak evam Yatharth

by Shri Devender Singh

Published by **PRABHAT PRAKASHAN PVT. LTD.**

4/19 Asaf Ali Road, New Delhi-110002

ISBN 978-93-5322-945-0

₹ 350.00

प्रतियोगी परीक्षा की
तैयारी कर रहे समस्त
छात्रों को
समर्पित

शुभकामनाएँ

'भारत में प्रशासनिक सेवा परीक्षाएँ : मिथक एवं यथार्थ' पुस्तक का लेखन सिविल सेवा परीक्षा की तैयारी करनेवाले युवकों की कठोर मेहनत है। मैं इस अवसर पर देवेंद्र को बहुत-बहुत बधाई देता हूँ। भारत में इस विषय पर यह पहली पुस्तक है। इस पुस्तक में परीक्षाओं में जो न्यूनताएँ हैं, उनका स्पष्ट उल्लेख किया गया है। मुझे आशा है कि यह पुस्तक इन परीक्षाओं में सुधार हेतु उपयोगी साबित होगी। मुझे संतोष है कि देवेंद्र ने बड़ी प्रामाणिकता एवं कड़ी मेहनत से इस पुस्तक को लिखा एवं प्रकाशित करवाया है।

उज्ज्वल भविष्य की कामनाओं के साथ,

मातृभूमि की सेवा में अकिंचन

दीनानाथ बत्रा

(दीनानाथ बत्रा)

प्रस्तावना

एक लंबी पराधीनता के बाद देश 15 अगस्त, 1947 को स्वतंत्र हो गया, लाखों शहीदों के बलिदान तथा करोड़ों की संघर्षगाथा का यह सुपरिणाम था। देश की स्वतंत्रता राजनीतिक थी, शनैः-शनैः देश को अपनी सांस्कृतिक, वैचारिक तथा अपनी महान् दार्शनिक परंपराओं को भी पाना था, जो विगत सैकड़ों वर्षों से कहीं विभ्रमित हो गई थीं।

पराधीनता के समय विदेशी लोगों ने यहाँ पर शासन चलाने के लिए अपनी भाषा, अपने विचार तथा अपनी परंपराओं को स्थापित कर दिया था। उदाहरणस्वरूप मुसलमान शासकों के समय दरबार की भाषा फारसी रही। सभी कार्य उसी भाषा में होते थे, किंतु जैसे ही राष्ट्रीय चेतना का प्रवाह हुआ, देश ने फारसी भाषा को नकार दिया। आज के युवकों से पूछो कि 250 वर्ष पूर्व देश के अधिकांश राजदरबारों में किस भाषा में काम चलता था, तब वे शायद ही फारसी भाषा का नाम लें और वह भाषा अब गई, उसको जाना ही चाहिए था।

अंग्रेजों ने यहाँ आकर अंग्रेजी में कार्य शुरू किया। सरकारी काम-काज की भाषा अंग्रेजी हो गई। भारत में .01 प्रतिशत लोग भी अंग्रेजी नहीं जानते थे, किंतु देश अंग्रेजी से चलता था। अंग्रेज चले गए, उसके बाद भी देश का अधिकांश प्रशासनिक और न्यायिक कार्य अंग्रेजी में ही होता चला आ रहा है। यह भी कितने दुर्भाग्य की बात है कि प्रमुख चयन परीक्षाएँ आज भी अंग्रेजी के वर्चस्व से अलग नहीं हो सकी हैं। यह बात महत्त्वहीन हो गई है कि देश की जनता कौन सी भाषा समझती है, कौन सी भाषा में देश का सामान्य नागरिक बात करता है।

देश के लिए काम करनेवाले बड़े प्रशासनिक अधिकारी चयन परीक्षा के समय कौन सी भाषा में अपना विषय रखें—यह आज भी एक महत्त्वपूर्ण, किंतु अनुत्तरित प्रश्न हमारे सामने खड़ा है। इन परीक्षाओं से चयनित अधिकारी आई.ए.एस, आई.पी. एस., आई.आर.एस. आदि बनते हैं। ये सभी अधिकारी देश की जनता के बीच में रहकर काम करते हैं। अब विषय खड़ा होता है कि उनकी चयन परीक्षा की भाषा कौन सी होनी चाहिए?

जिस भाषा में सरलता और सहजता के साथ विद्यार्थी अपना विषय रख सके वही भाषा परीक्षा की मुख्य भाषा होनी चाहिए। आज भी देश के 1 प्रतिशत परिवारों में भी अंग्रेजी बोलचाल की भाषा नहीं है। आज भी बाजारों, रेलवे स्टेशनों पर, स्टैंड पर, टैक्सी स्टैंड पर, सामान्य होटलों, विद्यालयों, गली-मोहल्लों आदि में लोकभाषाओं का ही प्रयोग होता है।

लोकभाषाओं में ही विद्यार्थी अपनी जानकारी को भली प्रकार रख सकता है, लोकभाषा में उसको सहजता है। जब 1 प्रतिशत परिवारों में भी अंग्रेजी बोली नहीं जाती, तब अंग्रेजी की अनिवार्यता करके यह प्रतियोगिता केवल 1 प्रतिशत से भी कम लोगों के मध्य होनेवाली प्रतियोगिता में बदल जाती है। अंग्रेजी भाषा के इस प्रभाव का परिणाम यह निकलता है कि स्वदेशी भाषाओं के जानकार और प्रतिभावान विद्यार्थी अकारण ही पिछड़ जाते हैं तथा अंग्रेजी माध्यम के विद्यालयों में अध्ययन किए विद्यार्थियों का ही वहाँ वर्चस्व बढ़ता जाता है तथा स्थानीय भाषाओं में चल रहे 90 प्रतिशत से अधिक विद्यालयों के लिए यह नैसर्गिक और प्राकृतिक न्याय के विरुद्ध ही है।

दूसरी ओर शनैः-शनैः स्वदेशी भाषाओं के प्रति विद्यार्थियों का रुझान भी हटता जा रहा है। देखते-देखते स्वदेशी भाषाओं को अध्ययन करनेवाले विद्यार्थियों की संख्या घटती जा रही है।

विश्व के सभी शिक्षाशास्त्री तथा अन्य विद्वान् इस बात से पूर्णतया सहमत हैं कि बच्चों का स्वाभाविक विकास उसी भाषा में अच्छा होता है, जो भाषा उसकी माँ और भाई-बहन परिवार में बोलते हैं, किंतु हमारे देश में उलटी धारा चल पड़ी है।

देश के महान् लोगों महामना मालवीयजी, महात्मा गांधीजी, गुरुदेव रविंद्रनाथ टैगोर, नेताजी सुभाषचंद्र बोस, महर्षि अरविंद, लाला लाजपतराय आदि सभी का मानना था कि बच्चों की शिक्षा का माध्यम स्वदेशी भाषा ही रहे।

प्रशासनिक चयन परीक्षाओं में भाषा को लेकर जो विसंगतियाँ सामने आई हैं,

उन पर कुछ लोगों ने गहन अध्ययन तथा विश्लेषण किया है। विश्वास है कि अब देश में स्व-तंत्र के साथ स्व-विचार, स्व-भाषा, स्व-संस्कृति, स्व-दर्शन का भी स्थान महत्त्वपूर्ण होगा। तभी अपना यह राष्ट्रतत्त्व और अधिक शक्तिशाली होगा।

इस पुस्तक के लेखन में प्रिय देवेंद्र सिंहजी ने अथक परिश्रम किया है, यह आपको इस पुस्तक के अध्ययन के बाद पता चलेगा। इस कार्य हेतु वे बधाई के पात्र हैं। उनके स्वदेशी भाषा के प्रयोग हेतु चल रहे संघर्ष के लिए हम उनको शुभकामनाएँ देते हैं।

शुभेच्छाओं के साथ

कृष्ण गोपाल

(डॉ. कृष्ण गोपाल)

सह सरकार्यवाह, राष्ट्रीय स्वयंसेवक संघ

मनोगत

15 अगस्त, 1947 को यूनियन जैक के स्थान पर तिरंग तो लहराया गया, परंतु देश चलाने हेतु विभिन्न प्रकार की व्यवस्थाओं में किसी भी प्रकार का आधारभूत परिवर्तन नहीं किया गया। इसमें एक अत्यंत महत्त्वपूर्ण विषय है 'देश की प्रतियोगी परीक्षाएँ।' अपेक्षा तो यह थी कि स्वतंत्रता के बाद देश की सारी व्यवस्थाएँ भारतीय दृष्टि एवं देश की आवश्यकताओं को ध्यान में रखकर बनाई जाएँगी।

प्रतियोगी परीक्षा ऐसी व्यवस्था है, जहाँ से निकलनेवाले लोग सरकार द्वारा संचालित विभिन्न व्यवस्थाओं का नेतृत्व एवं संचालन करते हैं। इस हेतु इस व्यवस्था के परिवर्तन हेतु विचार करना अनिवार्य है। सिविल सेवा (आई.ए.एस., आई.पी.एस. आदि) कर्मचारी चयन आयोग, बैंकिंग, रेलवे आदि। इसी प्रकार राज्यों में आयोजित होनेवाली सिविल सेवा परीक्षा या अन्य परीक्षाएँ, इसमें से अधिकतर परीक्षाएँ स्वतंत्रता के पूर्व अंग्रेजों ने प्रारंभ की थीं, उनमें छोटे-मोटे सुधार करके जारी रखा गया है।

1 मार्च, 2015 को 'संघ लोक सेवा आयोग द्वारा आयोजित परीक्षाएँ : भाषा एवं पद्धति की प्रासंगिकता' विषय पर शिक्षा-संस्कृति उत्थान न्यास के द्वारा राष्ट्रीय स्तर की संगोष्ठी आयोजित की गई। उस समय मैंने इस संदर्भ में अनेक विद्वानों, प्रशासनिक अधिकारियों (आई.ए.एस) आदि से प्रश्न किया कि क्या इस विषय पर कभी इस प्रकार की सार्वजनिक चर्चा हुई है ? अभी तक तो किसी का उत्तर 'हाँ' में नहीं मिला है। मुझे बड़ा आश्चर्य हो रहा है कि स्वतंत्रता के 71 वर्षों बाद भी देश की सर्वोच्च परीक्षा पर कोई चर्चा ही नहीं हुई। संघ लोकसेवा आयोग द्वारा ली जा रही परीक्षाओं पर समय-समय पर सरकार ने समितियाँ गठित कीं, उन समितियों ने अपनी अनुशसाएँ भी दीं। इसमें विशेषकर कोठारी आयोग की

अनुशंसाओं के आधार पर वर्ष 1979 से संविधान की 8वीं अनुसूची में दी गई सभी भारतीय भाषाओं में परीक्षा प्रारंभ हुई (पूर्व में मात्र अंग्रेजी में ही परीक्षा होती थी)। इसके बाद परीक्षार्थियों की संख्या में बड़ी मात्रा में वृद्धि हुई। तत्पश्चात् एक बड़ा परिवर्तन एस.के. खन्ना समिति के सुझावों के आधार पर 2011 में हुआ। प्रारंभिक परीक्षा (जो हिंदी एवं अंग्रेजी दो भाषाओं में होती है) में सी-सैट पद्धति की शुरुआत हुई, जिसमें हिंदी माध्यम के छात्रों को 22.5 अंक की अनिवार्य अंग्रेजी के प्रश्नों के उत्तर देने थे। 22.5 अंक की अनिवार्य अंग्रेजी के विरुद्ध शिक्षा-संस्कृति उत्थान न्यास ने दिल्ली उच्च न्यायालय में जनहित याचिका दायर की। 2013 में न्यायालय में केंद्र सरकार की इस नीति के विरुद्ध निर्णय देते हुए तीन लोगों की एक समिति बनाकर 6 मास में परिवर्तन का परीक्षण करने का निर्देश दिया, परंतु तात्कालिक केंद्र सरकार ने 8 मास तक तो समिति का गठन ही नहीं किया। उसके बाद समिति का कार्यकाल बढ़ाने हेतु न्यायालय से माँग की गई। न्यायालय के आदेश पर बनाई समिति के गठन के बाद में केंद्र सरकार भी बदल गई। उस समिति के निर्णय आने के पूर्व छात्रों का आंदोलन भी प्रारंभ हो गया।

इसी बीच वर्ष 2014 में कुछ छात्र मुझे मिलने आए और उन्होंने प्राथमिक परीक्षा में भाषा के अतिरिक्त सी-सैट की समस्या के संदर्भ में अवगत कराया और इस हेतु में प्रारभ हुए छात्र आंदोलन की भी चर्चा की। हमने छात्रों के उस आंदोलन को समर्थन, सहयोग करने के साथ-साथ इसके समाधान हेतु सभी प्रकार से प्रयास किए और अंत में सी-सैट को भी अर्हकारी (क्वालीफाइंग) कराने में सफलता भी प्राप्त की।

इस महत्त्वपूर्ण घटना से प्रतियोगी परीक्षा, उसका महत्त्व और उन परीक्षाओं में आधारभूत परिवर्तन हेतु अधिक चिंतन प्रारंभ हुआ और हमने निर्णय किया कि सभी प्रकार की प्रतियोगी परीक्षाओं पर कार्य करने की आवश्यकता है। वर्तमान में इन सारी परीक्षाओं में हमारी राष्ट्रीय एवं सामाजिक आवश्यकताओं के अनुरूप लोग तैयार हो रहे हैं क्या? यह बड़ा प्रश्न है। इन परीक्षाओं में भाषा के नाम पर भेदभाव किया जा रहा है, अभी अंग्रेजी का वर्चस्व कायम है, जहाँ भारतीय भाषाओं का माध्यम है, वहाँ अनुवाद की समस्या है, पारदर्शिता का अभाव है, साक्षात्कार के प्रश्न हैं, भ्रष्टाचार की समस्या है आदि। इस हेतु इस व्यवस्था पर समग्रता से चिंतन एवं कार्य करने की आवश्यकता का अनुभव हो रहा है।

इसकी अधिक गहराई में जाते हैं, तब प्रश्न उठता है कि परीक्षा आयोजित

करनेवाली संस्था का नाम 'संघ लोक सेवा आयोग' है, यानी 'लोकसेवक' तैयार करने हेतु परीक्षा, परंतु 71 वर्षों से लोकसेवकों के बदले अधिकारी बनाए जा रहे हैं, यह हम सबका अनुभव है। इसका तात्पर्य यह है कि यह व्यवस्था हमारे देश के अनुकूल नहीं है।

अंग्रेजों के राज में आई.सी.एस. परीक्षा होती थी, उसी पद्धति को हमने आई.ए.एस. बना दिया। वास्तव में अंग्रेजों की दी हुई व्यवस्था के ढाँचे से बाहर निकलकर हमारे देश की आवश्यकताओं के अनुसार लोकसेवक तैयार करने हेतु एक नई व्यवस्था पर विचार करने की आवश्यकता है।

यह मात्र संघ लोक सेवा आयोग की परीक्षा का प्रश्न नहीं है। इसी प्रकार कर्मचारी चयन आयोग (स्टाफ सेलेक्शन कमीशन) बैंकिंग, रेलवे, राज्य स्तर पर भी राज्य लोक सेवा आयोग एवं अन्य कई प्रकार की परीक्षाएँ होती हैं। उदाहरण के लिए, बैंकिंग में कार्य करनेवाले कर्मचारी को आम जनता के साथ कार्य एवं संवाद करना होता है और वह वहाँ की स्थानीय भाषा में ही करना होता है, परंतु बैंकिंग की परीक्षा में अंग्रेजी का 20 प्रतिशत भारांश है। कर्मचारी चयन आयोग की परीक्षा के विरुद्ध विगत वर्ष छात्रों को बड़ा आंदोलन चला था ओर न्यायालय तक बात पहुँची थी। अधिकतर राज्यों के आयोगों की परीक्षा के प्रश्न-पत्र में गलतियाँ रहना परंपरा जैसी बन गई है। इतने वर्षों के अनुभव के बाद इतना छोटा कार्य आयोग के द्वारा सुचारु रूप से संपन्न नहीं हो सकता है क्या?

इस प्रकार अन्य सारी प्रतियोगी परीक्षाओं का भी इसी दृष्टि से विचार करने की आवश्यकता का अनुभव हो रहा है। इसी दिशा के प्रयास का एक कदम यह पुस्तक है।

इस पुस्तक में उपरोक्त सारी समस्याएँ एवं उनके समाधान देने का प्रयास किया है। जो भी समाधान दिया गया है, उसमें से कई विषयों पर हमने कार्य करके कुछ सकारात्मक परिणाम भी प्राप्त किए हैं।

इस पुस्तक का प्रकाशन यह देश में इस दिशा का शायद प्रथम प्रयास होगा। मित्र देवेंद्र सिंह ने छोटी उम्र में इस विषय एवं गहराई से अध्ययन करके पुस्तक लिखने का प्रयास किया है, इसके लिए उनका अभिनंदन एवं साधुवाद। पुस्तक में कोई त्रुटि लगे या इस विषय को अधिक समृद्ध करने हेतु कोई सुझाव हो तो श्री देवेंद्र के या मेरे इ-मेल पर भेजने का कष्ट करें, इस हेतु हम आपके आभारी होंगे।

आशा करता हूँ कि आप सब पाठकों के माध्यम से इस पुस्तक के द्वारा

प्रतियोगी परीक्षा पर देशव्यापी बहस आगे बढ़ेगी एवं इस परीक्षा व्यवस्था में समग्र परिवर्तन की दिशा अधिक स्पष्ट होकर देश की आवश्यकताओं के अनुसार प्रतियोगी परीक्षा का स्वरूप बने, इस दिशा में कार्य करने की गति प्राप्त होगी।

(अतुल कोठारी)
राष्ट्रीय सचिव, शिक्षा-संस्कृति उत्थान न्यास
इ-मेल : atulssun@gmail.com

आत्म-निवेदन

भारतीय लोक सेवाएँ पूरे विश्व में विशिष्ट हैं, क्योंकि 120 करोड़ की विविधतापूर्ण जनसंख्यावाले विकासशील देश की जनता को सुशासन प्रदान करने की कड़ी चुनौती इसके समक्ष है। बदलते सामाजिक–आर्थिक–राजनीतिक परिवेश में जहाँ एक ओर जन–जागरूकता में वृद्धि हुई है तो दूसरी ओर सरकार से अपेक्षाएँ भी बढ़ी हैं। ऐसे में प्रशासन की धुरी मानी जानेवाली लोक सेवाओं में ऐसे उम्मीदवारों का चयन महत्त्वपूर्ण हो जाता है, जिनमें सेवा के प्रति प्रतिबद्धता, ईमानदारी जैसे नैतिक मूल्यों के साथ देश के जटिल सामाजिक, आर्थिक, राजनीतिक तथा सांस्कृतिक परिवेश की गहरी समझ हो तथा वंचित जनता के प्रति संवेदनशीलता हो। ऐसे कठिन कार्य हेतु सिविल सेवा परीक्षा पद्धति में समय–समय पर बदलाव होते रहे हैं। एक चयन प्रणाली कैसी हो, इसे समझने के लिए कोठारी समिति को उद्धृत करना समीचीन होगा।

"The process should command the complete confidence and trust of the candidates, the government and the public. There should not be any compromise with integrity and it should not be seen in any way favouring or discriminating against any region, group or section of the community. It should provide to the maximum possible extent equality of opportunity to the candidates irrespective of their social status, region and their university degree subjects. It should encourage candidates with appropriate attributes and qualities to offer themselves for selection."

विविधताओं से भरे एक विकासशील देश में किसी भी वर्ग अथवा पृष्ठभूमि के छात्र को अवसर की समानता मिले, यही 'प्रतियोगी परीक्षा' की मूल आत्मा है। चयन की प्रक्रिया का दायरा कुछ वर्गों या स्थानों तक सीमित न होकर देशव्यापी

हो। इसी क्रम में 2011 में एस.के. खन्ना समिति की अनुशंसाओं के अनुरूप प्रारंभिक परीक्षा से वैकल्पिक विषय समाप्त कर 'अभियोग्यता परीक्षण' का एक प्रश्न-पत्र लाया गया, जो बड़े विवाद का विषय बना। तीन ही वर्षों में जब भारतीय भाषाओं में पढ़े, ग्रामीण व कस्बाई पृष्ठभूमि के छात्रों का चयन अचानक गिरकर 10 प्रतिशत रह गया, जो कभी 45-50 प्रतिशत होता था, तो अभ्यर्थियों में रोष स्वाभाविक था। तमाम सीमितताओं के बावजूद, सबसे अलग-थलग रहकर, दिन रात कड़ी मेहनत करनेवाले छात्रों को सड़क पर उतरना पड़ा। इससे पूर्व सिविल सेवा परीक्षा के अभ्यर्थियों की अखिल भारतीय स्तर की ऐसी कड़ी प्रतिक्रिया कभी नहीं हुई थी, जिसने देश की संसद् को हस्तक्षेप करने पर विवश कर दिया। आंदोलन तो खत्म हुआ, पर देश के सामने कई अनसुलझे प्रश्न खड़े कर गया, जो आज भी अनुत्तरित हैं, यथा क्या यह परीक्षा वास्तविक अर्थों में 'प्रतियोगिता' है, जो विविध पृष्ठभूमियों के छात्रों को समान अवसर प्रदान करती है? क्या इस प्रणाली में पारदर्शी रूप में छात्रों की आपत्तियों का निराकरण किया जाता है? क्या अपनी ही मातृभाषा में बेहतर अभिव्यक्ति सिविल सेवक बनने हेतु अयोग्यता है? क्या इसकी साक्षात्कार प्रक्रिया वस्तुनिष्ठ है? क्यों उस आयोग की विश्वसनीयता पर प्रश्नचिह्न लगे, जो कुछ समय पूर्व तक अनुकरणीय था?

इस आंदोलन के दौरान जाने कैसे मुद्दा 'हिंदी बनाम अंग्रेजी' बन गया, जबकि मूल विषय कुछ और ही था। वर्तमान प्रणाली को कठघरे में खड़ी करनेवाली बातें कहीं पीछे छूट गईं और अवांछित मुद्दे प्राथमिक हो गए। इसी को स्पष्ट करने व वर्तमान प्रणाली की सक्षमता व प्रासंगिकता पर एक मंथन का प्रयास इस पुस्तक के माध्यम से किया गया है।

इसके अतिरिक्त अधिकांश राज्य लोक सेवा आयोगों की स्थिति चिंताजनक है। परीक्षाओं का समय पर आयोजित न होना, दोषपूर्ण प्रश्न-पत्र एवं उत्तर-कुंजियाँ, अतार्किक परीक्षण पद्धतियाँ इन प्रणालियों को पंगु कर चुकी हैं। दुःखद आश्चर्य है कि करोड़ों रुपयों के बजट वाली ये संस्थाएँ इतनी अक्षम कैसे हो गईं कि ये सौ वस्तुनिष्ठ प्रश्नों के उत्तर भी सही नहीं बना सकती। इसके लिए विद्यार्थी न्यायालय पहुँचते हैं, तब जाकर उन प्रश्नों के उत्तर सुधारे जाते हैं। अब ऐसे में मुख्य परीक्षा के मूल्यांकन का स्तर क्या होगा, यह कल्पना करके ही चिंता होती है। क्या ऐसी प्रणालियाँ मेधावी छात्रों व देश के साथ छल नहीं है?

कर्मचारी चयन आयोग एवं बैंकिंग परीक्षाओं की सबसे बड़ी कमी यह है

कि उनकी परीक्षा का स्वरूप एवं सेवा आवश्यकताओं में बहुत दूर का रिश्ता है। हालत यह है कि बैंक लिपिक की परीक्षा में अंग्रेजी का परीक्षण दो स्तर पर होता है। एस.एस.सी. के अंग्रेजी के प्रश्न-पत्र की कठिनता का स्तर आई.ए.एस. की परीक्षा से ऊँचा है। इसके अतिरिक्त दोषपूर्ण ऑनलाइन परीक्षा, विषयनिष्ठ प्रणाली का अभाव जैसी कई समस्याएँ प्रतिवर्ष हजारों छात्रों के भविष्य पर कुठाराघात कर रही हैं।

ऐसे में इस पुस्तक के माध्यम से इन परीक्षाओं की विसंगतियों को सभी के सामने रखने का एक विनीत प्रयास किया गया है। इसका उद्देश्य है कि प्रतियोगी परीक्षाओं का महत्त्व समझते हुए इस पर राष्ट्रव्यापी विमर्श प्रारंभ हो एवं इन परीक्षाओं में सुधार का मार्ग प्रशस्त हो सके, ताकि देश को वे लोकसेवक मिल सकें, जिनका यह देश हकदार है।

—देवेंद्र सिंह

कृतज्ञता ज्ञापन

परमपिता परमात्मा के आशीर्वाद, मेरी माता श्रीमती संतोष कँवर, पिता श्री हरि सिंह एवं अनुजा डॉ. मीनाक्षी सिंह के स्नेह एवं सहयोग के बिना यह कार्य संभव नहीं था।

मेरे गुरु एवं पथ-प्रदर्शक श्री अतुल भाई कोठारीजी को कोटि-कोटि धन्यवाद। इस पुस्तक के शिल्पकार एवं प्रेरणास्रोत अतुलजी ही हैं; जिनके निरंतर उत्साहवर्धन एवं प्रोत्साहन तथा मार्गदर्शन से यह पुस्तक मूर्त रूप ले पाई।

मेरे अभिन्न मित्र श्री एडवर्ड मेंढे का मैं सदा ऋणी रहूँगा, जिनकी निरंतर मदद एवं मीठी झिड़कियाँ इस लेखन की ऊर्जा बनीं। इसके अतिरिक्त सभी मित्रों—मूलचंद्र, आशीष, अथर्व शर्मा, सुबोध, समीर कौशिक एवं शिक्षा संस्कृति उत्थान न्यास परिवार का सादर धन्यवाद।

—देवेंद्र सिंह

अनुक्रम

शुभकामनाएँ *7*

प्रस्तावना *9*

मनोगत *13*

आत्म-निवेदन *17*

कृतज्ञता ज्ञापन *21*

1. प्रशासनिक सेवाओं का इतिहास 25
2. सिविल सेवा परीक्षा में सुधार हेतु गठित समितियाँ 33
3. सिविल सेवा (प्रारंभिक) परीक्षा की समस्याएँ 64
4. मुख्य परीक्षा की समस्याएँ 86
5. साक्षात्कार की समस्याएँ 98
6. अनुवाद या अपराध 107
7. पारदर्शिता 115
8. राज्य प्रशासनिक सेवाएँ : आमूल-चूल परिवर्तन की आवश्यकता 126
9. व्यापक भर्ती वाली परीक्षाएँ (SSC, बैंकिंग, रेलवे) 173
10. सिविल सेवा परीक्षा पर आयोजित प्रथम राष्ट्रीय कार्यशाला 198
11. एक विनम्र निवेदन 204

संदर्भ स्रोत 205

प्रशासनिक सेवाओं का इतिहास

सिविल सेवा की जड़ें काफी लंबे अरसे से मानव इतिहास के साथ जुड़ी हैं। प्राचीन मिस्र की सभ्यता को जिंदा रखने की कुंजी सिविल सेवा थी, जो 3000 ई.पू. के पहले तक फली-फूली और बाद के सभी अफसरशाहों का एक ऐतिहासिक मॉडल बनी।

चीन में, जहाँ सिविल सेवा कम-से-कम 200 ई.पू. पूर्व कायम रही, इसने शी ह्वांगती के समय से चीनी साम्राज्य के फलने-फूलने में महत्त्वपूर्ण भूमिका निभाई। चीन में सिविल सेवकों को योग्यता के आधार पर भर्ती किया जाता था तथा उन्हें एक सुपरिभाषित आजीविका-पथ और कार्यावधि की सुरक्षा प्राप्त थी। राज्य की सेवा करना एक बड़ा विशेषाधिकार माना जाता था, जो केवल कुछ एक गिने-चुने प्रतिभाशालियों को ही प्राप्त होता था। जापान में 645 ई.पू. के तइका सुधारों के बाद से सिविल सेवा में निरंतरता बनी रही और वह भी पद्धतियाँ बदलने तथा शक्ति के हस्तांतरित होने के बावजूद। अनेक नीग्रो साम्राज्य बहुत कम समय तक चले, क्योंकि उनमें अधिकारियों की एक व्यवस्थित प्रणाली का अभाव था। अधिकारियों की प्रणाली के भंग हो जाने के बाद कारोलिंगियाई साम्राज्य की एकता गंभीर रूप से प्रभावित हुई।

मध्य काल में व्यापक आधुनिक राज्यों का आधार अफसरशाही प्रणालियों के साथ-साथ सहवर्ती रूप से विकसित हुआ। सिविल सेवा का विकास यूरोप में राष्ट्र निर्माण की प्रक्रिया की दिशा में एक अनिवार्य कदम था। आधुनिक अफसरशाही राज्य का विकास यूरोप में प्रौद्योगिकी में एक ऐसी घटना समझा गया कि इसे अन्य देशों में ले जाया गया। इस प्रकार यह अवधारणा यूरोप में पूर्व से लेकर जर्मनी और रूस तक पहुँची। रूस में, अफसरशाही ने अर्थव्यवस्था को आधुनिक बनाने तथा शैक्षिक पद्धति को फ्रांस की पद्धति पर ढालने के लिए विस्तृत रूप से विनियम तैयार

किए गए; पद्धति ने ठीक-ठाक काम किया, क्योंकि अफसरशाही की प्रक्रिया को साधारण बनाने के लिए सिविल सोसायटी पर्याप्त रूप से विकसित थी। अवधारणा के रूस और पूर्व में पहुँचने तक इस कर काबू पाने के लिए सिविल सोसायटी के विकास के अभाव में राज्य अत्यधिक अफसरशाही के दबाव में आ गया।

भारत में आर्यों के नायकों ने प्रशासनिक प्रणाली का उल्लेख किया। राक्षसों के खिलाफ युद्ध में देवता हार के कगार पर थे। निराशा में वे इकट्ठे हुए और अपना नेतृत्व करने के लिए उन्होंने एक राजा को चुना। प्रारंभिक आर्य प्रशासनिक पद्धति के उद्भव को संभवत: इन नायकों के साथ जोड़ा जाता है।

कौटिल्य के अर्थशास्त्र में प्रशासनिक प्रणाली में सात बुनियादी घटकों का उल्लेख किया गया है। ये हैं—स्वामी (शासक), आमात्य (अधिकारीगण), जनपद (क्षेत्र), दुर्ग (किलेबंद राजधानी), कोष (राजकोष), दंड (सेना) और मित्र (दोस्त)। अर्थशास्त्र के अनुसार, उच्च कोटि के अधिकारियों में मंत्री और आमात्य सम्मिलित थे। मंत्रिगण राजा के सर्वोच्च सलाहकार होते थे और आमात्य सिविल सेवक होते थे। तीन प्रकार के आमात्य थे—सर्वोच्च, मध्यवर्ती और निम्नतम, जो सिविल सेवकों की अर्हताओं पर निर्भर था। प्रमुख सिविल सेवक समाहर्ता था, जो वार्षिक बजट तैयार करता था, लेखे रखता था तथा एकत्र किए जानेवाले राजस्व का निर्धारण करता था। अन्य प्रमुख सिविल सेवक सन्नीधत्र था, जो वसूल हुए करों का लेखा-जोखा रखता था तथा भंडार का प्रभारी होता था।

दिल्ली सल्तनत के समय प्रशासनिक व्यवस्था के विकास में एक नए चरण का उद्भव हुआ। सल्तनत काल के प्रारंभ में शासकों के लिए यह जरूरी था कि वे नव विजित क्षेत्रों पर अपने प्राधिकार और नियंत्रण को मजबूत करें। यह कार्य अस्थायी तौर पर भूमि को अपने अनुयायियों को सौंपकर किया गया, जो कि सिविल सेवक बन गए और साथ ही इन सुपुर्दगियों को, धारकों को सामाजिक अधिशेष के एक बड़े भाग को समायोजित करना था और साथ ही साथ उसे शासक वर्ग के सदस्यों के बीच विभाजित करना—जिसे दिल्ली सल्तनत द्वारा लागू किया गया था—सल्तनत से अलग समकालीन राज्यों, जैसे कि उड़ीसा और विजयनगर द्वारा अपनाया गया था।

ब्रिटिश शासन के दौरान सिविल सेवा पद्धति मूलत: मुगल पद्धति पर आधारित थी, यद्यपि कुछ संशोधनों के साथ किंतु मैकाले की रिपोर्ट पर अमल करने हेतु बड़े परिवर्तन किए गए। मैकाले रिपोर्ट में सिफारिश की गई कि केवल सर्वोत्तम

और होनहार ही भारतीय सिविल सेवा में शामिल हो सकता है। रिपोर्ट में कहा गया—"**निस्संदेह यह वांछनीय है कि कंपनी के सिविल सेवकों को मूल देश द्वारा की जानेवाली सर्वोत्तम, उदार और सर्वाधिक परिष्कृत शिक्षा प्राप्त हो।**" रिपोर्ट में इस बात पर बल दिया गया कि कंपनी के सिविल सेवकों को अपनी प्रथम डिग्री ऑक्सफोर्ड अथवा कैंब्रिज से प्राप्त करनी चाहिए।

आई.सी.एस. के लिए सर्वोत्तम और सबसे निपुण शिक्षा प्राप्त करने के संबंध में उसके उत्साह के बारे में संदेह प्रकट नहीं किया जा सकता। आखिरकार, यह साम्राज्य के सर्वाधिक हित में था कि उपनिवेशी भारत की सिविल सेवा के प्रति ब्रिटिश विश्वविद्यालयों की सर्वोत्तम प्रतिभा आकर्षित हो। रिपोर्ट में सुझाया गया कि उपनिवेशी प्रशासक की शैक्षिक पृष्ठभूमि इंग्लैंड में सिविल सेवक से भी अधिक व्यापक होनी चाहिए। समिति के शब्दों में—"**वस्तुतः कंपनी के सिविल सेवक के मामले में, उत्तम सामान्य शिक्षा, इंग्लिश व्यावसायिक व्यक्ति की तुलना में और भी अधिक वांछनीय है; क्योंकि कंपनी के एक अत्यंत युवा सेवक के लिए भी कर्तव्य, इंग्लैंड में किसी व्यावसायिक व्यक्ति के तहत सामान्यतः आनेवाले कर्तव्यों की तुलना में अधिक महत्त्वपूर्ण हैं।**" भारत के साम्राज्यवादी हितों की देखभाल करने के लिए इंग्लैंड की सर्वोत्तम प्रतिभाओं का समर्थन करना और अधिक के साथ नहीं किया जा सकता था।

वर्ष 1835 में लार्ड मैकाले ने ब्रिटिश संसद् के समक्ष स्वीकार किया—"**मैंने पूरे भारत भर की यात्रा की है और मैंने ऐसा कोई व्यक्ति नहीं देखा, जो भिखारी हो, जो चोर हो, ऐसी संपदा मैंने इस देश में देखी है, ऐसा ऊँचा मनोबल, इतनी बुद्धि वाले व्यक्ति, जो इस राष्ट्र का आधार हैं, जो उस देश की आध्यात्मिक और सांस्कृतिक विरासत हैं।**" किंतु मैकाले की रिपोर्ट उस समय की एक उपज थी। जिस समय समिति ने रिपोर्ट दी थी, उस समय भारत में ब्रिटिश राजनीतिक श्रेष्ठता एक महत्त्वपूर्ण प्रभुसत्तासंपन्न शक्ति में बदल गई थी, जो अपने अफसरशाही तंत्र के माध्यम से अपनी इच्छा आरोपित करने में समर्थ थी। वेलेजली से लेकर डलहौजी तक भारत में ब्रिटिशों का राजनीतिक प्राधिकार बढ़ता गया; और साम्राज्य के प्रचालनों के कार्यक्षेत्र में पर्याप्त वृद्धि हो गई थी। स्पष्ट है कि साम्राज्य को बनाए रखने, इसकी क्षेत्रीय अखंडता को अनुरक्षित रखने तथा व्यवस्था आरोपित करने के लिए सर्वोत्तम व प्रतिभाशाली सेवाओं की जरूरत थी।

(स्रोत : द्वितीय प्रशासनिक सुधार आयोग रिपोर्ट)

भारत में सिविल सेवा का इतिहास

सर्वप्रथम सन् 1855 में सिविल सेवा की खुली प्रतियोगी परीक्षा लंदन में आयोजित हुई। यह परीक्षा 1855 में गठित सिविल सर्विसेज कमीशन द्वारा आयोजित की जाती थी। उस समय इसका नाम 'इंडियन कोवेनेटेड सिविल सर्विसेज एक्जामिनेशन' (ICCS) था। सन् 1869 तक कुल 16 भारतीयों ने यह परीक्षा दी, परंतु सफल केवल एक अभ्यर्थी रहा। इसकी पात्रता भी रोचक थी। तत्कालीन नियम के अनुसार पात्रता इस प्रकार थी—

"Anyone who is her Majesty's Subject & between 18 to 23 years." यहाँ गौरतलब है कि विश्वविद्यालय की डिग्री का कोई आग्रह नहीं था, यद्यपि परीक्षा का स्तर स्नातक स्तर का था।

सन् 1856 से ही यह माँग जोर पकड़ रही थी कि परीक्षा लंदन के साथ-साथ भारत में भी आयोजित की जाए। 1885 में भारतीय राष्ट्रीय कांग्रेस के गठन के बाद यह माँग और तेज हो गई। काफी जोर आजमाइश के बाद वर्ष 1922 में यह परीक्षा पहली बार भारत में आयोजित की गई और इसकी तैयारियों एवं निरीक्षण के लिए इंग्लैंड के सिविल सेवा आयुक्त महाशय भी भारत पधारे। विचारणीय बिंदु यह है कि इसकी पात्रता, भारतीयों की सहभागिता अति सीमित रखना, ब्रिटिशों के शासन करने के उद्देश्य को स्पष्ट करती है। हमें समझना होगा कि इसका मूल दर्शन ब्रिटिश लोगों (elites) द्वारा एक उपनिवेश के लोगों पर शासन करना था, न कि भारत में प्रशासन व्यवस्था।

इसके 4 वर्ष बाद 1926 में पहले पब्लिक सर्विस कमीशन का गठन हुआ, जो भारत में ब्रिटिश सिविल सर्विस कमीशन के निर्देशानुसार इस परीक्षा के आयोजन हेतु अधिकृत किया गया। यह आयोग बढ़ती जनाकांक्षाओं के अनुरूप कार्य नहीं कर पा रहा था, क्योंकि इसके अधिकार बहुत सीमित थे। काफी संघर्षों के बाद Government of India Act, 1935 के अंतर्गत एक संघीय सेवा आयोग (Federal Service Commission) का गठन हुआ। 1937 में पहली बार इस आयोग ने ब्रिटिश सिविल सेवा कमीशन से स्वतंत्र होकर अपने स्तर पर सिविल सेवा परीक्षा का आयोजन किया।

तत्कालीन परीक्षा की संरचना कुछ इस प्रकार थी—

English Composition	500
Eng. Literature and History including that of laws and constitution	1000
Language Literature & History of Greece	750
Language Literature & History of Rome	780
Language Literature & History of France	375
Language Literature & History of Germany	375
Language Literature & History of Italy	375
Mathematics (Pure & Mixed)	1000
Natural Science (Chemistry, Electricity, Natural History, Geography, Mineralogy)	500
Moral Science	500
Sanskrit Language & Literature	375
Arabic Language & Literature	375
Total	6875

(स्रोत : प्रो. अरुण निगवेकर समिति रिपोर्ट)

26 जनवरी, 1950 से भारत का संविधान अंगीकार किया गया एवं संघ लोक सेवा आयोग का गठन हुआ। तत्कालीन फेडरल पब्लिक सर्विस कमीशन के अध्यक्ष एवं सदस्य ही इसके अध्यक्ष एवं सदस्य बने। तत्कालीन संघ लोक सेवा आयोग की उस समय की सबसे बड़ी चुनौती भारत की उस समय की परिस्थितियाँ थीं। एक नव स्वतंत्र देश, भाषायी एवं सांस्कृतिक विविधता, एक ऐसी जनंसख्या जो धार्मिक आधार पर बँटी थी, सामाजिक आर्थिक शैक्षणिक पिछड़ेपन से ग्रस्त थी, को एक सशक्त, सक्षम एवं दक्ष प्रशासनिक अधिकारी चुनकर देना बहुत कठिन कार्य था। लोकतंत्र का तो अभी शैशव काल था, ऐसी जटिल परिस्थिति में यदि राजनीतिक अथवा किसी अन्य प्रकार के प्रभाव से संक्रमित नौकरशाही बनती तो देश को होनेवाली हानि का अनुमान लगाना भी असंभव था। ऐसे में देश को सुयोग्य प्रशासक प्रदान करना एवं लोकतांत्रिक आदर्शों को अक्षुण्ण रखते हुए राष्ट्र निर्माण के साथ महत्त्वपूर्ण कार्य को करना आयोग के सामने यक्षप्रश्न था।

ऐसे में स्वतंत्र भारत में मोटे तौर पर एकीकृत प्रशासनिक व्यवस्था की ब्रिटिश

प्रणाली ही बनी रही। इसी क्रम में दिसंबर 1947 को 2 अखिल भारतीय एवं 8 केंद्रीय सेवाओं की संयुक्त प्रतियोगी परीक्षा आयोजित हुई। स्वतंत्रता पश्चात् अनेक अंग्रेज व मुस्लिम अधिकारी देश छोड़ चुके थे, इस कारण अधिकारियों की काफी कमी हो चुकी थी। ऐसे में वर्ष 1948 में एक विशेष भर्ती की गई, जिसमें भारतीय प्रशासनिक सेवा, भारतीय पुलिस सेवा एवं केंद्रीय सेवाओं के लिए अधिकारियों की भर्ती की गई, परंतु इसके लिए कोई लिखित प्रतियोगी परीक्षा नहीं आयोजित की गई थी।

1947 से 1950 तक प्रतिवर्ष भारतीय प्रशासनिक सेवा, भारतीय पुलिस सेवा, भारतीय विदेश सेवा एवं कुछ अन्य केंद्रीय सेवाओं हेतु संयुक्त प्रतियोगी परीक्षा आयोजित हुई। इस प्रणाली में तीन अनिवार्य विषय थे—

(i) सामान्य अंग्रेजी – 250 अंक

(ii) निबंध – 100 अंक

(iii) सामान्य ज्ञान – 150 अंक

इसमें अतिरिक्त भारतीय प्रशासनिक सेवा (IAS) भारतीय विदेश सेवा व केंद्रीय सेवाओं हेतु तीन वैकल्पिक विषय एवं भारतीय पुलिस सेवा हेतु दो वैकल्पिक विषय होते थे। वैकल्पिक विषय की सूची में कुल 21 वैकल्पिक विषय शामिल थे। वर्ष 1951 से भारतीय प्रशासनिक सेवा, भारतीय विदेश सेवा की परीक्षा कुछ कठिन की गई एवं इसमें तीन अनिवार्य व तीन वैकल्पिक विषयों के अतिरिक्त Advance standard के 2 अतिरिक्त विषय (प्रत्येक 200 अंक) भी जोड़े गए। इन दोनों सेवाओं हेतु साक्षात्कार के लिए पूर्णांक भी 300 से बढ़ाकर 400 कर दिए गए। इस कारण व्यवहारत: ये दोनों सेवाएँ लगभग अलग ही हो गईं। साक्षात्कार के लिए भी न्यूनतम अर्हकारी अंक निश्चित किए गए। उक्त दोनों सेवाओं के लिए अर्हकारी अंक 140 (पूर्णांक 400) थे, जबकि अन्य केंद्रीय सेवाओं व भारतीय पुलिस सेवा हेतु ये अंक 105 थे।

वर्ष 1947 में भारतीय प्रशासनिक सेवा (IAS) एवं भारतीय विदेश सेवा (IFS), भारतीय पुलिस सेवा (IPS) एवं अन्य केंद्रीय सेवाओं हेतु आयु सीमा 21 से 26 वर्ष थी, जिसे 1948 में घटाकर 21 से 24 वर्ष कर दिया गया। भारतीय रेल ट्रैफिक सेवा (IRTS) को अपवादात्मक रूप से इस सीमा से बाहर रखा गया। यद्यपि अवसरों (Attempts) की कोई सीमा नहीं थी, पर यह सहज अनुमानगम्य है कि 21-24 वर्ष की आयु में कितने अवसर लिये जा सकते हैं।

वर्ष 1955 में भारत सरकार द्वारा नियुक्त लोक सेवा (भर्ती हेतु अर्हता) समिति की अनुशंसाओं के अनुरूप कुल अवसरों (Attempts) की संख्या तीन से घटाकर दो कर दी गई। इन सेवाओं को तीन श्रेणियों में बाँटा गया था—

(i) भारतीय प्रशासनिक सेवा एवं भारतीय विदेश सेवा (IFS)

(ii) भारतीय पुलिस सेवा (IPS) एवं केंद्र शासित प्रदेशों की पुलिस सेवा

(iii) केंद्रीय सेवाएँ (श्रेणी-I एवं श्रेणी-II)

आश्चर्यजनक है कि वर्ष 1947 में सामान्य श्रेणी हेतु परीक्षा शुल्क 82 रुपए था एवं अनुसूचित जाति हेतु यह 20 रुपए था। यही नहीं, इसके अतिरिक्त चिकित्सकीय परीक्षण हेतु भी 16 रुपए का शुल्क देय था।

स्वतंत्रता के लगभग दो दशक बाद पहली बार सिविल सेवा में भाषा का प्रश्न उठा। वस्तुत: 1968 में आधिकारिक भाषाओं पर संसद् का संकल्प पारित हुआ। इसके बाद से ही आयोग से लगातार माँग की जा रही थी कि इस संकल्प का सार/अधिदेश (Mandate) भी इस परीक्षा में प्रतिबिंबित होना चाहिए एवं आयोग पर इस संबंध में समुचित व्यवस्था तय करने का भी दबाव था। अंतत: वर्ष 1969 से यह व्यवस्था लागू की गई कि तीन अनिवार्य विषयों में से अंग्रेजी को छोड़कर सामान्य ज्ञान व निबंध में आठवीं अनुसूची में सम्मिलित भाषाओं में उत्तर दिया जा सकता है। आयोग ने यह भी स्पष्ट कर दिया कि भविष्य में भारतीय भाषाओं में प्रदान पत्र तैयार करना संभव नहीं होगा, क्योंकि इसमें प्रश्न-पत्रों की 'Accuracy & Secrecy' को लेकर गंभीर जोखिम है। **आयोग ने यह भी स्पष्ट कर दिया कि जो अभ्यर्थी भारतीय भाषाओं में उत्तर देने का विकल्प चुनते हैं तो उनके लिए भी प्रश्न-पत्र अंग्रेजी में ही तैयार होगा एवं उसी में छापा जाएगा। आयोग यहीं नहीं रुका, बल्कि साक्षात्कार को भी अंग्रेजी की चाशनी में लपेट दिया। आयोग ने दो टूक कहा कि साक्षात्कार हेतु ऐसे दक्ष लोग चुनना संभव नहीं है, जो सभी भारतीय भाषाएँ जानते हों। साक्षात्कार में निष्पक्ष चयन हेतु आवश्यक है कि बोर्ड में हर सदस्य उस भाषा को भलीभाँति समझते हों। अत: निकट भविष्य में भारतीय भाषाओं में साक्षात्कार संभव नहीं है।**

1972 में प्रथम प्रशासनिक सुधार आयोग की सिफारिशों पर परीक्षा की उच्चतम आयु सीमा 26 वर्ष हो गई एवं अवसरों की संख्या 2 से बढ़ाकर पुन: 3 कर दी गई।

इस प्रकार स्पष्ट है कि वर्ष 1972 तक तो कहा जा सकता है कि यह प्रणाली

अंग्रेजी भाषा के पाश से मुक्त नहीं हो पाई। परीक्षा शुल्क का विषय बहुत गंभीर था। विचार करने का बिंदु यह है कि पूरी तरह अंग्रेजी में पढ़े एवं प्रवीण लोकसेवकों का चयन होता रहा। ग्रामीण व कस्बाई छात्रों का अनुपात क्या होता होगा, इसका अंदाजा तो लगाया ही जा सकता है। आयोग की मजबूरियाँ भी विचारणीय हैं, जो वर्ष 1979 में अचानक समाप्त हो गईं। परंतु साक्षात्कार में भारतीय भाषाओं के माध्यम के चयन की पूर्ण स्वतंत्रता अगली शताब्दी में ही संभव हो सकी।

□

सिविल सेवा परीक्षा में सुधार हेतु गठित समितियाँ

भारत में सिविल सेवा परीक्षा में मूलभूत सुधार कोठारी समिति की देन है, जिसकी अनुशंसाओं (recommendations) पर स्वतंत्रता के 32 साल बाद 'हम भारत के लोग' भारतीय भाषा में भारतीय प्रशासनिक सेवा की लिखित परीक्षा देने में सक्षम हो सके। कोठारी समिति की अनुशंसाओं के पूर्व तत्कालीन परीक्षा प्रणाली पर दृष्टिपात करना आवश्यक है। कोठारी समिति की अनुशंसाएँ (recommendations) स्वीकार होने से पूर्व की स्थिति निम्नांकित तालिका में प्रदर्शित है।

अर्हता	IAS	IFS	IPS	केद्रीय सेवाएँ
न्यूनतम शैक्षणिक योग्यता	स्नातक			
अवसर (Attempts)	अधिकतम तीन			
आयु सीमा	21–26	21–26	20–26	21–26
लिखित परीक्षा अनिवार्य विषय • सामान्य अंग्रेजी – 150 अंक • सामान्य ज्ञान – 150 अंक • निबंध – 150 अंक	450	450	450	450
वैकल्पिक विषय (प्रत्येक 200 अंक)	3	3	2	3

अतिरिक्त विषय (प्रत्येक 200 अंक)	2	2	–	–
साक्षात्कार	300	400	200	200
कुल	1750	1850	1050	1250

कोठारी समिति की प्रमुख अनुशंसाएँ

सिविल सेवकों में ज्ञान व कौशल के अतिरिक्त सामाजिक, भावनात्मक व नैतिक गुण होने चाहिए। देश की विशिष्ट आवश्यकताओं व परिस्थितियों को ध्यान में रखते हुए ज्ञान, बौद्धिकता व व्यक्तित्व का समग्र परीक्षण होना चाहिए।

परीक्षा प्रणाली

अखिल भारतीय व केंद्रीय सेवाओं के लिए एक ही परीक्षा होनी चाहिए। यह परीक्षा 3 चरणों में हो—

1. प्रारंभिक परीक्षा
2. मुख्य परीक्षा (लिखित एवं साक्षात्कार)
3. फाउंडेशन कोर्स के बाद परीक्षा जो लोक सेवा आयोग द्वारा आयोजित हो, ताकि अभ्यर्थी के वैयक्तिक गुण व क्षमताओं का सिविल सेवा के संदर्भ में परीक्षण हो सके।

प्रारंभिक परीक्षा

प्रारंभिक परीक्षा का स्वभाव (Nature) स्क्रीनिंग होना चाहिए, अतः यह बहुविकल्पीय प्रश्नों वाली परीक्षा हो, जिनके अंक अंतिम अंकों में न जोड़े जाएँ।

प्रारंभिक परीक्षा में 5 प्रश्न-पत्र होने चाहिए—

(1) भारतीय भाषा – 300 अंक
(2) अंग्रेजी भाषा – 300 अंक
(3) सामान्य अध्ययन – 300 अंक
(4) प्रथम वैकल्पिक विषय – 300 अंक
(5) द्वितीय वैकल्पिक विषय – 300 अंक
कुल – 1500 अंक

इस प्रकार प्रारंभिक परीक्षा द्वारा चुने गए अभ्यर्थियों की संख्या कुल रिक्तियों (vacancies) की 10 गुनी होनी चाहिए।

मुख्य परीक्षा

- वैकल्पिक विषयों का पाठ्यक्रम मोटे तौर पर ऑनर्स स्तर का होना चाहिए।
- प्रश्न-पत्र की अवधि 3 घंटा होनी चाहिए।
- उत्तर देने का माध्यम अंग्रेजी अथवा आठवीं अनुसूची में वर्णित कोई भी भाषा होनी चाहिए।
- भाषा के प्रश्न-पत्रों के अतिरिक्त अन्य प्रश्न-पत्र अंग्रेजी में तैयार (set) किए जाएँ।
- मुख्य परीक्षा प्रणाली

प्रश्न-पत्र	विषय
I.	आठवीं अनुसूची में वर्णित भाषाओं में से कोई एक भाषा
II.	अंग्रेजी
III.	निबंध
IV, V	सामान्य अध्ययन
VI, VII, VIII & IX	वैकल्पिक विषय

वैकल्पिक विषय

वैकल्पिक विषयों की सूची न तो इतनी सीमित हो कि योग्य विद्यार्थियों को हतोत्साहित करे और न इतनी बड़ी कि जो मानकों की समानता बनाए रखने में गंभीर बाधा खड़ी कर दे। शिक्षा के क्षेत्र में हो रहे नए परिवर्तनों को भी समाहित किया जाना चाहिए। समस्याओं से जुड़े सांख्यिकीय पहलुओं को हल कर सकने की क्षमता का भी परीक्षण होना चाहिए। मुख्य परीक्षा के वैकल्पिक विषयों का पाठ्यक्रम समय-समय पर विश्वविद्यालयों एवं विश्वविद्यालय अनुदान आयोग से चर्चा के उपरांत परिवर्तित किया जाना चाहिए।

परीक्षण

विभिन्न भाषा माध्यमों के कारण उत्तर-पुस्तिकाओं के परीक्षा में समरूपता

लाना कठिन है, चूँकि ज्यादातर उत्तर-पुस्तिकाएँ अंग्रेजी में ही होंगी, अत: ये एक मानक (Norm) का कार्य कर सकती हैं। **यदि किसी भाषा विशेष की उत्तर-पुस्तिकाओं के अंकों एवं अंग्रेजी माध्यम की उत्तर-पुस्तिकाओं के अंकों में यदि बड़ा अंतर आता है (** Mean & Standard deviation **) तो कुछ सांख्यिकीय समायोजन (** Stastical Adjustment **) किया जाना चाहिए,** यदि परीक्षकों का बोर्ड उपयुक्त समझे।

प्रशिक्षण, अंतिम मूल्यांकन एवं सेवा आवंटन

फाउंडेशन कोर्स के अंत में संघ लोक सेवा आयोग द्वारा एक प्रशिक्षण उपरांत मूल्यांकन (Post Training Test) किया जाना चाहिए, जिसके लिए 400 अंक निर्धारित हों। इसमें प्रशिक्षु अधिकारियों के प्रशिक्षण के दौरान कार्य निष्पादन (Performance) का समग्र विश्लेषण किया जाए व सेवा आवंटन मुख्य परीक्षा एवं इस परीक्षण में प्राप्त अंकों के आधार पर होना चाहिए।

प्रशिक्षण अकादमी के निदेशक, भारत सरकार में सचिव स्तर का अधिकारी होना चाहिए, जो ख्यातनाम प्रशासक या विदेश सेवा के अधिकारी हों, अथवा विख्यात विद्वान् हों, जिनका प्रशासनिक अनुभव भी हो। निदेशक की सहायता हेतु एक 25 सदस्यीय प्रबंधन परिषद् (Council of Management) हो। ये सदस्य विभिन्न सेवाओं, विश्वविद्यालयों से चुने जाएँ। अकादमी में अध्यापक विभिन्न आयु वर्ग के होने चाहिए।

कोठारी समिति की अधिकांश सिफारिशें स्वीकार की गईं। यह तय हुआ कि सेवाओं में सोपान क्रम (Hierarchy) न रहे, इसलिए एक ही परीक्षा (Common Exam) होनी चाहिए। इसके लिए द्वि-चरणीय परीक्षा को स्वीकृति दी गई।

प्रथम चरण—प्रारंभिक परीक्षा

द्वितीय चरण—मुख्य परीक्षा अर्थात् लिखित परीक्षा एवं साक्षात्कार।

प्रशिक्षण उपरांत परीक्षण (Post training test) का सुझाव सरकार द्वारा स्वीकार नहीं किया गया। जहाँ तक प्रथम चरण का प्रश्न है सरकार ने कोठारी समिति के सुझाव को सीमित करते हुए इसे केवल दो प्रश्न-पत्रों तक ही रहने दिया। प्रथम प्रश्न-पत्र-वैकल्पिक विषय (300 अंक) एवं द्वितीय प्रश्न-पत्र (150 अंक) सामान्य अध्ययन रखा गया। परीक्षा बहुविकल्पीय प्रश्नों पर आधारित रखी

गई। समिति द्वारा अनुशंसित (recommended) वैकल्पिक विषयों की सूची भी स्वीकृत कर ली गई।

निबंध के प्रश्न-पत्र की सिफारिश स्वीकार नहीं की गई। मुख्य परीक्षा में भारतीय भाषाओं में उत्तर देने की सिफारिश स्वीकार कर ली गई, जो कि एक ऐतिहासिक फैसला था। इसके लिए तत्कालीन प्रधानमंत्री स्व. श्री मोरारजी देसाई की दृढ़ इच्छाशक्ति को श्रेय दिया जाएगा अन्यथा इतना बड़ा निर्णय नौकरशाही के द्वारा लिया ही नहीं जाता। एक बड़ा फैसला यह भी था कि कोठारी समिति ने आयु सीमा 21-26 वर्ष करने की सिफारिश की थी, परंतु सरकार ने इसे बढ़ाकर 21-28 वर्ष कर दिया। यह आयु सीमा सामान्य वर्ग हेतु थी एवं आरक्षित वर्ग को 5 वर्ष की छूट दी गई। समिति ने यद्यपि प्रारंभिक व मुख्य परीक्षा हेतु 2 अवसरों (Attempts) की सिफारिश की थी, परंतु सरकार ने इसे बढ़ाकर तीन कर दिया।

चयन में पुनरावृत्ति, एक सेवा छोड़कर अगले वर्ष दूसरी सेवा चुनने आदि की प्रवृत्ति बढ़ रही थी। समिति ने सिफारिश की कि फाउंडेशन कोर्स (मसूरी अकादमी में) भाग लेनेवालों को परीक्षा में दोबारा बैठने की अनुमति न दी जाए तथा सेवा में चयनित होने के बाद दोबारा परीक्षा देनी है तो वर्तमान सेवा से त्यागपत्र अनिवार्य किया जाए। सरकार ने इसे भी अस्वीकार कर दिया।

सतीश चंद्र समिति की अनुशंसाएँ (Recommendations) (1989)

सतीश चंद्र समिति ने कई देशों की सिविल सेवा परीक्षा प्रणाली का अध्ययन किया एवं कोठारी समिति द्वारा अनुशंसित तत्कालीन प्रारूप का भी अध्ययन किया। समिति का निष्कर्ष था कि दूसरे देशों के प्रतिरूप भारत में थोपे जाने का कोई औचित्य नहीं है। भारतीय प्रारूप लंबे समय में विकसित (Evolve) हुआ है तथा इसे सुधारे जाने की आवश्यकता है।

भाषा माध्यम अंग्रेजी के साथ भारतीय भाषाओं में भी किए जाने के लिए अच्छे परिणाम अब साफ-साफ दिखने लगे थे। समिति ने इन सिफारिशों को लागू किए जाने के पाँच वर्ष बाद से अर्थात् 1984-87 तक के आँकड़ों का विश्लेषण कर निष्कर्ष निकाला कि—

1. First Generation Learners की संख्या में काफी वृद्धि हुई है।
2. चयनित होनेवाले अभ्यर्थियों में एक अच्छी संख्या गाँवों एवं छोटे कस्बों के अभ्यर्थियों की है।

समिति की कुछ महत्त्वपूर्ण अनुशंसाएँ

प्रमुख अनुशंसाओं का उल्लेख करने से पूर्व समिति का यह निष्कर्ष बहुत महत्त्वपूर्ण है कि लिखित सेवा परीक्षा के वर्तमान स्वरूप के संदर्भ में अधिक प्रासंगिक हो चला है—

"Due to large number of aspirants to civil services coming from diverse socio economic and educational backgrounds, the methodology of selection has to take note of it and should be such as to be preceived to be fair, not only by the candidates themselves, but also by the public at large."

समिति की महत्त्वपूर्ण अनुशंसाएँ (Recommendations)

समिति ने प्रारंभिक परीक्षा में ऋणात्मक अंकन (Negative Marking) की सिफारिश की। ऋणात्मक अंक 50 प्रतिशत निर्धारित किए गए।

मुख्य परीक्षा में बहुविकल्पीय प्रश्न का अथवा वस्तुनिष्ठ परीक्षण (Objective test) नहीं होना चाहिए। परीक्षा में 200 अंक का निबंध का प्रश्न-पत्र समाहित किया जाना चाहिए। इसमें उत्तर देने का माध्यम भाषाओं में से कोई भी भाषा हो सकती है। निबंध के प्रश्न-पत्र में अभ्यर्थी की उत्तर-पुस्तिका की जाँच 2 परीक्षकों द्वारा की जानी चाहिए व उनके द्वारा दिए गए अंकों का औसत ही अभ्यर्थी के प्राप्तांक होंगे।

फ्रेंच, जर्मन, रूसी व चीनी भाषा साहित्य वैकल्पिक विषयों की सूची से बाहर किए जाने चाहिए। शिक्षा, इलेक्ट्रॉनिक्स, दूरसंचार, अभियांत्रिकी तथा चिकित्सा विज्ञान (Medical Sciences) विषय वैकल्पिक विषयों की सूची में शामिल किए जाने चाहिए। सामान्य अध्ययन एवं वैकल्पिक विषयों में 1:2 का वर्तमान अनुपात जारी रह सकता है। वैकल्पिक विषयों के पाठ्यक्रमों का हर पाँच वर्ष में पुनरीक्षण (Revision) होना चाहिए।

समिति ने एक और महत्त्वपूर्ण बिंदु की ओर ध्यान आकृष्ट किया। समिति का मानना था कि चयनित होनेवाले अधिकांश छात्र दिल्ली से आते हैं, यह ठीक है, परंतु पुस्तकालय व अन्य सुविधाएँ, जो दिल्ली में उपलब्ध हैं देश के अन्य भागों में भी ऐसी सुविधाएँ विकसित की जानी चाहिए। उन राज्यों में, जहाँ से सिविल सेवा में पर्याप्त प्रतिनिधित्व नहीं है, राज्य सरकारों को कोचिंग संस्थान खोलने चाहिए।

समिति ने निम्नलिखित सेवाओं को सिविल सेवा परीक्षा से अलग करने की अनुशंसा की—

1. भारतीय रक्षा संपदा सेवा (Indian Defence Estate Service)
2. केंद्रीय व्यापार सेवा (Central Trade Services)
3. सहायक सुरक्षा अधिकारी रेलवे सुरक्षा बल (RPF)
4. सभी समूह 'ख' सेवाएँ

साक्षात्कार

- जो अभ्यर्थी साक्षात्कार के लिए अर्ह हों (Qualified), उन्हें आनेवाली प्रारंभिक परीक्षा उत्तीर्ण होने की छूट हो।
- समूह चर्चा (Group Discussion) को साक्षात्कार प्रक्रिया का भाग बनाया जाए।
- Psychological Tests साक्षात्कार का भाग नहीं होने चाहिए।
- साक्षात्कार के पूर्णांक (Max. Marks) 250 से बढ़ाकर 300 किए जाने चाहिए।

संघ लोक सेवा आयोग ने सतीश चंद्र समिति के उक्त सिफारिशों को आंशिक रूप से स्वीकार किया व सरकार की निम्नलिखित अनुशंसाएँ दीं—

(1) निम्नलिखित सेवाओं में अधिकारियों का चयन सिविल सेवा परीक्षा के माध्यम से ही होना चाहिए—

(अ) भारतीय सूचना सेवा (IIS)

(ब) भारतीय रेलवे कार्मिक सेवा (IRPS)

(स) भारतीय आयुध फैक्टरी सेवा

(2) निम्नलिखित 2 सेवाओं को सिविल सेवा परीक्षा से अलग कर उनके लिए वैकल्पिक परीक्षा व्यवस्था की जा सकती है—

(अ) भारतीय रक्षा संपदा सेवा (Indian Defence Estate Service)

(ब) केंद्रीय व्यापार सेवा (Central Trade Services)

(3) समूह 'ख' सेवाओं (Group 'B' Services**) को सिविल सेवा परीक्षा से अलग किया जाना चाहिए।**

यद्यपि भारत सरकार ने उक्त अनुशंसाओं में से किसी को भी स्वीकृति नहीं दी।

जहाँ तक इस अनुशंसा का प्रश्न है कि एक बार साक्षात्कार में बैठ चुके

अभ्यर्थियों को आगामी प्रारंभिक परीक्षा में बैठने से छूट दी जाए, भारत सरकार ने स्वीकार नहीं की। सरकार का मानना था कि इससे अभ्यर्थियों की दो श्रेणियाँ हो जाएँगी—

(1) जिन्होंने पहले परीक्षा उत्तीर्ण की,

(2) जिन्होंने उस वर्ष परीक्षा उत्तीर्ण की।

ऋणात्मक अंकन (Negative Marking) को भी स्वीकार नहीं किया गया। सरकार का मत था कि इससे कोई उद्देश्य पूरा नहीं होता, केवल कट ऑफ अंक कम हो जाएँगे। इसके अलावा, गरीब व ग्रामीण पृष्ठभूमि के छात्र भी इससे प्रभावित होंगे। सतीश चंद्र समिति ने निबंध के प्रश्न-पत्र को सिविल सेवा परीक्षा में शामिल किए जाने हेतु तर्क दिया था कि—

"We are of the view that essay paper in the main Examination will bringout not only candidate's lignuistic skill but also capacity for comprehension, ability for critical analysis, mental quality for integrated thinking, assimilation of ideas and clarity of expression."

संघ लोक सेवा आयोग भी 200 अंक के निबंध के प्रश्न-पत्र को सिविल सेवा परीक्षा में शामिल करने पर सहमत हुआ, परंतु इस बात को नहीं माना कि इसकी उत्तर-पुस्तिका की जाँच दो परीक्षकों से कराई जाए। भारत सरकार ने निबंध के प्रश्न-पत्र को सिविल सेवा परीक्षा में शामिल करने की अनुमति दी, परंतु दो परीक्षकों की व्यवस्था को अस्वीकार किया। इस प्रकार वर्ष 1993 से निबंध का प्रश्न-पत्र सिविल सेवा परीक्षा का भाग बना।

वैकल्पिक विषयों को हटाने के संबंध में सतीश चंद्र समिति व संघ लोक सेवा आयोग एकमत थे। समिति ने फ्रेंच, जर्मन, रुसी व चीनी साहित्य हटाने की सिफारिश की थी। संघ लोक सेवा आयोग ने इसमें अरबी, फारसी व पालि साहित्य भी जोड़ दिया। भारत सरकार ने आरंभ में यह सिफारिश स्वीकार की, परंतु किन्हीं कारणों से इस पर पुनर्विचार किया एवं उक्त अनुशंसाओं को अस्वीकार कर दिया। जहाँ तक प्रश्न है और वैकल्पिक विषय जोड़े जाने का, भारत सरकार ने केवल मेडिकल साइंस को प्रारंभिक व मुख्य परीक्षा में शामिल करने की स्वीकृति दी। इस प्रकार वर्ष 1995 से यह विषय वैकल्पिक विषयों की सूची में शामिल हो गया।

सरकार ने साक्षात्कार प्रक्रिया के संदर्भ में की गई, सिफारिशों को आंशिक रूप से स्वीकार किया। साक्षात्कार के पूर्णांक (Max. Marks) 250 से बढ़ाकर

300 कर दिए गए। समूह चर्चा की माँग तो संघ लोक सेवा आयोग ने ही खारिज कर दी थी। आयोग का तर्क था कि समूह चर्चा मार्केटिंग जैसी सेवाओं हेतु ठीक हो सकती है, सिविल सेवा हेतु नहीं।

आयु सीमा (Age limit) एवं अवसरों (Attempts) की संख्या के संदर्भ में की गई अनुशंसाएँ सरकार ने नहीं मानीं। सरकार ने सामान्य वर्ग हेतु अधिकतम आयु सीमा 28 वर्ष एवं अवसरों की संख्या 4 तय की।

इस प्रकार सतीश चंद्र समिति के बाद सिविल सेवा परीक्षा का प्रारूप निम्नलिखित बना (वर्ष 1993 से)—

प्रारंभिक परीक्षा		
सामान्य अध्ययन		150 अंक
वैकल्पिक विषय (23 विषयों में से कोई एक)		300 अंक
	कुल	450 अंक
मुख्य परीक्षा		
प्रश्न पत्र -1	अंग्रेजी (कक्षा दस का स्तर एवं अर्हकारी)	300 अंक
प्रश्न पत्र -2	भारतीय भाषा (अर्हकारी, कक्षा दस स्तर)	300 अंक
प्रश्न पत्र-3-4	सामान्य अध्ययन	600 अंक
प्रश्न पत्र -5	निबंध	200 अंक
प्रश्न पत्र-6-7	प्रथम वैकल्पिक विषय	600 अंक
प्रश्न पत्र-8-9	द्वितीय वैकल्पिक विषय	600 अंक
साक्षात्कार		300 अंक
कुल		2300 अंक

अलघ समिति की अनुशंसाएँ (वर्ष 2000)

अलघ समिति ने सिविल सेवा परीक्षा को प्रणाली का समग्र अध्ययन किया एवं कुछ मौलिक अनुशंसाएँ दीं। अलघ समिति रिपोर्ट की अनुशंसाओं से पहले इस रिपोर्ट के अध्याय 5 का उल्लेख करना आवश्यक है। इस अध्याय का शीर्षक

है 'Emerging Perspectives on the Civil Services'। इसमें यह चर्चा की गई है कि लोकसेवकों के समक्ष बदलते सामाजिक-आर्थिक-वैज्ञानिक परिवेश में एवं भारत की जमीनी स्थिति को ध्यान में रखते हुए कैसी चुनौतियाँ उभर रही हैं। इन चुनौतियों का सामना करने के लिए किन गुणों वाले लोकसेवकों का चयन हो व कैसे कुछ गुण परीक्षण के माध्यम से निखारे जाएँ। सिविल सेवकों की चयन प्रक्रिया या परीक्षा प्रणाली में किस प्रकार के गुणों को परीक्षण हो, उनके बारे में समिति ने लिखा है—

These attributes will then be the objective of a search by testing procedures. In fact a mature civil servant emerges from field experience, supplemented by adequate training. The objectives of this Committee are more immediate. They are in fact to assess those attributes which need to be consciously looked for at the time of testing at the point of entry. These would include amongst other.

(a) A sense of vision and direction in which the Indian socio-policy is moving including its very diverse cultural plurality;

(b) The ability to appreciate some of the real scarcities that are emerging, as also the strengths of civil society to cope with them;

(c) An ability to interface with modern technology, which provides the cutting edge to many solutions;

(d) An ability to network with local government institutions non-governmental organization co-operatives and other professional and people's organizations;

(e) A sense of rugged professionalism, persistence and doggedness in pursuit of objectives: urge to champion beneficial change;

(f) Energy to pursue objectives;

(g) A sense of fairness, honesty, political and social neutrality;

(h) Compassion for the under preivileged and above all;

(i) A commitment to India as envisioned by its founding fathers. (Paragraph 5.12.1 of Y.K. ALAGH committee report)

इन गुणों से देखकर एकबारगी लगता है कि यह कैसे संभव होगा अथवा सब आदर्श बातें हैं आदि। अलघ समिति इस प्रकार की टिप्पणियों से परिचित थी व समिति ने कहा है कि—

"Not all these alternates can be tested. Many of them can be developed...Another critique has been that in an imperfect world, the civil servant can't be expected to follow ideal standards, this view can't be agreed to. In a Nation of over a billion people, it is definitely possible to find and nurture a few hundred exceptional persons every year. In fact that is the only rationale for a higher civil services bound together and dedicated to nation's ideals, all else can be purchased from the market."

समिति की मुख्य अनुशंसाएँ (Major Recommedations)—

1. समिति का मानना था कि प्रारंभिक परीक्षा में वैकल्पिक विषय 'Level Playing field' प्रदान नहीं करते (मॉडरेशन/स्केलिंग के कारण)। हालाँकि वैकल्पिक विषय की व्यवस्था बनाए रखी जाए, परंतु परीक्षण का पाठ्यक्रम किसी विख्यात विश्वविद्यालय के ऑनर्स पाठ्यक्रम के समकक्ष किया जाए एवं परीक्षा का स्तर और कठिन किया जाए। Assertion-Reasoning के प्रश्नों की संख्या बढ़ाई जाए, ताकि तार्किकता को प्रमुख स्थान मिल सके। प्रश्नों को भी स्तरीय विद्वानों द्वारा रचना इस प्रकार कि अभ्यर्थी की मूलभूत अवधारणाओं की समझ, तार्किकता व विश्लेषणात्मक गुणों का परीक्षण हो सके।
2. सामान्य अध्ययन के पाठ्यक्रम व प्रारूप से समिति सहमत नहीं थी। समिति की अनुशंसा थी कि सामान्य अध्ययन के स्थान पर Civil Services Aptitude Test (CSAT) का प्रश्न-पत्र लाया जाए, जिसके माध्यम से अभ्यर्थी की Comprehension, logic reasoning, problem solving, Data Analysis & decision making के कौशल/क्षमताओं का परीक्षण हो सके।

सिविल सर्विसेज एप्टीट्यूड टेस्ट (CSAT) की संरचना—

इस प्रश्न-पत्र को तीन समान भारांश (Weightage) के तीन खंडों में बाँटा गया—

Structure of the Civil Services Aptitude Test (CSAT)

(I) Basic Awareness (Nation and World)
The general awareness of current affairs having a bearing on public life in India.

(II) Problem solving and analytical skills, logical reasoning and Decision Making Skills (Situations from civil service arena be taken to test reasoning and understanding of problems related to the same).

(III) Data analysis ability
— Elementary Arithmetic.
— Data Interpretation/graphs/charts etc.
— Quantitative:
The Committee recommends that the three parts of this paper should carry roughly euqal weightage.

समिति का मानना था कि ऋणात्मक अंकन की प्रणाली प्रारंभ की जानी चाहिए, ताकि सतही ज्ञान के आधार पर केवल अनुमान से उत्तर देनेवाले अगंभीर छात्रों को बाहर किया जा सके एवं परीक्षण की गहनता में भी वृद्धि हो सके। यद्यपि सिविल सेवा परीक्षा में ऋणात्मक अंकन वर्ष 2007 से प्रारंभ हुआ।

समिति ने भी यह सिफारिश की थी कि प्रारंभिक परीक्षा के अंक भी कुल प्राप्तांकों में जोड़े जाएँ। समिति का मानना था कि CSAT प्रश्न-पत्र को प्रारंभिक परीक्षा में जोड़े जाने के पश्चात् अभ्यर्थी की तार्किकता, विश्लेषण क्षमता, आदि का बेहतर परीक्षण होगा, जो कि मुख्य परीक्षा में भी पुनः होता है। अतः इस प्रकार प्रारंभिक परीक्षा को दृष्टि से ओझल नहीं होने देना चाहिए।

समिति ने यह भी अनुशंसा की कि कुल 2000 अंकों में से प्रारंभिक परीक्षा का भारांश 25 प्रतिशत हो। इन 25 प्रतिशत (500 अंक) अंकों का वितरण इस प्रकार हो—

(1) सामान्य अध्ययन (CSAT) - 200 अंक (10 प्रतिशत)

(2) वैकल्पिक विषय - 300 अंक (15 प्रतिशत)

कुल – 500 अंक (25 प्रतिशत)

समिति ने सिफारिश की कि भाषा के प्रश्न–पत्र अपने वर्तमान स्वरूप में ही रहने दिए जाएँ, परंतु उनका कठिनता का स्तर थोड़ा सा बढ़ाया जाए।

वैकल्पिक विषयों के संदर्भ में समिति ने 1997, 1998 व 1999 की परीक्षा में अभ्यर्थियों द्वारा चुने गए विषयों के संदर्भ में विश्लेषण किया। इसमें 'Cross Domain Movers', अर्थात् वे अभ्यर्थी, जिनमें स्नातक में विषय कुछ और थे सिविल सेवा परीक्षा के वैकल्पिक विषय कुछ और, पर मनन किया गया। कोचिंग की भूमिका और विषयों की 'Scorability' जैसे कारकों का विश्लेषण करते हुए समिति ने निष्कर्ष निकाला—

"The focus of optionals in the main examination at present is on university subjects which the candidate have studied. On the other hand, the focus needs to be on what a candidate needs to know or learn in order to be a successful civil servant. Therefore, the given inqadequacies and ineffectiveness of the present subject based optionals papers in testing, the candidates on the required and relevant parameters, the committee proposes to replace the optional subjects with a set of three compulsory papers designed to test a broad spectrum of knowledge skills, attitudes and aptitude... These papers will be multi-disciplinary in nature but focused on the three broad themes which in the opinion of the committee have direct relevance to higher civil services."

समिति ने निम्नलिखित तीन अनिवार्य प्रश्न–पत्रों की अनुशंसा की—

Paper-I	Sustainable Development and Social Justice
Paper-II	Science & Technology in Society
Paper-III	Democratic Governance, Public System & Human Rights.

अनुशंसित प्रत्येक प्रश्न–पत्र 300 अंक का था। इस प्रकार कुल पूर्णांकों में इनका भारांश 45 प्रतिशत निश्चित किया गया।

अंग्रेजी व भारतीय भाषाओं का भारांश बढ़ाकर 10+2 स्तर का किया जाए व इनके अंक अंततः अंतिम प्राप्तांकों में जोड़े जाएँ। भारतीय विदेश सेवा (IFS)

चुनने वालों के लिए अंग्रेजी में 50 प्रतिशत अंक लाने अनिवार्य होंगे। इन दोनों ही प्रश्न-पत्रों में निबंध अनिवार्यतः समाहित होगा।

सार रूप में अलघ समिति द्वारा प्रस्तावित मुख्य परीक्षा का प्रारूप—

Name of Subject	Marks
English (Including Essay)	100
Indian Language (Including Essay)	100
Sustainable Development for Social Justice	300
Science & Technology in Society	300
Democratic Governance, Public Systems and Human Rights	300
Total	1100

द्वितीय प्रशासनिक सुधार आयोग

5.2.1 अपने लंबे क्रमविकास के दौरान भारत में सिविल सेवा, जो पहले एक विशिष्ट वर्गीय सेवा थी, अब एक ऐसी सेवा बन गई है, जो भारतीय समाज की प्रतिनिधि है। यह एक बहुत सकारात्मक विकास है। अपने प्रतिनिधिक स्वरूप में, सिविल सेवाओं में अब बहुत से लोग देहाती क्षेत्रों के हैं और सुविधावंचित वर्गों के हैं। अनुभव यह रहा है कि इन पृष्ठभूमियों के विद्यार्थियों को उन मुद्दों, बाधाओं और समस्याओं की काफी पैनी जानकारी है, जिनका सामना ग्रामीण क्षेत्रों और सुविधावंचित क्षेत्रों के लोगों को करना पड़ता है। सिविल सेवा को परिवर्तन और सामाजिक रूपांतरण का एजेंट बनाने के लिए, प्रतिनिधिक सिविल सेवा से होनेवाले लाभ को और अधिक सशक्त बनाए जाने की आवश्यकता है।

द्वितीय प्रशासनिक सुधार समिति ने नौकरशाही के वर्तमान स्वरूप पर कुछ कड़ी टिप्पणियाँ भी की हैं। अपनी रिपोर्ट की भूमिका में आयोग द्वारा की गई कुछ टिप्पणियाँ विचारणीय हैं—

"इन महत्त्वपूर्ण परिवर्तनों के बावजूद प्रतीत होता है कि सिविल सेवकों की प्रवृत्ति में बिल्कुल बदलाव नहीं हुआ है। इसका कारण यह है कि सिविल सेवक अभी भी हेगेलिअन सिद्धांत में विश्वास करते हैं कि वे सोसायटी के व्यापक हित का

प्रतिनिधित्व करते हैं। हेगल का कहना था कि राज्य में सर्वाधिक महत्त्वपूर्ण संस्थान अफसरशाही है, जो 'राज्य विशेष के नितांत व्यापक हितों' का प्रतिनिधित्व करते हैं। हेगल के लिए अफसरशाही एक अत्युत्तम इकाई, एक ऐसा मस्तिष्क है, जो सभी व्यक्तियों के मस्तिष्क से श्रेष्ठ है। वह अफसरशाही को एक व्यापक श्रेणी, राज्य के सामान्य हितों के साथ सिविल सोसायटी की विशिष्टता का संश्लेषक समझते थे। हेगल के लिए अफसरशाही द्वारा शक्ति का प्रयोग 'ईश्वर' द्वारा मंजूर एक मिशन है।"

"यह कहना अतिशयोक्ति नहीं होगी कि भारत में सिविल सेवा हेगलियाई सिद्धांत के प्रति वफादार बनी हुई है। इसका विश्वास है कि उसकी वैधता और प्राधिकार लोगों के जनादेश से प्राप्त नहीं हुई है बल्कि नियमों के उन अपरिवर्तनीय संग्रह से प्राप्त हुए हैं, जो उसने जिन लोगों की वह सेवा करती है, उनकी जरूरतों और आकांक्षाओं तथा प्रजातांत्रिक मूल्यों की किसी अनुरूपता के बगैर उसने अपने लिए निर्धारित किए हैं। यही कारण है कि सिविल सेवा का कार्यकरण काफी सीमा तक सकारात्मकता से भरपूर और जन-आकांक्षाओं के प्रति प्रतिक्रियाशीलता और प्रजातंत्र के सिद्धांतों के अभाव को परिलक्षित करता है। यह दुखद किंतु सच है कि भारत में सिविल सेवा माइकल क्रोजियर के कथनानुसार—'नौकरशाही आचरण' के सिद्धांतों का पालन करती है; लोगों द्वारा 'नौकरशाही' शब्द के प्रायः प्रयोग किए जानेवाले अश्लील अर्थ की सामान्य, समझ, जिसके बारे में क्रोजियर ने बताया, "इससे प्रक्रियाओं में धीमापन, भारीपन, नमी और जटिलता आती है और इन जरूरतों के प्रगति 'नौकरशाही' संगठनों की असंतुलित प्रतिक्रिया प्राप्त होती है, जिसकी उसे संतुष्टि करनी चाहिए तथा उनके सदस्यों, ग्राहकों में निराशा आती है, जिसे आम आदमी को बाद में झेलना पड़ता है।"

"यही वजह है कि सिविल सेवा में बदलाव आना चाहिए, किंतु वृद्धिकारी ढंग से नहीं, जिसमें केवल बुनियादी पद्धति पर विचार किया जाता है। इसमें परिवर्तन, एक लाक्षणिकता के जरिए समग्र रूप से होना चाहिए। यह हिंदू देवकुलों में अवतारों की तरह होना चाहिए, जिसमें अवतार नया रूप धारण करते हैं और उसके पूर्ववर्ती के व्यक्तित्व में कोई अनुपयोगिता नहीं होती। ऐसा परिवर्तन घटित होने के लिए पुरानी पद्धति को समाप्त करना होगा और एक नई पद्धति कायम करनी होगी; जैसा कि पाबलो पिकासो ने कहा था—"जब तक नष्ट नहीं करोगो, तब तक निर्माण नहीं कर सकते।"

ये कड़ी टिप्पणियाँ इस बात की ओर इशारा करती हैं कि भारतीय सिविल

सेवा में कुछ आधारभूत परिवर्तनों में आवश्यकता है। आयोग ने अपनी रिपोर्ट में कई देशों की प्रशासनिक प्रणाली का अध्ययन किया है एवं इस आधार पर कई परिवर्तन सुझाए हैं। आयोग ने एक बड़ी रोचक बहस को जन्म दिया है। चर्चाओं के दौरान आयोग के समक्ष यह भी तथ्य आया कि क्या विद्यालय पश्चात् की कोई ऐसी प्रणाली विकसित की जानी चाहिए, ताकि उस उम्र से ही सेना की तरह प्रशासन की भी अभियोग्यता को और निखारा जा सके। इस पर बहस पर जरा गौर कीजिए।

स्कूल-पश्चात् भर्ती प्रणाली

इस प्रस्ताव में स्कूल की पढ़ाई (कक्षा XII) पूरी कर चुके विद्यार्थियों के लिए एक अखिल भारतीय प्रवेश परीक्षा के जरिए सिविल सेवाओं में भर्ती की परिकल्पना की गई है। जो लोग अर्हता प्राप्त कर लेंगे, उन्हें साक्षात्कार के लिए बुलाया जाएगा, जिसमें मनोवैज्ञानिक परीक्षण, समूह चर्चाएँ, मेडिकल परीक्षण आदि भी शामिल होंगे। अंतिम चयन में आरक्षण के मौजूदा कोटे को भी ध्यान में रखा जाएगा। चुने हुए उम्मीदवार 3 वर्ष के पाठ्यक्रम के लिए एक संस्थान में प्रवेश लेंगे। 3 वर्ष का यह पाठ्यक्रम एक आधुनिक और संवेदनशील सिविल सेवाओं की मूलभूत आवश्यकताओं को पूरा करने के लिए बहुत ध्यानपूर्वक तैयार किया जाएगा। पाठ्यक्रम की अवधि में हर वर्ष मूल्यांकन परीक्षण किए जाएँगे। उन सभी उम्मीदवार को, जो अंतिम परीक्षा में उत्तीर्ण हो जाएँगे, स्नातक की उपाधि प्रदान की जाएगी, जो राष्ट्र भर में मान्यताप्राप्त होगी। संस्थान द्वारा ली गई परीक्षाओं/किए गए परीक्षणों के आधार पर, उसके बाद एक योग्यता-सूची तैयार की जाएगी। योग्यतावाले/गरीब विद्यार्थियों के लिए छात्रवृत्तियों की व्यवस्था होने के साथ-साथ पूरे पाठ्यक्रम के लिए यथार्थवादी शुल्क वसूल किया जाना जरूरी होगा।

जो उम्मीदवार सिविल सेवाओं में कॅरियर अपनाने के इच्छुक होंगे, उन्हें पाठ्यक्रम के पूरा होने के बाद योग्यता और उनकी पसंद के आधार पर सेवा आवंटित की जाएगी। जिन उम्मीदवारों को उनकी सेवा का आवंटन कर दिया गया होगा, वे निर्दिष्ट अकादमियों/संस्थानों में उदाहरण के लिए आई.पी.एस. के लिए एस.वी.पी.एन.पी.ए., आई.आर.एस. के लिए एन.ए.डी.टी. में 2 वर्ष के सेवा-सापेक्ष पाठ्यक्रम संबंधित सेवा की आवश्यकताओं के लिए विशिष्ट रूप से तैयार किए जाएँगे। इन दो वर्षों के दौरान और आगे वार्षिक परीक्षाएँ/परीक्षण होंगे। निर्दिष्ट अकादमियों/संस्थानों द्वारा ली गई परीक्षाओं के आधार पर 2 वर्षों के अंत में प्रत्येक सेवा के लिए एक अंतिम योग्यता-सूची फिर तैयार की जाएगी। अखिल भारतीय

सेवाओं के उम्मीदवारों को इस स्टेज पर योग्यता और तरजीह के आधार पर उनके संवर्ग (Cadre) का आवंटन किया जाएगा।

5.3.1.2 प्रस्तावित प्रणाली के लिए 3 वर्ष के स्नातक पाठ्यक्रम को संचालित करने के लिए एक राष्ट्रीय सिविल सेवा कॉलेज की स्थापना करना जरूरी होगा। संघ लोक सेवा आयोग इस कॉलेज के लिए उम्मीदवारों का चयन करने के लिए एक परीक्षा आयोजित करेगा और उसकी पात्रता सी.बी.एस.ई. (कक्षा XII) अथवा उसके समकक्ष कोई शैक्षिक योग्यता होगी। आयु के मौजूदा मानदंड को उसके अनुरूप कम करने की आवश्यकता होगी।

5.3.14 सशस्त्र बलों में स्कूल-पश्चात् भर्ती की एक ऐसी ही प्रणाली विद्यमान है, जिसमें विद्यार्थी 12वीं कक्षा को उत्तीर्ण करने के बाद, संघ लोक सेवा आयोग द्वारा आयाजित प्रतियोगी परीक्षा में अर्हता प्राप्त करने के बाद राष्ट्रीय रक्षा अकादमी में प्रवेश पाने के लिए पात्र होते हैं। रेलवे भी अपने कुछ मेकैनिकल इंजीनियरों को स्कूल-पश्चात् प्रवेश परीक्षा के जरिए भर्ती करती है। उन्हें रेलवे इंस्टीट्यूट ऑफ मेकैनिकल ऐंड इलेक्ट्रिकल इंजीनियरिंग में और आगे व्यावसायिक प्रशिक्षण दिया जाता है; इस संस्थान में उम्मीदवारों को मेकैनिकल इंजीनियरी का चार वर्ष का कड़ा प्रशिक्षण पाठ्यक्रम पूरा करना होता है, जिसके लिए इस संस्थान का बिरला इंस्टीट्यूट ऑफ टेक्नोलाजी, मेसरा, रांची के साथ सहमति करार है। सशस्त्र बल मेडिकल कॉलेज, पुणे एक प्रतियोगी परीक्षा के आधार पर जो एक स्कूल-पश्चात् परीक्षा है, उम्मीदवारों को भर्ती करता है। चुने हुए उम्मीदवारों को एम.बी.बी.एस. की अंतिम परीक्षा में सफलतापूर्वक उत्तीर्ण होने के बाद सशस्त्र बल मेडिकल सेवा में औपचारिक रूप से शामिल किया जाता है।

5.3.2 पक्ष में तर्क

5.3.2.1 इस बात पर जोर दिया गया है कि स्कूल-पश्चात् भर्ती प्रणाली के, जिसका संक्षिप्त रूप से वर्णन पहले किया गया है, बहुत से लाभ हैं। संभाव्य सिविल सेवकों को काफी कम आयु में 'पकड़ना' और उन्हें उस समय, जब वे अपने विकास की आयु में हों, लोक सेवा के आचार में ढालना संभव होगा। शिक्षा/प्रशिक्षण का कार्यक्रम इस प्रकार तैयार किया जा सकता है कि सिविल सेवाओं के लिए अपेक्षित सामान्य ज्ञान और कौशलों को 3 वर्ष के कार्यक्रम में एकीकृत किया जा सके। सिविल सेवाओं के लिए सही उम्मीदवारों का चयन उनके कार्य-निष्पादन और उनकी अभिरुचियों का प्रेक्षण बहुत निकटता से किए जाने के जरिए किया जा सकता है। एक

अन्य लाभ यह होगा कि चूँकि स्कूल स्तर पर शिक्षा के विषयों की संख्या कॉलेज स्तर के विषयों की तुलना में कम होती है, इसलिए इससे तुलना करने में आसानी होगी और उन विद्यार्थियों का जमघट कम हो जाएगा, जो अधिकतर विश्वविद्यालयों में अन्य अकादमिक विषयों का अध्ययन करने में संलग्न होते हैं, लेकिन वास्तव में सिविल सेवा परीक्षा के लिए तैयारी कर रहे होते हैं।

5.3.2.2 स्कूल-पश्चात् भर्ती प्रणाली भर्ती की मौजूदा प्रणाली की तुलना में प्रतिभा के संसाधनों के अधिक बड़े भंडार (पूल) का उपयोग करना संभव बना देती है। परंपरागत रूप से, देश के सर्वोत्तम और सबसे योग्य विद्यार्थी स्कूल के पश्चात् व्यावसायिक शिक्षा प्राप्त करना पसंद करते हैं और उनमें आई.आई.टी., मेडिकल स्कूलों और राष्ट्रीय विधि स्कूलों, आदि में जाने की प्रवृत्ति होती है। इस स्थिति में, सिविल सेवाओं में स्कूल-पश्चात् प्रवेश की प्रणाली में देश के सबसे बढ़िया और सर्वाधिक प्रतिभाशाली विद्यार्थियों को आकर्षित करने की क्षमता है।

5.3.2.3 स्कूल-पश्चात् प्रणाली उन कोचिंग संस्थानों की मौजूदा अवांछनीय प्रणाली को भी समाप्त कर देगी; उम्मीदवारों को सिविल सेवा परीक्षा के लिए तैयार करने के लिए सारे देश में ऐसे संस्थानों की भरमार हो गई है। इन कोचिंग संस्थानों में रूढ़िबद्ध किस्म के एक ही साँचे में ढले व्यक्तियों को तैयार करने की प्रवृत्ति होती है और यह बात अंततः बुद्धि और विश्लेषण करने की योग्यता को अवरुद्ध कर देती है, जबकि ये चीजें सिविल सेवा की मूल विशेषताएँ हैं। दुर्भाग्यवश, मौजूदा भर्ती प्रणाली मौन रूप से इन उभरते हुए कोचिंग केंद्रों को प्रोत्साहित करती है, जो शिक्षा को सतही बना देते हैं और विद्यार्थियों को केवल परीक्षा प्रणाली को पछाड़ने पर उसके द्वारा सफलता प्राप्त करने का प्रशिक्षण देते हैं। चूँकि ऐसे बहुत से उम्मीदवार, जो इन कोचिंग कक्षाओं में शिक्षा प्राप्त करते हैं, अंततः चुने जाने में सफलता प्राप्त कर लेते हैं, इसलिए सेवाएँ ऐसे 'अनुपयुक्त उम्मीदवारों' के बोझ से दब जाती हैं, जो जीवन भर की देनदारी बन जाते हैं।

5.3.2.4 कुछ गण्यमान्य शिक्षाविदों ने यह तर्क दिया है कि पात्रता निर्धारित करने के लिए बुनियादी योग्यता अथवा अर्हता के रूप में डिग्री का रूढ़िगत सिद्धांत उस समय स्थापित हुआ था, जब स्कूल शिक्षा के स्तर इतने ऊँचे नहीं थे, जितने कि आज हैं। इसके अलावा, यह महसूस किया गया था कि उस छोटी आयु में विद्यार्थियों में उतनी परिपक्वता नहीं होती कि वे ऐसे व्यावसायिक कौशल और विश्लेषणात्मक योग्यताएँ प्राप्त कर सकें, जो ऐसे व्यवसायों को अपनाने के

लिए आवश्यक होती हैं, जिनमें जटिल मुद्दों और राष्ट्रीय सरोकारों को सुलझाने की जरूरत पड़ती है। यह मिथ्या धारणा है कि विद्यार्थी केवल तब व्यावसायिक कौशलों को आत्मसात् करने और व्यावसायिक जिम्मेदारियों का वहन करने के लिए परिपक्व होंगे, जब उनकी आयु 25 वर्ष की हो जाएगी, अब निर्मूल सिद्ध हुई है, जब अधिकतर व्यवसाय (इंजीनियरिंग, मेडिसिन आदि) विद्यार्थियों का चयन, उनके द्वारा 12वीं कक्षा में सफलता प्राप्त करने के तत्काल बाद, प्रवेश के लिए कर रहे हैं। इस प्रकार, ऐसे विद्यार्थियों के उदाहरण है, जिन्हें 21–22 वर्ष की आयु में वकील बनने के बाद न्यायिक अधिकारियों के रूप में चुना गया है और वे 23–24 वर्ष की छोटी आयु में मामलों का न्याय-निर्णय कर रहे हैं। अन्य व्यवसायों से भी इस प्रकार के उदाहरण उपलब्ध हैं।

5.3.2.5 स्कूल-पश्चात् भर्ती की प्रणाली के प्रस्तावकों द्वारा यह तर्क भी दिया गया है कि यह परिवर्तन बहुत बड़ी संख्या में उम्मीदवारों को, विशेष रूप से कमजोर वर्गों के उम्मीदवारों को सिविल सेवाओं के लिए प्रतियोगिता करने के अवसरों का लाभ उठाने में समर्थ बना देगा, क्योंकि प्रस्तावकों के अनुसार, इस देश में विश्वविद्यालय की शिक्षा पर पात्र आयु समूहों को 15 प्रतिशत से भी कम हिस्से का विशेषाधिकार है। इस प्रकार यह बात नागरिकों के एक बहुत भाग को, विशेष रूप से ग्रामीण क्षेत्रों को सिविल सेवा परीक्षा में बैठने के समान अवसर का लाभ उठाने से वंचित कर देती है।

5.3.3 विरोध में तर्क

5.3.3.1 दूसरी ओर, स्कूल-पश्चात् भर्ती के विरोध में कई तर्क प्रस्तुत किए गए हैं। उनका संक्षिप्त विवरण इस प्रकार है—

5.3.3.2 यह सुविदित है कि ग्रामीण क्षेत्रों में स्कूलों में, विशेष रूप से सरकारी स्कूलों में पढ़ने वाले विद्यार्थियों को उस कोटि की शिक्षा प्राप्त नहीं होती, जिस कोटि की शिक्षा शहरी क्षेत्रों में, विशेष रूप से पब्लिक स्कूलों में दी जाती है। इससे भर्ती में अवांछनीय पक्षपात पैदा हो सकता है। ऐसा शहरी पक्षपात आई.आई.टी., नेशनल लॉ स्कूलों, प्रतिष्ठित मेडिकल स्कूलों और उच्च शिक्षा के उत्कृष्टता केंद्रों में, जो देश में विभिन्न क्षेत्रों में स्थापित किए गए हैं, प्रवेश के लिए आयोजित की जानेवाली उच्च प्रतियोगी परीक्षाओं में पहले से प्रकट होता है। इसके अलावा, सामान्य रूप से समृद्ध और उच्च विशिष्ट वर्गों के लोगों की पहुँच, उनके संसाधनों के कारण, बेहतर शिक्षा

संस्थानों और बेहतर कोचिंग देनेवाले और प्रतियोगी परीक्षाओं के लिए बेहतर तैयारी कराने वाले ऐसे केंद्रों तक होती है, जिनका उल्लेख ऊपर किया गया है।

5.3.3.3 विश्वविद्यालय की शिक्षा अच्छी तरह से संतुलित व्यक्तित्व के विकास की मूल है, क्योंकि वह समकक्ष समूहों के साथ मेल-जोल के जरिए सामाजिक-आर्थिक समस्याओं की बेहतर समझ और वास्तविक जीवन की स्थितियों के बोध को बढ़ावा देती है। केवल स्नातक स्तर तक की पढ़ाई के बाद ग्रामीण विद्यार्थी शहरी विद्यार्थियों के साथ सिविल परीक्षा में एक ही धरातल पर प्रतियोगिता कर सकते हैं। इस दृष्टि से भारत में विश्वविद्यालय की शिक्षा बराबरी लाने वाला तत्त्व है।

5.3.3.4 यह पाया गया है कि शिक्षा की विविधता और लचीलापन बहुत अधिक नवाचारी, उद्यमशील और साहसी प्रशासकों और प्रबंधकों का निर्माण करता है। जो लोग बहुत अधिक गैर-लचीली और मानकीकृत शिक्षा ग्रहण करते हैं, उनमें समस्याओं का निरूपण करने और समस्याओं को करने में घिसा-पिटा दृष्टिकोण अपनाने की प्रवृत्ति होती है। नेतृत्व की भावना का पोषण करने और उसके प्रोत्साहन देने और कठिन समस्याओं को हल करने के लिए नई-नई पद्धतियाँ अपनाने के लिए यह वांछनीय होगा कि सेवाओं में विभिन्न अकादमिक पृष्ठभूमियों के जरिए शैक्षिक विविधता को बढ़ाया जाए।

5.3.3.5 यह तर्क दिया जाता है कि यह प्रणाली युवाओं को लोक सेवा के मूल्यों के प्रशिक्षण में लचीलापन मुहैया करेगी। यद्यपि यह सच है कि युवा लोगों के मनों में लोक सेवा के आचार को भरना संभव होगा, लेकिन इस बात को स्वीकार करना होगा कि सिविल सेवा में प्रवेश करनेवाले अधिकतर व्यक्ति इसकी ओर उन अवसरों से आकर्षित होते हैं, जो सिविल सेवा का कॅरियर लोक सेवा के लिए प्रस्तुत करता है और इस स्थिति में लोक सेवा के लिए एक खास झुकाव सिविल सेवा में शामिल होने के फैसले में अंतर्निहित होता है। लोक सेवा का लोकाचार उस समाजीकरण की प्रक्रिया का परिणाम है, जिसमें से सभी व्यक्ति गुजरते हैं। इस संदर्भ में चार प्रमुख प्रभाव यह है : परिवार, संस्कृति, स्कूल और राज्य। हालाँकि एक कॅरियर-उन्मुख मार्ग का एक अपना मूल्य होता है, लेकिन एक लोकसेवक के मूल्यों को बाह्य घटकों और सामाजिक प्रभाव द्वारा आकार दिया जाता है। वस्तुत: महत्त्वपूर्ण दिग्विन्यास बच्चे के विकास काल के प्रारंभिक वर्षों में हो जाता है। प्रशिक्षण मूल रूप से कौशल प्रदान करने के लिए दिया जाता है। दूसरी ओर शिक्षा का कार्य किसी व्यक्ति की योग्यताओं का विकास करना और उसमें मूल्यों का संचार करना है।

5.5.5.3 सिफारिशें

(क) परीक्षा का ढाँचा : परीक्षा चक्र को संक्षिप्त बनाने के लिए निम्नलिखित दो मॉडलों में से किसी एक मॉडल को अपनाया जाए—

(1) सिविल सेवाओं के लिए प्रारंभिक और मुख्य परीक्षाएँ दो अथवा तीन क्रमागत दिनों में ली जाएँगी। मुख्य परीक्षा के प्रश्न-पत्रों के लिए मूल्यांकन केवल उन उम्मीदवारों के मामले में किया जाना चाहिए, जिन्होंने प्रारंभिक परीक्षा में एक न्यूनतम स्तर तक के अंक प्राप्त किए हों। व्यक्तित्व परीक्षण उसके बाद होगा।

(2) प्रारंभिक परीक्षा के परिणामों के आधार पर मुख्य परीक्षा और व्यक्तित्व परीक्षण के लिए पात्र उम्मीदवारों की संक्षिप्त सूची उनकी रैंकिंग के अनुसार तैयार की जाएगी। केवल इस संक्षिप्त सूची में शामिल उम्मीदवार मुख्य परीक्षा में बैठने के लिए पात्र होंगे, जो प्रारंभिक परीक्षा होने के बाद दो महीनों के भीतर आयोजित की जाएगी। यह संक्षिप्त सूची रिक्त पदों की संख्या से लगभग दुगनी अथवा तिगुनी संख्या तक सीमित होगी। इस प्रकार, व्यक्तित्व परीक्षण और मुख्य परीक्षा को लगभग साथ-साथ शुरू करना संभव होगा।

(ख) विषयवस्तु

(1) **प्रारंभिक परीक्षा में एक वस्तुपरक किस्म का परीक्षण होना चाहिए, जिसमें सामान्य अध्ययन के बारे में, जिनमें भारत का संविधान कानूनी प्रणाली, भारतीय अर्थव्यवस्था, राज्य-व्यवस्था, इतिहास और संस्कृति शामिल हैं, एक अथवा दो प्रश्न-पत्र हों। कोई वैकल्पिक विषय नहीं होना चाहिए।**

(2) मुख्य परीक्षा में अनिवार्य विषयों संबंधी केवल दो प्रश्न-पत्र होने चाहिए। अनिवार्य विषयों में भारत का संविधान, भारतीय कानूनी प्रणाली, भारतीय अर्थव्यवस्था, राज्य व्यवस्था, इतिहास और संस्कृति, आदि शामिल हो सकते हैं। प्रश्न-पत्र पारंपरिक वर्णनात्मक किस्म के होने चाहिए। इसके अलावा मुख्य परीक्षा के एक भाग के रूप में निबंध का एक अलग प्रश्न-पत्र होना चाहिए।

5.4.8 उपर्युक्त से यह देखा जा सकता है कि सभी समितियाँ सामान्य उम्मीदवारों के लिए 21-26 वर्ष अथवा 21-24 वर्ष की आयु-सीमा और

उसके साथ ओ.बी.सी. तथा अनु.जा./अनु.ज.जा. के उम्मीदवारों के लिए आयु में रियासत के पक्ष में रही हैं। जैसा कि पूर्ववर्ती पैराओं में कहा गया है, सिविल सेवाओं में देर से प्रवेश के तीन अवांछनीय परिणाम होते हैं—अंततोगत्वा यह कमजोर वर्गों के हितों के खिलाफ काम करता है, आधातवर्ध्य आयु में सबसे बढ़िया उम्मीदवार की भर्ती करने में समर्थ नहीं बनता और रटकर पढ़ाई करने और कोचिंग संस्थानों के महत्त्व को बढ़ा देता है। इन परिस्थितियों में आयोग का विचार है कि सिविल सेवा परीक्षा में बैठने के लिए अनुज्ञेय आयु सामान्य उम्मीदवारों के लिए 21 से 25 वर्ष, अन्य पिछड़े वर्गों के उम्मीदवारों के लिए 21 से 28 वर्ष और अनु.जा./अनु.ज.जा. के उम्मीदवारों तथा विकलांग उम्मीदवारों के लिए 21 से 29 वर्ष होने चाहिए।

5.3.6 सिफारिशें

(क) भारत सरकार को लोक प्रशासन/शासन/प्रबंधन के स्नातक डिग्री पाठ्यक्रमों के संचालन के लिए राष्ट्रीय लोक प्रशासन संस्थान स्थापित करने चाहिए। यह अपेक्षा की जाती है कि अंततोगत्वा यह विशेष उत्कृष्टता केंद्र (राष्ट्रीय लोक प्रशासन संस्थान) सिविल सेवाओं के आकांक्षियों के प्रमुख स्रोतों के रूप में विकसित होंगे।

(ख) चुने हुए केंद्रीय और अन्य विश्वविद्यालयों को भी लोक प्रशासन/शासन/लोक प्रबंधन के ऐसे स्नातक स्तर के कार्यक्रम प्रस्तुत करने में सहायता दी जानी चाहिए, जो सिविल सेवाओं के पात्र आवेदकों की पूल का और आगे विस्तार करने के लिए स्नातकों का सृजन करेंगे।

(ग) इन विश्वविद्यालयों में प्रस्तुत किए जानेवाले पाठ्यक्रमों में वैकल्पिक विषयों के अलावा मूल (कोर) विषय शामिल होने चाहिए, जैसे भारत का संविधान, भारतीय कानून प्रणाली, प्रशासनिक कानून, भारतीय अर्थव्यवस्था, भारतीय राज्य व्यवस्था, भारतीय इतिहास और संस्कृति।

(घ) भारतीय लोक प्रशासन संस्थानों और चुने हुए विश्वविद्यालयों के उपर्युक्त विशेष पाठ्यक्रमों के स्नातक सिविल सेवाओं की परीक्षा में बैठने के लिए हकदार होंगे। इसके अलावा अन्य विषयों के स्नातक भी सिविल सेवा परीक्षा में बैठने के पात्र होंगे, बशर्ते कि उन्होंने ऊपर उल्लेखित मूल विषयों में 'ब्रिज पाठ्यक्रम' पूरा कर लिया हो। ब्रिज पाठ्यक्रम उन्हीं चुने हुए राष्ट्रीय संस्थानों/विश्वविद्यालयों द्वारा चलाया

जाना चाहिए, जो ऊपर (ग) में उल्लिखित स्नातक स्तर के पाठ्यक्रमों का संचालन करते हैं।

(ङ) इन संस्थानों/विश्वविद्यालयों में दाखिल किए गए छात्रों को उदार आवश्यकता-आधारित छात्रवृत्तियाँ दी जानी चाहिए।

(च) पाठ्यक्रमों का विकास करने और चुने हुए संस्थानों/विश्वविद्यालयों में दाखिले की नीति निर्धारित करने के लिए सरकार को संघ सेवा आयोग के साथ सलाह करके एक 'विशेषज्ञ समिति' तत्काल नियुक्त करनी चाहिए। समिति के विचारणीय विषय, अन्य बातों के साथ-साथ, ये होने चाहिए—

(1) उन विश्वविद्यालयों और संस्थानों का पता लगाने के लिए मानदंड निर्धारित करना, जहाँ उक्त पाठ्यक्रम चलाए जाएँगे।

(2) लोक प्रशासन के उक्त पाठ्यक्रमों की विषय-वस्तु का डिजाइन तैयार करना।

(3) इन पाठ्यक्रमों में दाखिले की क्रिया-विधि विहित करना

(4) ब्रिज पाठ्यक्रमों के तरीके और डिजाइन तय करना।

(छ) चूँकि यह शासन के एक महत्त्वपूर्ण क्षेत्र के संबंध में एक प्रमुख सुधार है और इसे विशेष रूप से प्रारंभिक वर्षों में, समन्वित मार्गनिर्देश की आवश्यकता होगी, इसलिए एक उच्च स्तरीय निगरानी/समन्वय समिति गठित की जानी चाहिए, जिसके अध्यक्ष प्रधान मंत्री हों और उसे तीन महीनों में एक बार बैठक करनी चाहिए और कार्यान्वयन एजेंसियों और संबंधित प्राधिकरणों को दिशानिर्देश देने चाहिए।

(ज) शिक्षा प्रणाली की योजना में सुधार, जिनकी सिफारिश पैरा 5.5 में की गई है, तुरंत किए जाने चाहिए। राष्ट्रीय लोक प्रशासन संस्थानों और चुने हुए विश्वविद्यालयों में लोक प्रशासन/शासन/प्रबंधन के स्वत:पूर्ण डिग्री पाठ्यक्रमों के शुरू होने के बाद परीक्षा और भर्ती के सुधारों को कार्य रूप देने में कुछ समय लगेगा। तब तक मौजूदा प्रणाली को जारी रखा जा सकता है, जिसमें सभी विषयों के विद्यार्थी प्रतियोगी परीक्षाओं में बैठ सकते हैं।

(झ) जिन विद्यार्थियों ने उपर्युक्त पाठ्यक्रम में स्नातक की डिग्री प्राप्त कर ली होगी, उन्हें सरकारी अथवा गैर-सरकारी क्षेत्र में अपनी पसंद की जीवन-वृत्ति (कॅरियर) को अपनाने की छूट होगी।

एस.के. खन्ना समिति

यद्यपि अलघ समिति की सिफारिशें सरकार को 2002–03 में ही भेज दी गईं थी, परंतु सरकार ने उस पर कोई निर्णय नहीं लिया। 27 फरवरी, 2008 को संघ लोक सेवा आयोग ने सरकार को प्रस्ताव भेजा कि सिविल सेवा/प्रारंभिक परीक्षा के तत्कालीन स्वरूप को बदल कर बहुविकल्पीय सिविल सर्विसेज एप्टीट्यूड टेस्ट (CSAT) लागू किया जाए। संघ लोक सेवा आयोग द्वारा सरकार को भेजा गया प्रस्ताव इस प्रकार था—

(i) Civil Services Aptitude test being the only subject in the preliminary examination with the existing mains papers should be introduced with effect from CS Examination, 2010.

(ii) For this, syllabus and basic scheme of Examination should be made public by March/April 2009 & for this to happen Government's concurrance to this suggestion will have to be accorded by August/ September 2008.

(iii) In view of elimination of the optional paper from the preliminary exam, the structure of the mains Examination should be gone into by a committee of experts to be appointed by the commission and till the time that such a committee's recommendations are acted upon and adequate lead time given to candidates, the existing system of mains Examination may continue.

(स्रोत : प्रो. अरुण निगवेकर समिति)

इस प्रस्ताव पर सरकार का रवैया सकारात्मक रहा तथा सरकार ने संघ लोक सेवा आयोग से CSAT के दो प्रश्न-पत्रों के पाठ्यक्रम निर्धारण हेतु समिति गठन करने को कहा। इस प्रकार आयोग ने विश्वविद्यालय अनुदान आयोग (UGC) के पूर्व उपाध्यक्ष **प्रो. एस.के. खन्ना की अध्यक्षता में समिति का गठन किया। प्रोफेसर खन्ना समिति का गठन सितंबर 2009 में किया गया व समिति ने पूरी 'तत्परता' से 24 जून, 2010 को अपना प्रतिवेदन सौंप दिया।**

खन्ना समिति के कुछ निष्कर्ष इस प्रकार हैं—

In the process of consultation, the committee was informed that one of the reasons for lack of interest among 'bright' and highly qualified condidates from Premier institutions towards CSE is due to the relatively long time cycle of examination. Many young people are at the threshold of their careers after graduation and with the increase in the range of opportunities available as a result of economic development CSE is often at a disadvantage in this regard. The 2nd ARC has recommended the reduction in number of papers for the mains stage. The committee too agree that there is a need to reduce the number of paper for the mains stage. It recommends that there papers could include component of aptitude testing especially those that have been elaborated elsewhere in this report as not being entirely ammendable to objective type testing.

खन्ना समिति का सबसे रोचक मान्यता Aptitude testing के संबंध में है। यह मान्यता इस प्रकार है—

"At present the proposal is to first modify the examination at the preliminary stage by conducting a civil service Aptitude test (CSAT) for screening the candidates with an aptitude for the onerus task of public administration rather than to screen out candidates." (3.2.8 खन्ना समिति रिपोर्ट)

इस आधार पर वर्ष 2011 से CSAT की शुरुआत हुई। इसका पाठ्यक्रम इस प्रकार था—

CSAT-I

- Current events of national and international importance.
- History of India and Indian National Movement.
- Indian and Word Geography — Phyical, Social, Economic Geography of India and the World.
- Indian Polity and Governmance — Constitution, Political System, Panchayati Raj, Public Policy, Rights Issues, etc.
- Economic and Social Development — Sunstainable

Development, Poverty, Inclusion, Demographics, Social Sector initiatives, etc.
- General issues on Environmental Ecology, Bio-diversity and Climate Change.
- General Science.

CSAT-II
- Comprehension including english language comprehension.
- Interpersonal skills including communication skills.
- Logical reasoniong and analytical ability.
- Decision-making and problem solving.
- General mental ability.
- Basic numeracy (number and their relations, orders of magnitude, etc.) (Class X level), Data interpretation. (charts, graphs, tables, data sufficienty etc.-Class X level)

प्रो. अरुण निगवेकर समिति रिपोर्ट

प्रो. अरुण निगवेकर समिति की मुख्य सिफारिशें इस प्रकार हैं—
- समिति ने सिविल सेवा परीक्षा के तत्कालीन स्वरूप को स्वीकार करते हुए आयोग को सलाह दी कि वह प्रारंभिक परीक्षा को शीघ्र ही ऑनलाइन करे।
- परीक्षा के पूरे सत्र की अवधि लंबी है, इसे छोटा किए जाने की बहुत आवश्यकता है।
- "The Examination schemes should not be seen as biased in favour of any cardiate belonging to a particular class or strata of society."
- समिति ने भाषा के अर्हकारी (Qualifying) प्रश्न-पत्रों व निबंध के प्रश्न-पत्र को निम्नलिखित रूप में करने की अनुशंसा की एवं इनके अंक भी अंतिम प्राप्तांकों में जोड़ने को कहा।

भारतीय भाषा (8वीं अनुसूची में उल्लिखित)	250 अंक	इस प्रश्न–पत्र में अनिवार्यत: 3 अंग होंगे— (1) निबंध (2) गद्यांश (Comprehension) (3) संक्षिप्तीकरण
अंग्रेजी भाषा	250 अंक	इसके भी तीन अनिवार्य अंग होंगे (i) Essay (ii) Comprehension (iii) Prelis Writing

- समिति ने सामान्य अध्ययन को 'Bedrock for Eligibility' बताते हुए सामान्य अध्ययन का भारांश 50 प्रतिशत करने की अनुशंसा की एवं इसे 4 प्रश्न–पत्रों में बाँटने का सुझाव दिया—

1. भारत – इतिहास, भूगोल एवं समाज
2. भारत – संविधान, राजव्यवस्था व अंतरराष्ट्रीय संबंध
3. भारत – अर्थव्यवस्था, विकास एवं तकनीक
4. भारत – सामाजिक न्याय एवं शासन में सत्यनिष्ठता (Probity in Governance)

- वैकल्पिक विषयों की उपयुक्तता पर समिति ने गहन मंथन किया। पूर्व में गठित समितियों की सिफारिशों पर भी विचार किया व यह अनुशंसा की कि दो के स्थान पर एक ही वैकल्पिक विषय रखा जाए। यह संस्तुति वर्ष 2013 से लागू भी कर दी गई।
- एक सिफारिश विवाद का विषय बनी—

"It is proposed that testing of candidates should be done in the subject of their educational background with minimal cross disciplinery movement of candidates."

समिति ने विषयों के छह समूह (साहित्य, वाणिज्य आदि) बनाए व जिस समूह के विषयों से अभ्यर्थी की स्नातक उपाधि है, उसी को वे वैकल्पिक विषय चुन सकते हैं।

निगवेकर समिति द्वारा सिविल सेवा (मुख्य) परीक्षा का प्रस्तावित प्रारूप

Paper No.	Description	Marks	Remarks
I.	Indian Language Paper (Any of the Indian languages given in the eighth schedule of the constitution and approved by the commission)	250	Language Paper will consist of (i) Essay (ii) Comprehension (iii) Precis
II.	English Language	250	Language paper will consist of (i) Essay (ii) Comprehension (iii) Precis
III.	India-History, Geography & Society	250	
IV	India-Constitution, Polity & International Relations	250	
V.	India-Economy, Development and Technology	250	
VI.	India-Social Justice and Probity on in Governance	250	
VII	Optional Subject (Paper I)	250	
VIII	Optional Subject (Paper II)	250	
	Pesonality Test (Interview)	300	

(6.6 निगवेकर समिति रिपोर्ट)

साक्षात्कार के संदर्भ में समिति ने एक प्रतिरूप सुझाया, ताकि साक्षात्कार में अधिक वस्तुनिष्ठता आ सके।

इस संदर्भ में निगवेकर समिति द्वारा प्रस्तावित 'Structured Interview' भी स्वागत योग्य है। (Chatper 6, page 120, Nigevekar Committee Report)

Attributes	Maximum Marks	Marks Awarded
Ability of Social Cohesion & Leadership and Suitability for Civil Service	75	
Mental Alertness, Analytical Reasoning, Assimilation Skill and Balance of Judgment	75	
Variety and Depth of Interest	50	
Communication Skills	50	
Intellectual and Moral Integrity	50	
Total	300	

इस प्रकार कुल 2300 अंकों की परीक्षा प्रस्तावित की गई। ये सिफारिशें पूरी तरह तो स्वीकार नहीं की गईं, यद्यपि एक वैकल्पिक विषय एवं सामान्य अध्ययन के 4 खंड, कुछ अलग स्वरूप में स्वीकृत हुए। वैकल्पिक विषयों के संबंध में भाषा साहित्य के विषयों पर विवाद हुआ, जो इस समाचार से स्पष्ट हो जाएगा—

UPSC ने सिविल सेवा परीक्षा में अंग्रेजी की अनिवार्यता वाला नियम लिया वापस

Reported by Bhasha,

Updated: 28 March 2013 6:53 PM

नई दिल्ली देश भर में छिड़ी बहस के बीच संघ लोकसेवा आयोग (यू. पी.एस.सी.) ने सिविल सेवा की मुख्य परीक्षा में उसके द्वारा सुझाए गए परिवर्तनों को वापस लेते हुए अनिवार्य अंग्रेजी भाषा परीक्षा की आवश्यकता समाप्त कर दी है।

भारतीय प्रशासनिक सेवा (आई.ए.एस.), भारतीय पुलिस सेवा (आई. पी.एस.) और भारतीय विदेश सेवा (आई.एफ.एस.) अधिकारियों का चयन

करने के लिए प्रतिष्ठित परीक्षा लेने वाले यू.पी.एस.सी. ने गत मंगलवार को एक शुद्धिपत्र जारी करके किसी भी एक भारतीय भाषा और अंग्रेजी पेपर में अर्हता प्राप्त करने की पुरानी व्यवस्था बहाल कर दी। हालाँकि इसमें प्राप्त अंकों को रैंकिंग के लिए जोड़ा नहीं जाएगा।

इसमें कहा गया है, "भारतीय भाषाओं और अंग्रेजी के पेपर मैट्रिक या उसके समकक्ष स्तर के होंगे और यह अर्हता प्रकृति के ही होंगे। इन पत्रों में प्राप्त अंकों को रैंकिंग के लिए नहीं जोड़ा जाएगा।" भारतीय भाषाओं और अंग्रेजी में प्रश्न-पत्र का उद्देश्य अभ्यर्थियों की पढ़ने और गंभीर तर्कमूलक गद्य समझने की उनकी क्षमता और विचारों को स्पष्ट और सही तरीके से व्यक्त करने की परीक्षा लेना है।

मुख्य परीक्षा में बैठनेवाले अभ्यर्थियों के लिए नैतिकता, सत्यनिष्ठा और एप्टीट्यूड (aptitude) और निबंध के ढाई-ढाई सौ अंक के अलग-अलग प्रश्न-पत्र होंगे।

नैतिकता, सत्यनिष्ठा और एप्टीट्यूड (aptitude) के प्रश्न-पत्र में अभ्यर्थियों का एप्टीट्यूड (aptitude) तथा सत्यनिष्ठा एवं सामाजिक जीवन में ईमानदारी संबंधी मुद्दों के प्रति उनका रुख जांचने के लिए प्रश्न होंगे तथा इससे विभिन्न मुद्दों को सुलझाने तथा समाज में काम करने के दौरान सामने आनेवाली परेशानियों के प्रति उनके दृष्टिकोण की जाँच होगी।

अभ्यर्थियों को एक विशिष्ट विषय और अपनी पसंद की भाषा में निबंध लिखना होगा। आयोग द्वारा पेश नए नियम के तहत एक भाषा को परीक्षा के माध्यम के रूप में तभी स्वीकार किया जाएगा, जब न्यूनतम 25 अभ्यर्थी ऐसा चाहें।

यू.पी.एस.सी. ने कहा, "यह भी कहा जा सकता है कि सिविल सेवा (प्रारंभिक) परीक्षा के स्वरूप में कोई परिवर्तन नहीं हुआ है, जिसका आयोजन 26 मई, 2013 को होगा।" यू.पी.एस.सी. ने गत पाँच मार्च को एक परिपत्र जारी किया था, जिसमें अंग्रेजी भाषा को अधिक महत्त्व दिया गया था। इस कदम को लेकर संसद् के भीतर और बाहर हंगामा हुआ था। इसके बाद सरकार ने गत 15 मार्च को इस पर रोक लगा दी थी।

कार्मिक राज्यमंत्री वी. नारायणसामी ने लोकसभा को बताया था कि सुझाए गए परिवर्तनों पर 'यथास्थिति' बहाल रहेगी।

अब कोई भी अभ्यर्थी साहित्य को वैकल्पिक विषय के रूप में ले सकेगा। इस मामले अब अभ्यर्थी पर यह शर्त नहीं होगी कि वह जिस भाषा के साहित्य को अपना वैकल्पिक विषय बना रहा है उस विषय में उसका स्नातक होना अनिवार्य है।

इस पूरी समीक्षा पर पाठकों के सुझाव सादर आमंत्रित हैं।

prakalpssun@gmail.com

□

सिविल सेवा (प्रारंभिक) परीक्षा की समस्याएँ

सिविल सेवा परीक्षा में जैसे-जैसे अभ्यर्थियों की संख्या बढ़ती गई, तब अगंभीर छात्रों को परीक्षा से बाहर करने हेतु प्रारंभिक परीक्षा की शुरुआत हुई। डॉ. डी.एस. कोठारी समिति ने इस परीक्षा को शुरू करने हेतु जो आधार माना था, वह इस प्रकार है—

"This would serve to widen the base of recruitment and provide a primary screening test for the identification of the more serious candidates offering for the examination. Such a screening test is necessary to prevent overloading of the selection process by a large number of indifferent candidates which undermines seriously the efficiency and reliability of the process itself. It is in the interest of candidates, as also in the national interest, that those who have little chance of making the grade know about it at an early stage of the selection process. This would help them to use their time, energy and resources more gainfully in preparing for careers better suited to their interest and abilities."

(Paragraph 3.2 of the report)

इन अनुशंसाओं के आधार पर प्रारंभिक परीक्षा शुरू की गई व उसका स्वरूप वर्ष 2010 तक वही बना रहा। यह प्रारूप इस प्रकार था—

प्रथम प्रश्न-पत्र	वैकल्पिक विषय	300 अंक
द्वितीय प्रश्न-पत्र	सामान्य अध्ययन	150 अंक
	कुल अंक	450 अंक

सिविल सेवा प्रारंभिक परीक्षा

इस प्रारूप में वैकल्पिक विषय का बहुत अधिक महत्त्व था। यह धीरे-धीरे इस हद तक हावी हो गया कि सामान्य अध्ययन के प्रति छात्र गंभीर नहीं रहते थे। एक बार जो छात्र ठीक से तैयारी कर लेते थे, उनके लिए पुनः प्रारंभिक परीक्षा उत्तीर्ण करना बहुत सरल हो जाता था। ऐसे में सामान्य अध्ययन की भूमिका और भी कमजोर इस तथ्य से हो जाती थी कि परीक्षा में ऋणात्मक अंक (Negative Marking) की कोई पद्धति नहीं थी। ऐसे में थोड़ा सा ज्ञान, थोड़ा Informed Guess परीक्षा में सफलता दिला देता था। इस प्रारूप में कुछ हद तक यह भी कहा जा सकता था कि नए विद्यार्थी इसमें पुराने विद्यार्थियों के साथ Equal footings पर नहीं थे।

इस प्रारूप पर सर्वप्रथम अलघ समिति ने आपत्ति दर्ज की व वैकल्पिक विषय हटाकर Aptitude test प्रारंभ करने की अनुशंसा की, परंतु भारत सरकार ने इस पर कोई निर्णय नहीं लिया। वर्ष 2008 में संघ लोक सेवा आयोग पुनः सक्रिय हुआ एवं सरकार को प्रस्ताव भेजा गया। सरकार से हरी झंडी मिलने के बाद वर्ष 2009 में विश्वविद्यालय अनुदान आयोग के पूर्व उपाध्यक्ष प्रो. एस.के. खन्ना की अध्यक्षता में समिति बनी व जून 2010 में इस समिति ने काफी 'तत्परता' से अपनी रिपोर्ट सौंप दी। समिति का तर्क था कि यह एप्टीट्यूड टेस्ट का प्रश्न-पत्र 'Aptitude for a demanding career in the public service' का परीक्षण करेगा। इस संदर्भ में खन्ना समिति का निष्कर्ष विचारणीय है।

"At present the proposal is to first modify the examination at the preliminary stage, by conducting a civil service aptitude test (CSAT) for screening the candidates with an aptitude for the onerous task of public Administration rather than to screen out candidates ."

इस प्रकार CAT-MAT (MBA) से मिला जुलता प्रश्न-पत्र CSAT-II के रूप में वर्ष 2011 से प्रारंभ किया गया। यहाँ ध्यान देने योग्य है कि Aptitude test तो शुरू हो गया, पर क्या ये सिविल सेवा का एप्टीट्यड परीक्षण था और कैसे यह परीक्षण बैंक के क्लर्क की परीक्षा अथवा क्या देश भर में आयोजित मैनेजमेंट एप्टीट्यूड टेस्ट (MAT) से अलग था, इस पर समिति मौन रही। समिति अपने 9 माह के संक्षिप्त कार्यकाल में शायद यह विचार नहीं कर पाई कि किस प्रकार यह प्रस्तावित प्रारूप प्रशासनिक अभियोग्यता 'Administrative Aptitude' का

परीक्षण करेगा व यह कैसे मौलिक रूप में अन्य एप्टीट्यूड टेस्ट से अलग है। हैरानी की बात यह है कि कई विद्वानों से होकर यह फाइल गुजरी होगी, पर यह प्रश्न क्या किसी के मन में नहीं उठा। बहरहाल, पहले इसके पाठ्यक्रम पर गौर कीजिए—

1. Comprehension including english language comprehension.
2. Interpersonal skills including communication skills.
3. Logical reasoning and analytical Ability.
4. Decision making and problem solving.
5. General Mental Ability.
6. Basic Numeracy (Numbers and their Relations, order of magnitude into) data Interpretation. (charts, graphs, tables, data sufficiency etc. class X level)

मूलतः सिविल सेवा हेतु यह किस प्रकार उपयोगी है, यह तर्क प्रमाणित नहीं होने अथवा यों कहें कि बिना कोई ठोस आधार के इसे लागू किए जाने के कारण यह पद्धति प्रारंभ होते ही विवादित हो गई। वर्ष 2011 में इसमें समाहित अनिवार्य अंग्रेजी कांप्रिहेंशन को लेकर श्री दीनानाथ बत्रा (शिक्षा संस्कृति उत्थान न्यास के राष्ट्रीय अध्यक्ष) ने दिल्ली उच्च न्यायालय में जनहित याचिका दायर की। इसमें कहा गया कि अनिवार्य अंग्रेजी के प्रश्न प्रारंभिक परीक्षा में थोपा जाना हिंदी माध्यम के छात्रों के साथ अन्याय है। यहीं से इस प्रारूप की कलई खुल गई। दिल्ली उच्च न्यायालय के विद्वान् न्यायाधीश की टिप्पणी इसी हेतु से उद्धृत की जा रही है—

"There is as aforesaid, nothing to show application of mind on the said aspect by the Government. We find a flaw in the justification aforesaid in the report of Professor S.K. Khanna. Even if the standard of test of English language, in the competitive as well as the non-competitive / qualifying segment of the examination be the same, to our mind, while the candidate scoring merely qualifying marks and the candidate scoring 100 प्रतिशत marks, in the non competitive qualifying segment would be at par, the difference of 22.5 or 30 marks in the PE/CSAT is likely to eliminate the low scorer from the race- The report of Professor S.K. Khanna, to the extent the same observes that the inclusion of the component/section of test of English comprehension skills in the PE/CSAT will not eliminate any section of aspirants thus appears to be erroneous."

W.P.(C) No.651/2012

विद्वान् न्यायाधीश की टिप्पणी में 'Noting to show application of mind' शब्द का प्रयोग स्पष्ट करता है कि बिना ठोस आधार के यह प्रारूप लागू किया गया था। इसी में यह स्पष्ट होता है कि किस प्रकार 5-7 प्रश्न विद्यार्थी के पक्ष में या विपरीत होने पर वह परीक्षा से बाहर हो सकता है। ऐसे में गैर अंग्रेजी माध्यम के परीक्षार्थियों का बाहर होना तय था। यह पाठ्यक्रम का पहला बिंदु था। जो माननीय उच्च न्यायालय के अनुसार भी erroneous था।

अगला बिंदु है Interpersonal skill including communication skills. निश्चित रूप से संप्रेषण क्षमता या तो मौखिक या लिखित रूप में ही देखी जा सकती है। इशारे भी करें, संकेतों में संप्रेषण करें तो भी उसका परीक्षण बहुविकल्पीय प्रश्नों के माध्यम से तो कतई संभव नहीं है। इसका सबसे बड़ा प्रमाण यही हैं कि वर्ष 2011 से इस वर्ष 2019 तक की प्रारंभिक परीक्षा में इस खंड से एक भी प्रश्न नहीं पूछा गया। आशा है कि इसकी अनुशंसा करनेवाले विद्वान् इतने मासूम नहीं होंगे कि उन्हें यह पता ही न हो कि इसके व्यावहारिक बहुविकल्पीय प्रश्नों का पूछा जाना संभव नहीं है। इस पर भी दिल्ली उच्च न्यायालय के विद्वान् न्यायाधीश की 'Nothing' to show application of mind' वाली टिप्पणी पुनः याद आ जाती है। खैर, अब आप देखिए कि यदि आप इस पर जबरदस्ती प्रश्न बनाने की ठान लें तो कैसे प्रश्न बनेंगे। वस्तुतः कुछ राज्य लोक सेवा आयोगों ने भी इस पाठ्यक्रम को ज्यों-का-त्यों आयात कर अपनी राज्य प्रशासनिक सेवा परीक्षा में लागू किया। कुछ धुन के पक्के प्रश्न-पत्र निर्माताओं ने जो प्रश्न बनाए वे इस खंड (अंतर्वैयक्तिक संप्रेषण कौशल) के सैद्धांतिक पक्ष पर आधारित थे। इन प्रश्नों पर जरा गौर कीजिए।

उ.प्र. राज्य लोक सेवा आयोग, प्रारंभिक परीक्षा, वर्ष 2018, सीरिज—I

प्र. 48. उच्च अनुरूपता समूह में लिये गए अतार्किक निर्णय कहलाते हैं।

(a) सृजनात्मकता (b) समूह सोच

(c) अनौपचारिकता (d) मनोवैज्ञानिक सतर्कता

प्र. 64. किस उद्देश्य हेतु वृत्ताकार संचार सर्वाधिक उपयुक्त है ?

(a) सदस्य आपंतृप्ति (b) सक्षम निर्णय प्रक्रिया

(c) सदस्य संतुष्टि (d) सूचनाओं के सक्षम अंतरण

प्र. 65. सुनने को सर्वाधिक अच्छी तरह परिभाषित किया जा सकता है ?

(a) कूटवाचन की दैहिक प्रक्रिया के रूप में

(b) जो हम सुनते हैं, उसका अर्थ निकालने में प्रयुक्त एक प्रक्रिया के रूप में

(c) संचारित की गई सूचना को अग्रसारित करना

(d) संचारित की गई सूचना का प्रत्याहवन करना

प्र. 73. हावभाव द्वारा संप्रेषण संबंधित है—

(a) कायनेम्लिस से (b) प्राम्यिमिक्स से

(c) पैरा-लैंग्वेज से (d) अशाब्दिक व्यवहार से

उ.प्र. राज्य लोक सेवा आयोग, प्रारंभिक परीक्षा, वर्ष 2017, सीरिज—D

प्र. 25. औपचारिक दिशानिर्देश एवं प्राधिकार पदानुक्रम संचार से किस प्रकार्य के उदाहरण हैं ?

(a) नियंत्रण (b) समझौता

(c) संगठन (d) सूचना

प्र. 12. निम्नलिखित में से किस संप्रेषण अंतः क्रिया में हमें अवश्य ध्यान देना चाहिए कि हमें क्या करना चाहिए ?

(a) संरचनात्मक नियम (b) संघटनात्मक नियम

(c) वियोजक नियम (d) नियामक नियम

इस प्रकार के प्रश्न खन्ना समिति के 'Aptitude for a demanding career in public service' के विचार में कैसे समायोजित हो सकते हैं, आप स्वयं निर्णय कीजिए। इस प्रकार पाठ्यक्रम का एक-तिहाई से अधिक भाग पूछा ही नहीं जा सकता तो क्या पाठ्यक्रम का मूल स्वरूप बचा रह पाएगा।

अब जरा अगले भाग पर गौर कीजिए। इसका शीर्षक है 'Decision Making and problem solving.'। तार्किक रूप से शायद यही एक भाग है, जो 'Aptitude for Civil Service' के नारे के साथ न्याय कर सकता है। इसके लिए विशिष्ट प्रश्न बनाए गए एवं उनमें सबसे सही व उससे कम सही के ही

अंक दिए जाते थे, परंतु ऋणात्मक अंक या Negative Marking नहीं थी। वर्ष 2011, 2012 एवं 2013 अर्थात् कुल तीन बार ही इस खंड में से प्रश्न पूछे गए। वर्ष 2014 से 2019 तक एक भी प्रश्न 'Aptitude for civil service' के रूप सबसे महत्त्वपूर्ण खंड से पूछा तक नहीं गया। कुछ विद्वानों का मत है कि इसका मूल कारण प्रश्नों में अंतर्निहित विषयनिष्ठता (Subjectivity) है। इस प्रकार अब Aptitude Test में केवल गणित व रीजनिंग के परंपरागत प्रश्न ही बचे।

अब समस्या यह हुई कि गणित, रीजनिंग के बैंक पी.ओ., क्लर्क की परीक्षा में पूछे जा रहे प्रश्नों को सिविल सेवा परीक्षा में भरपूर स्थान मिला। इसका सीधा व अनुचित लाभ विज्ञान, गणित की पृष्ठभूमि के छात्रों को मिलने लगा। कई टॉपर्स ने विभिन्न पत्र-पत्रिकाओं में छपे अपने साक्षात्कार में यह स्वीकार किया कि विज्ञान, प्रबंधन अथवा इंजीनियरिंग की पृष्ठभूमि होने के कारण उन्हें इस प्रश्न-पत्र की कोई तैयारी नहीं करनी पड़ी।

अब आप विचार कीजिए, यदि परीक्षा का 50 प्रतिशत हिस्सा ऐसा हो कि विद्यार्थियों के एक वर्ग को उसकी तैयारी ही न करनी पड़े और शेष धाराओं (Streams), यथा मानविकी आदि के विद्यार्थी उसी में जुटे रहें तो क्या यह सही अर्थों में प्रतियोगिता है ? दूसरा, क्या ये देश की सबसे प्रतिष्ठित एवं कठिन परीक्षा है, जिसमें एक वर्ग तैयारी करे बिना ही भरपूर अंक प्राप्त कर रहा है। समस्या यह नहीं है कि गणित के प्रश्न क्यों पूछे गए। समस्या यह है कि यदि 50 प्रतिशत के अनुपात में गणित, रीजनिंग के प्रश्न पूछे जाएँगे तो निश्चित रूप से यह परीक्षण घोर असंतुलित होगा और देश की सर्वोच्च मानी जानेवाली परीक्षा में इतना अन्याय। कल्पना कीजिए, यदि प्रारंभिक परीक्षा में 50 प्रतिशत प्रश्न भूगोल के कर दिए जाएँ (यह कहते हुए कि Everything Under the Sun is geography) तो क्या भूगोल के विद्यार्थी अवांछित लाभ की स्थिति में नहीं होंगे। इसीलिए गणित, रीजनिंग आदि के प्रश्न अन्य खंडों के साथ असमान अनुपात में होंगे तो परीक्षा की मूल आत्मा 'Level Playing field' नष्ट हो जाएगी। यही तथ्य प्रोफेसर अरुण निगवेकर समिति द्वारा आयोजित कार्यशाला में विभिन्न अधिकारियों से चर्चा में यह तथ्य स्पष्ट हुआ कि CSAT द्वितीय प्रश्न-पत्र की प्रणाली गैर विज्ञान पृष्ठभूमि के छात्रों के साथ अनुचित भेदभाव की जनक है।

"The preliminary Examination Pattern introduced from CSE, 2011 seems to be skewed in favour of Candidates from science background. Our endeavour should be to provide level playing field. There should be equal weightage in all the sub-sections."

सह सहज तथ्य है कि किसी धारा विशेष के लिए अति सरल प्रश्न पूछे जाएँगे तो उसे अनुचित लाभ मिलेगा व प्रतियोगियों का एक पूरा वर्ग परीक्षा से बाहर हो जाएगा। श्री दीनानाथ बत्राजी की जनहित याचिका में माननीय दिल्ली उच्च न्यायालय की टिप्पणी इस तथ्य की पुष्टि करती है।

यदि 7-8 प्रश्न ही प्रतियोगियों के एक वर्ग को परीक्षा से बाहर कर सकते हैं तो एक पूरा प्रश्न-पत्र कितना घातक हो सकता है, यह सहज अनुमान गम्य है। ध्यातव्य है कि गणित आदि के प्रश्न पूर्व में भी सिविल सेवा परीक्षा का अभिन्न अंग रहे हैं, परंतु यह संख्या उतनी ही थी, जितनी इतिहास व भूगोल अथवा विज्ञान आदि के प्रश्नों की यानी 10 से 15 प्रतिशत। वर्तमान प्रणाली में विभिन्न खंडों के असमान अनुपात ने छात्रों के मध्य अनुचित विभेद कर परीक्षा प्रक्रिया को धारा विशेष के पक्ष में कर दिया (इंजीनियरिंग, मैनेजमेंट आदि) यही विवाद का मूल कारण है। अब यह परिणाम किस प्रकार असंतुलित हुआ निम्नलिखित आँकड़े इसे स्पष्ट करते हैं—

वर्ष	प्रारंभिक परीक्षा उत्तीर्ण कुल अभ्यर्थी	अंग्रेजी माध्यम प्रतिशत	भारतीय भाषा माध्यम प्रतिशत
2008	11279	51.6	48.4
2009	11456	54.5	45.5
2010	11777	62.2	37.8
2011	11097	82.9	17.1
2012	12080	81.8	18.2
2013	14167	87.16	12.84
2014	16279	84.67	15.33
2015	14640	80.7	19.3
2016	15142	89.0	11.0
2017	13052	91.3	8.7

स्रोत : संघ लोक सेवा आयोग वार्षिक रिपोर्ट

यह प्रारूप भारतीय प्रबंधन संस्थानों (IIMs) में प्रवेश हेतु आयोजित CAT (Common Admission Test) से लगभग मिलता-जुलता है या कहें कि लगभग वही है। यह परीक्षा (CAT), जिसकी चारों तरफ वाहवाही होती है, उसकी कमी के बारे में द्वितीय प्रशासनिक सुधार आयोग का मत विचारणीय है—

"The Commission finds that it can not be gainsaid that the Combined admission test (CAT) which selects entrants to the IIMs fails to provide canditates having a propensity and aptitude for acquining new knowledge & skills."

अगला प्रश्न यह है कि क्या बैंकिंग, अनुभाग अधिकारी, पुलिस निरीक्षक, मैनेजमेंट एवं सिविल सेवा परीक्षा का एक ही एप्टीट्यूट होगा। यदि नहीं तो सिविल सर्विसेज एप्टीट्यूट टेस्ट, बैंक पी.ओ. परीक्षा की प्रतिकृति (copy) कैसे हो सकता है ? निम्नलिखित प्रश्नों पर गौर कीजिए—

IBPS-RBB 2018

Statement : Some trains are stations.
All stations are platforms.
All platforms are tracks.
Some tracks are bogies.

Concusion : A. Only I follows.
B. Only II follows.
C. Either I or II follows.
D. Neither I or II follows.
E. Both I & II follows.

CSAT, 2011

Q 23. (A) All trains are run by diesel engines.
(B) Some trains are run by diesel engines.
(C) No train is run by diesel engine.
(D) Some trains are not run by diesel engine.

Codes.
(i) A & B (ii) B & C
(iii) A & C (iv) A & D

इसी संदर्भ में यह ध्यान देने योग्य है कि MBA, Banking परीक्षाओं का प्रारूप उपयुक्त सिविल सेवक के चुनाव में कैसे सक्षम हो सकता है? जब सेवा की मूलभूत अर्हताएँ, आवश्यकताएँ व चुनौतियाँ भिन्न हैं तथा सिविल सेवा मूल प्रकृति में ही अन्य सेवाओं से भिन्न है तो निश्चय ही उसका प्रारूप भी भिन्न होना चाहिए। सामान्य अध्ययन की गहरी समझ को मौलिक प्रश्नों के माध्यम से जाँचना ही इसकी मूल आवश्यकता है। निगवेकर समिति ने भी सामान्य अध्ययन को '**Bedrock for eligibility**' माना है। इस कारण ऐसी में असंतुलित परीक्षा प्रणाली के परिणाम भी घोर असंतुलित ही हुए हैं।

"Clearly, a candidate who aspires to embark on a career of participating in the governance of the country, needs, as a basic requirement, to have a good knowledge of the country & its history, geography, society, culture, constitution, relations with other nations, economy and how technology is and can be used to identify and solve issues relating to governance and delivery. To these must be added the ultimate filters of social justice and probity in governance. These then are the components of the basic common domain knowledge—THE BED ROCK FOR ELIGIBILITY—(Page 103 Nigvekar Committee Report)."

दूसरा महत्त्वपूर्ण तथ्य यह है कि यदि CSAT प्रणाली ऐसे गंभीर उम्मीदवारों का चयन करती, जिनमें वांछित प्रशासनिक अभियोग्यता है तो यह स्वाभाविक है कि मुख्य परीक्षा में वे बेहतर प्रदर्शन करेंगे तथा समाज, संस्कृति, इतिहास, भूगोल, विज्ञान पर बेहतर पकड़ होगी। यदि पिछले 10 वर्ष की मुख्य परीक्षा की cut off पर विचार करें तो परिणाम ठीक विपरीत है। CSAT Paper-II में बहुत अच्छे अंक लाने वाले विद्यार्थियों की दशा सामान्य अध्ययन में शोचनीय है। वर्ष 2013 की 32 प्रतिशत cut off इसका प्रमाण है। यहाँ तक कि प्रथम 4 स्थानों के सफल अभ्यार्थी 34 प्रतिशत भी नहीं ला पाए तो 900वीं रेंक लाने वाले छात्र के अंकों का हाल क्या होगा? इससे स्पष्ट है कि यह प्रणाली विरोधाभासी है। एक ओर यह प्रणाली बेहतर उम्मीदवार चुनने का दावा करती है, वहीं जब इसमें सफल हुए विद्यार्थियों का विस्तृत परीक्षण होता है (बौद्धिक क्षमता, सृजनात्मकता, तार्किक विश्लेषण, मौलिकता, नवीन विचार आदि) तब परिणाम ठीक उलटा आता है, क्योंकि प्रारंभिक परीक्षा के द्वितीय प्रश्न-पत्र में पहले से सहज अभ्यार्थी बिना

खास मेहनत के अच्छे अंक लाकर प्रारंभिक परीक्षा में तो सफल हो जाते हैं, परंतु मुख्य परीक्षा में उनकी दशा शोचनीय हो जाती है। इस संदर्भ में 2013 की परीक्षा के टॉपरों ने अपने साक्षात्कारों में यह स्पष्ट किया कि तकनीकी एवम प्रबंधन पृष्ठभूमि से होने का उन्हें बहुत लाभ मिला तथा द्वितीय प्रश्न-पत्र के लिए उन्हें कुछ खास नहीं करना पड़ा। इससे स्पष्ट होता है कि कुछ छात्र अपनी पृष्ठभूमि के कारण बिना किसी विशेष तैयारी के प्रारंभिक परीक्षा तो उत्तीर्ण कर लेते हैं, परंतु मुख्य परीक्षा में वे अच्छा नहीं कर पाते। क्या ऐसे लोकसेवक होने चाहिए, जो देश के इतिहास-भूगोल-समाज-संस्कृति की कमजोर समझ रखते हों? यह स्पष्ट हो जाता है कि बेहतर छात्रों को चुनने का दावा करनेवाली यह प्रणाली व्याघातक (Self Contradictory) है।

INCONSISTENCY OF CSAT	
Year	**Cut Off (Mains)**
2005	49.3
2006	48.75
2007	50.25
2008	47.7
2009	44.95
2010	45.2
2011	42
2012	35
2013	32

इसी सिविल एप्टीट्यूड का एक महत्त्वपूर्ण अंश है गद्यांश के आधार पर प्रश्नों के उत्तर देना। ऐसे प्रश्न अभ्यर्थी की तर्कक्षमता, विश्लेषण क्षमता समझ जैसे गुणों का परीक्षण करते हैं। गद्यांश को पढ़कर उसका सार समझना होता है व उस पर आधारित प्रश्न का उत्तर देना होता है। अब यह बहुत सीधी बात है कि गद्यांश अपने आप में प्रश्न है, उसमें अंतर्निहित सार (Essence) परीक्षार्थी यदि समझ पाता है तो उत्तर सही देगा, अन्यथा ऋणात्मक अंक प्राप्त करेगा। अब इसमें हिंदी माध्यम के विद्यार्थियों की दुर्दशा देखिए कि केवल अबोधगम्य, प्रवाह विहीन यांत्रिक

(Mechanical) अनुवाद के कारण अनूदित गद्यांश में मूल गद्यांश का सार नहीं आ पाता एवं असफलता छात्रों की नियति बन जाती है। प्रश्न यह है कि जब गद्यांश में सार ही नहीं था तो छात्र भला कैसे उत्तर दे। निम्नलिखित गद्यांश पढ़कर आपको विश्वास हो जाएगा कि यह कथन तर्क नहीं तथ्य है (सुविधा हेतु इसके पश्चात् अंग्रेजी अनुवाद भी दिया गया है।)

CSAT-II, वर्ष 2014
(प्रश्न संख्या 26, 27, 28 Series A)

हिमालय का पारितंत्र भू-वैज्ञानिक कारणों और जनसंख्या के बढ़े हुए बोझ प्राकृतिक संसाधनों के दोहन और अन्य संबधित चुनौतियों से जन्य दबाव के कारण, क्षति के प्रति अत्यंत सुभेद्य है; सुभेद्यता के ये पहलू जलवायु परिवर्तन के प्रभाव के कारण उत्तेजित हो सकते हैं। यह संभव है कि जलवायु परिवर्तन हिमालय के पारितंत्र, बढ़े हुए तापमान, परिवर्तित वर्षण प्रतिरूप, अनावृष्टि की घटनाओं और जीवीय प्रभाव के माध्यम से, प्रतिकूल प्रभाव डालें। यह न केवल उच्चभूमियों में रहनेवाले देशज समुदायों के पूरे निर्वाह पर, बल्कि सारे देश में और उसके परे अनुप्रवाह क्षेत्र में रहनेवाले निवासियों के जीवन पर भी असर डालेगा। इसलिए हिमालय के पारितंत्र की धारणीयता बनाए रखने के लिए विशेष ध्यान देने की तत्काल आवश्यकता है। इसके लिए सभी निरूपक प्रणालियों के संरक्षण के लिए सचेत प्रयत्न करने की आवश्यकता होगी।

आगे इस पर बल देने की आवश्यकता है कि सीमित व्याप्ति वाले, और बहुधा विशेषीकृत आवासीय आवश्यकताओं वाले विशेषक्षेत्री घटक सर्वाधिक सुभेद्य घटकों में से हैं। इस संदर्भ में हिमालय का जैव विविधता वाला तप्तस्थल, जो विशेषक्षेत्री विविधता से संपन्न है, जलवायु परिवर्तन के प्रति सुभेद्य है। इसके खतरों में, आनुंशिक संसाधनों और जातियों, आवासों का संभावित क्षय और सहगामी रूप से, पारितंत्र के लाभों में कमी का आना शामिल है। इसलिए इस क्षेत्र के लिए संरक्षण योजनाएँ बनाते समय, निरूपक पारितंत्र/आवासों में विशेषक्षेत्री घटकों के संरक्षण का अत्यंत महत्त्व हो जाता है। उपर्युक्त को हासिल करने की दिशा में समकालीन संरक्षण उपागमों की ओर ध्यान अंतरित करना होगा, जिसमें संरक्षित क्षेत्र-प्रणालियों के बीच दृश्यभूमि स्तर की अंतर्संयोजकता का प्रतिमान शामिल है। यह संकल्पना, जाति-आवास पर ध्यान केंद्रित करने की जगह जैवभौगोलिक परास को विस्तारित करने पर समावेशी ध्यान-सकेंद्रण करने

का पक्षसमर्थन करती है, ताकि जलवायु परिवर्तन के प्राकृतिक समंजन सीमित हुए बिना आगे बढ़ सकें।

मूल अंग्रेजी पाठ

The Himalayan ecosystem is highly vulnerable to damage, both due to geological reasons and on account of the stress caused by increased pressure of population, exploitation of natural resources and other related challenges. These aspects may be exacerbated due to the impact of climate change. It is possible that climate change may adversely impact the Himalayan ecosystem through increased temperature. Altered precipitation patterns, episodes of drought and biotic influences. This would not only impact the very sustenance of the indigenous communities in uplands but also the life of downstream dwellers across the country and beyond. Therefore there is an urgent need for giving special attention to sustain the Himalayan ecosystem. This would require conscious efforts for conserving all the representative systems.

Further, it needs to be emphasized that the endemics with restricted distribution, and most often with specialized habitat requirements, are among the most vulnerable elements. In this respect the Himalayan biodiversity hotspot, with rich endemic diversity, is vulnerable to climate change. The threats include possible loss of genetic resources and species, habitats and concomitantly a decrease in ecosystem services- Therefore, conservation of endemic elements inrepresentative ecosystems/habitats assumes a great significance while drawing conservation plans for the region. Towards achieving the above, we will have to shift toward contemporary conservation approaches, which include a paradigm of landscape level interconnectivity between protected area systems. The concept advocates a shift from the species-habitat focus to an inclusive focus on expanding the biogeographic range so that natural adjustments to climate change can proceed without being restrictive.

तीसरा प्रश्न यह है कि सिविल सेवक बनने के लिए आवश्यक मूलभूत अर्हताओं व CSAT paper 2 में क्या सहसंबंध हो सकता है? क्या इस प्रकार की तार्किक अभियोग्यता, प्रशासनिक अभियोग्यता का परीक्षण कर सकती है? यह माना जाता है कि सर्वाधिक Reasoning की आवश्यकता विधि (law) के क्षेत्र में होती है। निरपवाद रूप से किसी भी न्यायिक सेवा की परीक्षा में इस प्रकार अभियोग्यता परीक्षण से तार्किकता को नहीं आँका जाता तो सिविल सेवा में यह विसंगति क्यों? किस प्रकार व्यक्ति की संवदेनशीलता, निर्णयन क्षमता, जन भावनाओं की समझ, समाज व संस्कृति का गहरा ज्ञान कुछ आँकड़ों के गुणा-भाग द्वारा परखा जा सकता है?

यह समझना आवश्यक है कि सिविल सेवा समावेशी होनी चाहिए, न कि अनन्य (Exclusive)। योग्यता परीक्षण की कई विधियाँ हो सकती हैं, परंतु वही विधि काम में लाई जानी चाहिए, जो अधिकाधिक छात्रों को अपनी योग्यता प्रदर्शित करने का मौका दे, न कि किसी वर्ग विशेष को अवांछित लाभ दे। द्वितीय प्रशासनिक सुधार आयोग में हुई चर्चाओं में से एक का उल्लेख करना यहाँ प्रासंगिक होगा—3

"It is well known that students studying in schools in rural areas particularly government schools do not receive the same quality of education that is delivered in urban areas especially in the public schools. This can lead to an undesirable bias in recruitment. Such an urban bias is already apparent in the highly competitive examinations for admission to the IITs, National Law Schools, the premier medical schools and the centres of excellence in higher education established in various fields across the country.

"Furthermore, it is generally the affluent and the elite who, by virtue of their resources, have access to better educational institutions and better coaching and preparation for the competitive examinations such as the ones described above."

अब सीधी सी बात है कि वर्तमान विसंगतियों में से ही मार्ग निकालना होगा। जो विभेद है, वह जमीनी सच्चाई है। उसे न्यूनतम करने का प्रयास होना चाहिए न कि उसके संवर्धन का। वस्तुतः जाँच मौलिक Administrative aptitude की होनी चाहिए, न कि किसी बड़े शहर के स्कूल/कॉलेज से प्राप्त Acquired

Skills की। अत्यंत खेद का विषय है कि प्रारंभिक परीक्षा का द्वितीय प्रश्न-पत्र इस खाई को और चौड़ा कर रहा है। जहाँ एक तरफ 'भारत इंडिया डिवाइड' की खाई को भरने की बात होती है, वहीं दूसरी तरफ प्रशासन के उच्च स्तर पर यह अंतराल और ज्यादा बढ़ रहा है। मसूरी स्थित लाल बहादुर शास्त्री राष्ट्रीय प्रशासन अकादमी, मसूरी (LBSNAA) की रिपोर्ट स्पष्ट करती है कि अचानक शहरी पृष्ठभूमि के छात्रों के चयन प्रतिशत में अत्यधिक वृद्धि हुई है। समस्या वृद्धि की नहीं वरन् अचानक वृद्धि की है। क्यों 2011 से यकायक शहरी पृष्ठभूमि के उम्मीदवारों की संख्या बढ़ गई? क्यों 2011 से एकदम से अंग्रेजी माध्यम के छात्रों का चयन प्रतिशत बढ़ गया? क्यों हिंदी सहित सभी क्षेत्रीय भाषाओं के छात्रों का चयन प्रतिशत 2013 (प्रारंभिक परीक्षा) में गिरकर 12 प्रतिशत रह गया, जो वर्ष 2010 से पहले 50 प्रतिशत के आसपास होता था।

Academic Profile-Streamwise

Sr. No.	Year	Arts	Engg.	Science	Medical	Law	Other (Comm.)	Total
1.	2013	51	84	20	48	14	51	268
2.	2014	21	140	23	36	8	54	282
3.	2015	39	174	32	34	14	56	349
4.	2016	36	178	44	58	8	51	375
5.	2017	38	213	45	27	7	39	369
6.	2018	32	233	25	22	15	40	367

स्रोत : लाल बहादुर शास्त्री राष्ट्रीय प्रशासन अकादमी, मसूरी

ये तथ्य स्पष्ट करते हैं कि प्रश्न-पत्रों की संरचना में ही कोई समस्या है, जो धारा विशेष अथवा माध्यम विशेष के छात्रों को अवांछित लाभ प्रदान कर रही है, जिसका खामियाजा अन्य छात्र भुगत रहे हैं। अखिल भारतीय स्तर की इस परीक्षा में दशमलव अंक चयन में निर्णायक होते हैं। ऐसे में एक पूरा प्रश्न-पत्र किसी धारा को अवांछित लाभ प्रदान करे तो परिणाम तो भयावह तो होंगे ही। सोचना यह है कि क्या यह प्रणाली सभी छात्रों को समान अवसर दे पा रही है?

यह भी समझना आवश्यक है कि विशेषज्ञों हेतु अलग परीक्षाएँ हैं। जिनकी

मूलभूत अर्हताएँ भिन्न हैं। यथा भारतीय इंजीनियरिंग सेवा (IES), भारतीय सांख्यिकी सेवा, भारतीय आर्थिक सेवा जिनके लिए उसी धारा के छात्र चाहिए। इन परीक्षाओं की अधिसूचना में ही यह स्पष्ट कर दिया जाता है। वहीं सिविल सेवा परीक्षा में यह कहा जाता है कि किसी भी धारा से स्नातक अर्थात् पृष्ठभूमि की कोई भूमिका नहीं है। सभी के लिए समान अवसर है। ऐसे में तकनीकी अथवा शहरी पृष्ठभूमि को अवांछित लाभ परीक्षा की मूल आत्मा 'Level Playing field' को ही नष्ट नहीं करता, वरन् देश को उपयुक्त सिविल सेवाओं की आवश्यकता से भी वंचित कर देता है। दिन रात कड़ी मेहनत करनेवाले मेधावी छात्रों के साथ यह घोर अन्याय व भेदभाव है, जिसे तुरंत दूर करना चाहिए।

यह भी समझना आवश्यक है कि अभ्यर्थी की तार्किकता, मौलिकता मानसिक योग्यता जैसी क्षमताएँ मापने के कई तरीके हैं। जिस क्षमता के परीक्षण की बात होती है, मुख्य परीक्षा में उसका भलीभाँति गहन परीक्षण होता है। साथ ही साथ पुनः ध्यान रखना होता है कि प्रारंभिक परीक्षा का उद्देश्य गंभीर छात्रों को मुख्य परीक्षण तक पहुँचाना है, न कि उन्हें बाहर करना। तार्किकता परीक्षण के संदर्भ में निबंध का प्रश्न-पत्र एक प्रतिनिधि उदाहरण है, जो अभ्यर्थी की अंतर्निहित क्षमताओं का बहुआयामी परीक्षण है। सतीश चंद्र समिति को यहाँ उद्धृत करना प्रासंगिक होगा—

"We are of the view that the essay paper in the main examination will bring out not only the candidates linguistic skill but also capacity for comprehension, ability for critical analysis mental quality for integrated thinking, assimilation of ideas and clarity of expression."

प्रारंभिक परीक्षा के द्वितीय प्रश्न-पत्र को लेकर सर्वाधिक विवाद हुआ है। यह माना गया है कि यह प्रश्न-पत्र मूलतः CAT, MAT, GMAT आदि कि प्रतिकृति है, जिससे मानविकी व ग्रामीण अथवा कस्बाई पृष्ठभूमि के छात्रों के साथ घोर भेदभाव हो रहा है। इस संदर्भ में संघ लोक सेवा आयोग की शोध शाखा द्वारा किए गए सर्वे के कुछ निष्कर्ष जिन्हें निगवेकर समिति ने अपनी रिपोर्ट में उद्धृत किया है, यहाँ प्रस्तुत हैं—

(क) मानविकी धारा के छात्र इस तंत्र में बेहतर नहीं कर सकते। विज्ञान की भी केवल एक शाखा के छात्र ही मुख्य परीक्षा में प्रवेश कर पाते हैं।

(ख) वे छात्र जो सामान्य अध्ययन में अच्छे हैं, अलाभदायक स्थिति में होंगे, क्योंकि सामान्य अध्ययन के आधार पर वे कोई बढ़त नहीं ले सकते, वहीं द्वितीय प्रश्न-पत्र में विशेष ज्ञान रखनेवाले छात्र सामान्य अध्ययन की गहरी जानकारी के बिना भी बड़ी आसानी से मुख्य परीक्षा की अर्हता प्राप्त कर पाए।

स्पष्ट है कि प्रश्न-पत्र II के कारण पद्धति पूर्वाग्रही (biased) हो चली है तथा मानविकी के प्रतिभाशाली छात्रों के साथ इसी कारण भेदभाव हो रहा है। अत: इसे दूर करना अत्यावश्यक है। इस संदर्भ में यह जान लेना आवश्यक है कि सिविल सेवा परीक्षा के लिए आधारभूत अर्हता सामान्य अध्ययन है, न कि तथाकथित 'अभियोग्यता' परीक्षण।

बार-बार जिस Aptitude का हवाला देकर प्रश्न-पत्र 2 को 'सिविल सेवा अभियोग्यता' का पैमाना बनाया गया है, तो यह भी जान लेना चाहिए कि Aptitude का अर्थ क्या है? Wikipedia के अनुसार—An aptitude is a component of a competency to do a certain kind of work at a certain level, which can also be considered TALENT. Aptitudes may be physical or mental. Aptitude is not knowledge, understanding, learned or acquired abilities (skills) or attitude. The innate nature of aptitude is in contrast to achievement, which represents knowledge or ability that is gained.

वस्तुत: यह व्यक्ति में अंतर्निहित क्षमता है, जो न किसी कॉलेज में सिखाई जा सकती है, न ही गणितीय अभियोग्यता इसका माप है। ऐसे में प्रशासनिक अभियोग्यता की माप निश्चिय ही बैंकिंग, बीमा आदि क्षेत्रों से अलग होनी चाहिए। क्या इन्हें मिला देना अतार्किक नहीं है?

अब आप स्वयं निर्णय कीजिए कि क्या भारतीय भाषा माध्यमों व हिंदी व अंग्रेजी माध्यम के बीच यह सही अर्थ में 'प्रतियोगिता' है?

इस खंड के विश्लेषण से साबित होता है कि क्यों भारतीय भाषाओं का परिणाम गिरता चला जा रहा है। यद्यपि वर्ष 2015 में शिक्षा संस्कृति उत्थान के सतत प्रयासों से CSAT-II को अर्हकारी घोषित कर दिया गया, परंतु विचारणीय है कि ऐसे यांत्रिक अनुवादों को पढ़कर, अंग्रेजी संस्करण को बार-बार देखकर, अधकचरी समझ से इस प्रकार के प्रश्नों का उत्तर दिया जा सकता है?

इस संदर्भ में Aptitude परीक्षण प्रणालियों में अंतर्निहित दोषों पर हुए एक प्रमुख शोध के कुछ निष्कर्ष यहाँ उल्लेखित हैं—

1. Aptitude test traditionally neglects some areas of intelligence and ability, such as 'SOCIAL ABILITY' and 'ARTISTIC CAPABILITY'.
   (Source: University of Texas-Arlington, March 2006, Advantages and Disadvantages of various Assessment Methods.)
2. 'Minority' and economically Disadvantaged students have difficulty in aptitude tests, here term 'Minority' is used for Non-English Culture (Source: University of Texas-Arlington, March 2006, Advantages and Disadvantages of various Assessment Methods.)
3 Aptitude test may keep some talented students out of gifted classes or prevent them. (Source: Greg Machek, 2003, The Role of standardized Intelligence Measures in testing for Giftedness)

साथ ही साथ यह भी देखना होगा कि क्या वर्ष 1979 से 2010 तक जो भी अधिकारी चयनित हुए हैं उनमें यह 'प्रशासनिक अभियोग्यता' नहीं थी? क्या ऐसा कोई भी सर्वे किया गया है? जब प्रशासनिक सुधार आयोग ने सामान्य अध्ययन के एक या दो प्रश्न–पत्रों को प्रारंभिक परीक्षा का पैमाना बनाने की सिफारिश की थी, तब क्या इस प्रकार का परीक्षण जोड़ देना तर्कसंगत है? अत: ऐसी पूर्वाग्रही पद्धति पर पुनर्विचार आवश्यक है, जो लाखों छात्रों के भविष्य को गर्त में धकेल रही है। इस संदर्भ में कुछ समाधान निम्नलिखित हैं—

1. प्रश्न–पत्र 2 को पूरी तरह समाप्त कर दिया जाए तथा प्रशासनिक सुधार आयोग की अनुशंसाओं के अनुरूप सामान्य अध्ययन के एक या दो प्रश्न–पत्र हों।
2. दोनों प्रश्न–पत्रों को मिलाकर एक ही प्रश्न–पत्र बना दिया जाए (150 प्रश्न, अवधि 3 घंटे) तथा सभी घटकों गणित, विज्ञान, सांख्यिकी, इतिहास, राज व्यवस्था के प्रश्न न्यायोचित अनुपात में पूछे जाएँ। ध्यातव्य है कि यह प्रणाली राजस्थान लोक सेवा आयोग द्वारा लागू की जा चुकी है।

3. द्वितीय प्रश्न-पत्र के स्थान पर निर्णयन क्षमता का एक प्रश्न-पत्र भी लाया जा सकता है।

इस चर्चा में एक महत्त्वपूर्ण प्रश्न का उत्तर न देना चर्चा अधूरी रखने जैसा होगा। बुद्धिजीवियों के एक वर्ग ने यह प्रश्न किया कि "क्या अब प्रश्न-पत्र छात्रों से पूछकर बनाया जाए? क्या छात्र तय करेंगे कि उनसे क्या पूछें व क्या नहीं?" इस अपरिपक्व प्रश्न का हम छात्रों की ओर से पूरी विनम्रता के साथ यही उत्तर है कि सिविल सेवा परीक्षा कोई महाविद्यालय की वार्षिक परीक्षा नहीं है, वरन् अखिल भारतीय स्तर की 'प्रतियोगिता' है। प्रतियोगिता की मूल आत्मा है कि सभी प्रतियोगियों के साथ समान व्यवहार हो। यदि भेदभाव हो तो उस पर आपत्ति करना एक प्रतियोगी का हक है। इसी हक से छात्रों ने आपत्ति की थी। अच्छा होता यदि छात्रों पर अनर्गल दोषारोपण के स्थान पर उन समस्याओं पर विचार किया जाता तथा एक समाधान प्रस्तुत किया जाता।

पुनः बड़ी-से-बड़ी लोकनीति के निर्माण में जनता से राय ली जाती है। संसदीय समितियों द्वारा लोक नीतियाँ बनाते समय बाकायदा विज्ञापन जारी कर लोगों का मत लिया जाता हैं, क्योंकि वह लोक नीति जनता हेतु ही है। इसी प्रकार यदि छात्र अपनी राय देना चाहे तो उसे भी सुना जाना चाहिए। नैसर्गिक न्याय (Principle of National justice) भी यही मानता है। साथ ही यह भी ध्यान रखा जाना चाहिए कि सिविल सेवा परीक्षा के अभ्यर्थी पहले से ही स्नातक, डॉक्टर, इंजीनियर है। और इन्हीं में से भावी लोकसेवक होंगे जो नीतियाँ बनाएँगे। ऐसे में इस वर्ग की राय से परहेज करना, उनकी राय को हतोत्साहित करना अविवेकपूर्ण होगा।

प्रारंभिक परीक्षा में एक विसंगति और उत्पन्न हुई है, जिसका मूल कारण भारतीय वन सेवा व सिविल सेवा हेतु एक ही परीक्षा आयोजित करना है, जबकि दोनों की मुख्य परीक्षा की संरचना भिन्न है। मूल प्रश्न यह है कि जब दोनों परीक्षाओं की प्रकृति, अर्हताएँ, अपेक्षाएँ अलग-अलग हैं तो फिर उनके लिए एक ही परीक्षा कैसे हो सकती है। सूचना के अधिकार अधिनियम के माध्यम से जब हमने प्रार्थना की तब यह रहस्योद्घाटन हुआ कि—

No.13/4/2012-E.I(B)

Examination - 1(B) Section

Reference Notes on pre-page.

It has been noted that the data for the past 6 years (2007-2012) in respect of candidates appeared in Indian Forest Service Examination indicate that the percentage of absenteeism is alarmingly high. During this period, the highest percentage of appeared candidates was 26.63% in 2009 while it was as low as 14.26% in 2012 as is given in the Table :-

Year	Total No. of Candidates applied	Total No. of Candidates admitted	Total No. of Candidates appeared	Percentage of appeared candidates
2007	31887	29184	7696	26.37%
2008	32872	29552	7659	25.91%
2009	43262	38782	10330	26.63%
2010	59530	51976	10389	19.98%
2011	67168	58614	10427	17.78%
2012	84584	83274	11877 ON 1st Day (14.07.2012)	14.26%

2. Given this negative trend, it is a matter of great concern if at all this exam is viable to remain as a stand alone examination. One of the options would be to include IFoS Exam in the scheme of Civil Services Examination. However, in this regard it is submitted that the existing scheme of IFoS exam consists of only conventional type papers with certain optional subjects which are included in CS(M) exam and certain other optional subjects which are not included in CS(M). Further, Civil Services Examination is a multi-stage examination with preliminary and Main, while existing IFoS is single stage exam.

2.1 Another option is to conduct Indian Forest Service (Preliminary) Examination on the pattern of Civil Services Examination as recommended by Mahdi-Varma Committee in January, 2006 or conduct of Indian Forest Service Examination simultaneously with Civil Services Examination.

- 13 -

No.13/4/2012-E.I(B)

5. Director, MoEF said that he shares the concern of the Commission about the growing problem of absenteeism in IFoS Examination. He said introduction of the new format with an element of common preliminary examination for both Civil Service and Indian Forest Service, as discussed during the meeting, will entail a policy decision which is to be taken at the appropriate level in the Ministry. He assured that the issue would be examined on priority and the decision of the Ministry to have a Screening Test for IFoS would be communicated to the Commission.

6. Ministry of Environment & Forests have, vide their letter No.15011/45/2012-IFS.II dated 31st August 2012, has conveyed their concurrence to the proposed change in the methodology of IFS Examination.

7. In this connection, the following plan of action is proposed :-

(i) IFoS Exam will be of a two-tier exam similar to that of the Civil Services Examination. The Civil Services (Preliminary) Examination shall serve as the Screening Test for both the Civil Services as well as the Indian Forest Service Examinations.

(ii) Notification of IFoS Examination will be done simultaneously with the Civil Services Examination. The application form will be called as **Combined Online Application Form for Civil Services and Indian Forest Service Examinations**. In the notifications for both IFoS Examination as well as Civil Services Examination, candidates will be asked to exercise their option to either choose Civil Services or Indian Forest Service or both, as per their eligibility conditions.

(iii) There will be no change in the eligibility of the candidates in the IFoS Examination.

(iv) The candidates who will be applying for IFoS, Civil Services or both will be asked to appear in the Civil Services (Preliminary) Examination which will be a Screening Test for short-listing the candidates for IFoS and Civil Services (Main) Examinations. Otherwise these two examinations will be separate in all respects.

(v) Based on the performance of the candidates in the CS(P) Examination, the candidates for the IFoS as well as the Civil Services examinations, could be shortlisted separately for the IFS(Main) as well as the Civil Services (Main) Examination. The same principle of short listing 12 to 13 times the number of posts could be used at this stage. The IFS (Main) Examination and the Civil Services (Main) Examination could then be conducted on different dates in order to accommodate candidates who may be shortlisted for both the examinations. The interviews and merit list for both these examinations could be drawn up separately.

(vi) An advance publicity regarding change in the methodology of IFoS Examination may be given at the earliest after approval by the Commission so as to enable the aspirants to adapt to the changed scheme.

Contd.

यदि अभ्यर्थी परीक्षा में नहीं बैठ रहे तो उसके कारणों की समीक्षा की जानी चाहिए। यह कहाँ का तरीका है कि आप परीक्षा के स्वरूप को बदलकर किसी अन्य भिन्न अर्हताओं व सेवा आवश्यकताओं वाली परीक्षा के साथ उसे मिला दें। इसका दुष्परिणाम यह हुआ कि सिविल सेवा प्रारंभिक परीक्षा में प्रश्नों की प्रकृति, विभिन्न भागों (इतिहास, भूगोल, समसामयिक घटनाएँ आदि) का अनुपात बदल गया। कभी सामान्य अध्ययन में से समसामयिक मुद्दे लुप्त हो गए, कभी वन्य जीवों पर आधारित प्रश्नों की बाढ़-सी आ गई। समझने की बात यह है कि भारतीय वन सेवा में सामान्य अध्ययन एक छोटा सा भाग है, उसमें पूरा जोर विज्ञान के दो वैकल्पिक विषयों पर है। ऐसे में वन सेवा हेतु उसी प्रकार की प्रारंभिक परीक्षा देनी चाहिए। हो तो अब भी यही रहा है कि कई छात्र वन सेवा मुख्य परीक्षा हेतु चयनित तो हो जाते हैं, परंतु परीक्षा में नहीं बैठते। ये सिविल सेवा परीक्षा हेतु ही गंभीर होते हैं। इस कारण वन सेवा हेतु आशान्वित अभ्यर्थी पहले चरण से ही बाहर हो जाते हैं। वस्तुत: यह दोनों ही सेवाओं व उनकी परीक्षा में बैठनेवाले अभ्यर्थियों के साथ छल के अतिरिक्त और कुछ नहीं है। क्या सामान्यज्ञ (Generalist) व विशेषज्ञ (Specialist) हेतु एक ही परीक्षा हो सकती है ?

भारतीय वन सेवा	सिविल सेवा
केवल अंग्रेजी माध्यम	अंग्रेजी के अतिरिक्त भी अन्य भाषाएँ
केवल विज्ञान पृष्ठभूमि से स्नातक	किसी भी धारा से स्नातक
मुख्य परीक्षा में सामान्य अध्ययन का भारांश 300/1400	मुख्य परीक्षा में सामान्य अध्ययन का भारांश 1250/1750

अब पाठक स्वयं निर्णय करें कि क्या यह तार्किक है कि दोनों सेवाओं के लिए एक ही प्रारंभिक परीक्षा हो ?

अत: आवश्यक है कि सिविल सेवा प्रारंभिक परीक्षा से भारतीय वन सेवा की प्रारंभिक परीक्षा अलग की जाए। इस अध्याय में यह भी स्पष्ट हो गया कि CSAT प्रणाली का administrative aptitude से सहसंबंध नहीं है। सबसे महत्त्वपूर्ण यह है कि पाठ्यक्रम के 3 महत्त्वपूर्ण खंडों से प्रश्न ही नहीं पूछ सकते तो क्या यह छद्म रूप से गणित व अंग्रेजी (क्योंकि हिंदी गद्यांश अबोधगम्य हैं) की ही परीक्षा नहीं हो चली। पिछले कुछ वर्षों से यह परीक्षा आयोग की प्रयोगशाला बन चुकी है।

आयोग के असमंजस के कारण छात्रों की एक पूरी पीढ़ी की बलि बढ़ चुकी है, अब इस प्रयोगशाला को बंद करना होगा। हमें आशा है कि 'बासवान समिति' की रिपोर्ट में इस समस्या का हल प्रस्तुत होगा।

इस पूरी समीक्षा पर पाठकों के सुझाव सादर आमंत्रित हैं—

prakalpssun@gmail.com

□

मुख्य परीक्षा की समस्याएँ

सिविल सेवा मुख्य परीक्षा भावी लोकसेवकों का वृहत्तर परीक्षण करती है, जिसमें एक भावी लोक-सेवक से अपेक्षित कुछ मूलभूत गुणों की जाँच की जाती है। मुख्यत: यह अभ्यर्थी को विश्लेषण क्षमता, वैचारिकता, तार्किक क्षमता, भाषा कौशल, बोध क्षमता, समय प्रबंधन, समझ की गहराई जैसे आवश्यक गुणों का परीक्षण करती है। कोठारी समिति द्वारा सुझाए गए प्रारूप में कुछ फेरबदल के साथ लगभग 18–20 वर्षों (वर्ष 2012 तक) मुख्य परीक्षा में निम्नलिखित प्रारूप चलता रहा—

Preliminary Examination		
One paper in General Studies		150
One optional subject (out of a list of 23 subjects)		300
Main Examination		
Paper I	English (Qualifying nature	300
	and of Matric Standard)	
Paper II	Indian Language (Qualifying nature and of Matric Standard)	300
Papers III & IV	General Studies	600
Paper V	Essay	200
Paper VI & VII	First optional subject	600
Paper VIII & IX	Second optional subject	600

The General Studies, Essay and Optional papers can be answered either in English or any of the Eighth Schedule languages while the Question papers are set only in English and Hindi.		
	Interview	300
	Total Marks	2300

इस प्रारूप में वैकल्पिक विषयों में अनेक प्रश्न-पत्र में 60 अंक में 5 प्रश्न पूछे जाते थे व इन पाँच प्रश्नों का चयन 2 खंडों में से करना होता था, क्योंकि पूरे पाठ्यक्रम से पाँच प्रश्न पूछे जाने होते थे, अत: महत्त्वपूर्ण प्रश्नों व उसकी संभाव्यता सहज ही पता चल जाती थी। पूरे पाठ्यक्रम को कवर करने के प्रयास में प्रश्नों में विविधता कम थी, पूर्वानुमान भी सटीक हो जाते थे। अभ्यर्थी ज्यादातर विषयों के महत्त्वपूर्ण खंडों के प्रश्न व उत्तरों को लिख-लिखकर कंठस्थ कर लेते थे। इस कारण यह कमी परीक्षा पर विपरीत प्रभाव डाल रही थी।

इस प्रकार वैकल्पिक विषयों को हटाकर सामान्य अध्ययन के ही Common Papers को लागू करने का विचार हुआ। इस प्रकार की संरचना में वैकल्पिक विषयों की कुछ कमियाँ सामने आईं, जो इस प्रकार हैं—

वैकल्पिक विषयों की मूल समस्या है कि विभिन्न विषयों की प्रकृति व उनमें अंक अर्जन की संभावनाएँ भिन्न हैं। ऐसे में अलग-अलग विषय लेकर परीक्षा में बैठनेवाले अभ्यर्थियों में समता लाना लगभग असंभव है। इन्हें एकरूपता प्रदान करने के लिए स्केलिंग अथवा मॉडरेशन (Scaling or Moderation) जैसी सांख्यिकीय तकनीकों का प्रयोग किया जाता है, जो विवादित रही है। बार-बार ऐसे मामले न्यायालय में प्रश्नगत होते रहे हैं। हाल ही में राजस्थान लोक सेवा आयोग की मुख्य परीक्षा में स्केलिंग को लेकर बड़ा विवाद हुआ। इस पर राजस्थान उच्च न्यायालय के विद्वान् न्यायाधीश की टिप्पणी को उद्धृत करना प्रासंगिक होगा। (Bhanwarlal V. R.P.S.C.)

"Well it is true that issue relating to adoption of scaling and moderation technique is contentious and there are certain question marks about its efficacy but then there is no common (equalized) standard of paper evaluation. It is really beyond comprehension to have a full proof common standard of assessment of marks, which can be equated as full-proof with a Midas Touch"

यही समस्या अलघ समिति ने भी मानी थी। उनका मानना था कि विभिन्न धाराओं (इंजीनियरिंग, मानविकी, मेडिकल इत्यादि) में समता लाना लगभग असंभव है। अलघ समिति का निम्नलिखित निष्कर्ष इस समस्या पर प्रकाश डालता है—

"It is in some sense impossible to balance different streams like humanities, social sciences, Engg, medical sciences, besides the provision of optional subjects, which can be answered in any one of the languages of eighth Schedule of the Constitution, clogs the systems because of problems associated in locating competent examiners, conducting the examination all over the country for a long duration." (pg 78 Nigevekar Committees Report)

तीसरी समस्या परीक्षा के प्रबंधन की है, जो विषय बढ़ने के साथ-साथ बढ़ती जाती है। ढेर सारे वैकल्पिक विषयों के लिए प्रश्न-पत्र बनाना, उनमें एकरूपता लाना (same difficulty level), फिर उनके लिए आठवीं अनुसूची में उल्लेखित भाषाओं के अनुरूप सक्षम परीक्षक नियुक्त करना व इन सभी विविधताओं के बाद भी परीक्षण में एकरूपता लाना लगभग असंभव है। इस संदर्भ में सतीश चंद्र समिति का निष्कर्ष प्रासंगिक है।

"It is clear that administrative problem connected with the setting of question papers and evaluation of answer papers increases tremendously with addition to the list of permissible optional subjects, the problem of maintaining uniformity of standards between subjects also becomes harder."

(pg 77 Nigevekar Committees Report)

चौथा व अति महत्त्वपूर्ण प्रश्न है कि क्या वैकल्पिक विषय में किसी अभ्यर्थी का ज्ञान जाँचना ज्यादा उपयुक्त है अथवा ऐसे समान प्रश्न-पत्रों के माध्यम से जो पृष्ठभूमि निरपेक्ष (irrespective of streams like Science, Humanities, Engineering) हो तथा सिविल सेवा की आवश्यकताओं के अधिक निकट हों। ऐसे प्रश्न-पत्र, जो सामान्य अध्ययन व सिविल सेवाओं की सामाजिक-आर्थिक-राजनीतिक परिवेश की जटिल अंतर्क्रियाओं की समझ का

परीक्षण करते हों। निश्चय ही दूसरा विकल्प अधिक तार्किक व व्यवहार्य है। विश्वविद्यालय अनुदान आयोग के पूर्व अध्यक्ष श्री वाई.के. अलघ की अध्यक्षता में गठित समिति ने भी वैकल्पिक विषयों को अनुपयुक्त व अव्यवहार्य माना है। इस संदर्भ समिति का एक महत्त्वपूर्ण निष्कर्ष इस प्रकार है—

"The present testing of optional subject is based on college-university curriculum. Re-examining the candidates in their own subjects appears to be of doubtful utility... What is important is the relevance of subject to the job requirement of a civil servant, specially in the changing scenario..."

इसी मत को द्वितीय प्रशासनिक सुधार आयोग ने भी अपनी रिपोर्ट 'Refurbishing of Personnel Administration' के अध्याय-5 में उल्लेखित किया है तथा इससे सहमति जताते हुए माना है कि कई वैकल्पिक विषयों का तो सिविल सेवा की आवश्यकताओं से कोई सहसंबंध ही नहीं है तथा इन्हें हटाकर सभी के लिए समान प्रश्न-पत्र होने चाहिए। इस संदर्भ में आयोग की रिपोर्ट के 5वें अध्याय का यह महत्त्वपूर्ण निष्कर्ष यहाँ उद्धृत है—

"At present there is a very large number of optional subjects some of which have almost no nexus with the issues or problems that a civil servant may need to address.

"The commission agrees with the views of Alagh committee (the Civil Services Examination Review Committee) that what is important is the relevance of these subjects to the job requirements of a civil servant. The commission has therefore recommended in Para 5.5.6 that the preliminary and mains exam should comprise compulsory subjects such as constitution of India, Indian Legal System, Administrative Law, Indian Economy, Indian Polity, Indian History and Culture."

(5.3.5.9 second ARC 10th report)

विभिन्न विशेषज्ञ समितियों एवं द्वितीय प्रशासनिक सुधार आयोग के निष्कर्ष से यह स्पष्ट हो जाता है कि वैकल्पिक विषयों का योग्य सिविल सेवक चुनने हेतु अनुपयुक्त तथा अव्यवहार्य है।

इस प्रकार सिविल सेवा मुख्य परीक्षा से एक वैकल्पिक विषय हटाकर निम्नलिखित प्रारूप वर्ष 2013 से लागू हुआ।

Paper-I	One of the Indian Languages to be selected by the candidate from the 18 languages included in the 8th Schedule to the Constitution (Qualifying Paper)	300 Marks
Paper-II	English (Qualifying Paper)	300 Marks
Paper-III	Essay	250 Marks
Papers IV, V, VI & VII	General Studies (250 Marks for each paper)	1000 Marks
Papers VIII & IX	Any one optional subject (which contains 2 papers) to be selected from the prescribed optional subjects (250 marks for each paper)	500 Marks
	Total Marks for Written Examination	1750 Marks
	INTERVIEW/PERSONALITY TEST	275 Marks
	Grand Total	2025 Marks

वैकल्पिक विषयों से संबंधित समस्या का एक दूसरा पक्ष भी है, जो वस्तुतः इन्हें मुख्य परीक्षा में लाए जाने के मूल उद्देश्य को ही नष्ट कर देता है। कोठारी आयोग का मत था—

"A more comprehensive assessment of the intellectual qualities of a candidate could be carried out by prescribing, as optionals, only two subjects at honors degree level... It is necessary to emphasize that the written examination is intended to assess the intellectual qualities and depth of understanding of a candidate rather than his capacity for gathering and reproducing information and data over a wide front."

परंतु व्यावहारिक अनुभव तथा अध्ययनों से यह प्रमाणित होता है कि विषय चयन का आधार विषय में रुचि न होकर विषय का अंकदायी (scorability) होना रहा। अधिकांश टॉपर्स के इंटरव्यू को पढ़े तो किसी विषय को चुनने का आधार

विषय का 'छोटा व अंकदायी' होना था। इसी बात को अलघ समिति ने भी माना। निगवेकर समिति के प्रतिवेदन में भी यह तथ्य स्पष्ट होता है। अपने प्रतिवेदन में निगवेकर समिति ने आँकड़ों के विश्लेषण के आधार पर एक तालिका प्रस्तुत की है, जिसका शीर्षक है—Top Ten Most Effective Optional subjects, 2011 तथा इसमें दर्शाया गया है कि सफल अभ्यर्थियों में 48.35 प्रतिशत अभ्यर्थियों का विषय 'लोक प्रशासन' था।

'Most effective' शब्द अपने आप में पूरी दास्तान कहता है। यानी एक विषय चुनें, जिसमें अंक संतोषप्रद मिल जाते हैं, अच्छी कोचिंग व नोट्स भी उपलब्ध हैं। अर्थात् बेहतर पाठ्य सामग्री व कोचिंग सिविल सेवा की अनिवार्य आवश्यकता बन गई है, जो दुर्भाग्यपूर्ण हैं। एक प्रश्न यह भी उठता कि क्या अन्य विषयों को चुननेवाले विद्यार्थी मेधावी नहीं हैं? या ये माना जाए कि विषय अंकदायी न होना, मेधा से बड़ा कारक है। इस तरह की प्रक्रिया से न केवल कई अच्छे छात्र असफल हो जाते हैं, वरन् परीक्षा भाग्य का खेल बन जाती है। यदि आप 10 वर्ष के सफल अभ्यर्थियों के विषयों का विश्लेषण करें तो स्पष्ट हो जाएगा कि कभी भूगोल तो कभी पालि साहित्य तो कभी इतिहास विषय लेना आपको सफलता के बहुत निकट ले आता है। यह तथ्य वस्तुतः वैकल्पिक विषयों में एकरूपता न ला सकने की समस्या को स्पष्ट करता है, जिसे विभिन्न समितियों ने भी स्वीकार किया है। अतः इस एकरूपता के अभाव के कारण चयन प्रणाली का मूल उद्देश्य ही निष्फल हो जाता है।

इसके साथ समस्या का दूसरा पहलू भी है। कई विद्वानों का मत है कि परीक्षा से वैकल्पिक विषय समाप्त करना पूरी विश्वविद्यालय प्रणाली को अप्रासंगिक बना देगा। छात्र महाविद्यालय में जाकर अपने विषयों का गंभीर अध्ययन करते हैं, एक नए माहौल से उनका परिचय होता है, उनमें परिपक्वता व गंभीरता का विकास होता है। ऐसे में यदि वैकल्पिक विषय हट गए व एक सामान्य पाठ्यक्रम लागू हो गया तो संभवतः सिविल सेवा परीक्षा के कोचिंग संस्थान भी कोटा की कोचिंग के अनुयायी हो जाएँगे। उत्साहित छात्रों को उनके माता-पिता 12वीं के बाद ही किसी कोचिंग में प्रवेश दिला देंगे, जहाँ आई.ए.एस. बनाने का तीन वर्षीय पैकेज पाठ्यक्रम दिया जाएगा व किसी साधारण महाविद्यालय में प्रवेश दिलवा दिया जाएगा, जहाँ हाजिरी की कोई समस्या नहीं होगी, केवल परीक्षा देने जाना होगा। यही पैटर्न कोटा में है। ऐसे में विश्वविद्यालयों व महाविद्यालयों की क्या स्थिति होगी, इस पर भी विचार आवश्यक है।

मुख्य परीक्षा में नीतिशास्त्र के प्रश्न-पत्र की समस्याएँ

सामान्य अध्ययन का यह चतुर्थ प्रश्न-पत्र 'नीतिशास्त्र, सत्यनिष्ठा व अभिरुचि' कई मायनों में समस्या उत्पन्न कर रहा है। इस प्रश्न-पत्र को लागू करने का आधार इस प्रकार है—

इस प्रश्न-पत्र में ऐसे प्रश्न-पत्र लागू होंगे, जो सार्वजनिक जीवन में उम्मीदवारों की सत्यनिष्ठा, ईमानदारी से संबंधित विषयों के प्रति उनकी अभिवृत्ति तथा उनके दृष्टिकोण तथा समाज से आचार-व्यवहार में विभिन्न मुद्दों तथा सामने आनेवाली समस्याओं के समाधान को लेकर उनकी मनोवृत्ति का परीक्षण करेंगे। इन आयामों का निर्धारण करने के लिए प्रश्न-पत्रों में किसी मामले का अध्ययन। (केस स्टडीज) का माध्यम भी चुना जा सकता है।

इस प्रकार एक व्यावहारिक पक्ष का सैद्धांतिक प्रश्न-पत्र बनाया गया है। एक बार इसके पाठ्यक्रम का अवलोकन भी आवश्यक है—

नैतिकता और मानवीय व्यवहार/Ethics and Human Interface—

मानवीय गतिविधियों में नैतिकता का सार, निर्धारक तत्त्व एवं परिणाम, नैतिकता के आयाम (dimensions), निजी और सार्वजनिक संबंधों में नैतिकता का स्थान।

मानवीय मूल्य/Human Values—

महान् नेताओं के जीवन और उपदेशों से शिक्षा ग्रहण करना; सुधारक और प्रशासक; परिवार की भूमिका; मूल्यों के ग्रहण में समाज और शैक्षिक संस्थानों का महत्त्व।

मनोवृत्ति/Attitude—

विषयवस्तु; संरचना; कार्य, विचार एवं व्यवहार के संदर्भ में मनोवृत्ति का प्रभाव; नैतिक और राजनीतिक मनोवृत्ति, सामाजिक प्रभाव और प्रोत्साहन।

सिविल सेवा के लिए मनोवृत्ति और मूलभूत मूल्य, ईमानदारी, निष्पक्षता और पक्षपात रहित होना; वस्तुपरकता (objectivity), जनसेवा के प्रति समर्पण, कमजोर वर्गों के प्रति संवेदना, सहिष्णुता और दया।

भावनात्मक बुद्धि/Emotional Intelligence—

अवधारणाएँ तथा प्रशासन और शासन में इनकी उपयोगिता; भारत एवं दुनिया के नैतिक विचारकों और दार्शनिकों का योगदान।

लोक सिविल सेवा के मूल्य और लोक प्रशासन में नैतिकता—

स्तर और समस्याएँ; सरकारी और निजी संस्थानों में नैतिक सरोकार और दुविधाएँ; नैतिक मार्गदर्शन के स्रोत के रूप में कानून, नियम, विनियम और विवेक, उत्तरदायित्व और नैतिक प्रशासन; प्रशासन में नैतिक मूल्य को मजबूत करना; अंतरराष्ट्रीय संबंधों और वित्त पोषण में नैतिक मूल्य; कॉर्पोरेट प्रशासन।

शासन में ईमानदारी/Probity in Governance—

लोकसेवा की अवधारणा; प्रशासन और ईमानदारी का दार्शनिक आधार; सरकार में सूचना साझा करना और पारदर्शिता; सूचना का अधिकार; नैतिक आचार संहिता; आचार संहिता, सिटीजन चार्टर; कार्य संस्कृति; सेवा प्रदान करने में गुणवत्ता; लोक निधि का उपयोग; भ्रष्टाचार से उत्पन्न बाधाएँ।

उपर्युक्त विषयों से संबंधित Case Study

नीतिशास्त्र, सत्यनिष्ठा व अभिरुचि

इस प्रकार प्रश्न-पत्र दो खंडों में विभाजित है, जिसमें पहला खंड सैद्धांतिक ज्ञान से संबंधित है व दूसरा खंड व्यावहारिक पक्ष पर (केस स्टडीज) आधारित है। दूसरे खंड का सभी ने स्वागत किया है, क्योंकि यह खंड व्यावहारिक बुद्धि आधारित है। इस खंड का अंदाजा आप इन प्रश्नों से लगा सकते हैं—

कुछ प्रश्न महापुरुषों के उद्धरणों में व्याख्या से संबंधित भी हैं तथा समझ की अच्छी व पृष्ठभूमि निरपेक्ष जाँच करते हैं, यथा—

1. "क्रोध व असहिष्णुता सही समझ के शुत्र हैं।"—महात्मा गांधी (150 शब्द) (सिविल सेवा परीक्षा, 2018)
2. "मेरा दृढ़ विश्वास है कि यदि किसी राष्ट्र को भष्टाचार मुक्त और सुंदर मनों वाला बनाना है तो उसमें समाज के तीन प्रमुख लोग अंतर ला सकते हैं। ये हैं पिता, माता व शिक्षक।"—ए.पी.जे. अब्दुल कलाम। विश्लेषण कीजिए। (150 शब्द)। (सिविल सेवा परीक्षा, 2018)

यह खंड स्वागत योग्य है। कम-से-कम यह कहा जा सकता है कि किसी हद तक ये अभ्यर्थी के विचार क्षमता विश्लेषण का परिचय तो देते हैं। कुछ

लोगों का यह भी मानना है कि यदि मूल्यों की जानकारी होगी तो संभावना है कि अधिकारी बनने के बाद वे उन्हें व्यवहार में भी लाएँ। यद्यपि विद्वानों का मानना है कि नैतिकता का इस प्रकार से प्रश्नोत्तरी के रूप में परीक्षण नहीं हो सकता। 2 वर्ष पूर्व नीतिशास्त्र में सर्वाधिक अंक लानेवाला अभ्यर्थी आई.पी.एस. में चयनित हुआ व अगले वर्ष की परीक्षा देते समय नकल करते पकड़ा गया।

अधिक समस्या पहले खंड को लेकर है। इसमें पाठ्यक्रम बहुत अस्पष्ट या Vague है। विद्यार्थी को यह स्पष्ट नहीं होता कि क्या पढ़े, क्या छोड़े और जो पढ़े उसे कितनी गहराई तक। उदाहरण के लिए पहले खंड के उपखंड पर विचार कीजिए—

भावनात्मक बुद्धि : भारत व दुनिया के नैतिक विचारकों व दार्शनिकों का योगदान

अब यह खंड इतना Vague अथवा विस्तृत हो चुका कि समस्या हो गई है कि विद्यार्थी क्या पढ़े, क्या छोड़े। इसमें प्लेटो से डॉ. कलाम तक सभी विचार पुरुष आते हैं। बेहतर यह है कि इस खंड का पाठ्यक्रम पुनर्परिभाषित किया जाए, ताकि असमंजस न हो। भारतीय दर्शन एवं विचारकों को भी इसमें समुचित स्थान मिलना चाहिए।

मुख्य परीक्षा की एक और समस्या है और वह है प्रश्न संरचना व उसके अनुरूप कुल शब्द-सीमा। अर्थात् कुल प्रश्नों की संख्या बहुत अधिक (20) है। पुराने प्रारूप में कुल प्रश्न 5 ही होते थे, जिस कारण पाठ्यक्रम का बड़ा हिस्सा वर्षों तक पूछा ही नहीं जाता था। इससे चयनात्मक अध्ययन (Selective study) को बढ़ावा मिला। इसी से पार पाने के लिए 150 शब्द के 10 व 250 शब्द के 10 अर्थात् कुल 20 प्रश्नों की यह पद्धति लागू हुई। इसमें 2 बड़ी कमियाँ हैं, पहली यह की 150 शब्द में विश्लेषण कम पर सूचना ज्यादा रहती है। तेजी से सभी प्रश्नों का उत्तर देने के प्रयास में विद्यार्थी फ्लो-चार्ट (Flow chart), चित्र, केवल महत्त्वपूर्ण बिंदु आदि लिखकर भी अंक प्राप्त कर जाते हैं, जो परीक्षा के उद्देश्यों के विपरीत है। ऐसे में प्रश्नों की संख्या घटाकर विश्लेषणात्मक प्रश्न बढ़ाए जाने चाहिए, ताकि अभ्यर्थी की गहरी समझ, विचारशीलता, तार्किकता, संप्रेषण कौशल एवं विश्लेषण की बेहतर परख हो सके।

दूसरा, यह अत्यधिक शब्द-सीमा (150×10)+(150×10)=4000 शब्द, भाषागत भेदभाव को भी जन्म दे रही है, जिसका भारतीय भाषाओं के छात्रों पर

नकारात्मक प्रभाव पड़ रहा है तथा वे परीक्षा में पिछड़ रहे हैं। यह सहज तथ्य है कि देवनागरी एवं भारतीय लिपियों में लिखने में रोमन लिपि की अपेक्षा अधिक समय लगता है (मात्राओं, हर शब्द के शीर्ष पर लाइन खींचने के कारण एवं अन्य प्रकार की भारतीय लिपियों से संबंधित अनिवार्यताओं के कारण)। ऐसे में कल्पना कीजिए की 6 प्रश्न-पत्रों में सिर्फ एक-दो सवाल छूट जाते हैं और विद्यार्थी उनमें 4 नंबर भी ला पाता (पूर्णांक 10 मानें) तो सीधे-सीधे 24 नंबर कम रहे गए, वह भी खुद की योग्यता अथवा ज्ञान के अभाव के कारण नहीं वरन् केवल लिपि की कठिनता के कारण। परीक्षा में इससे दुर्भाग्यपूर्ण भला कुछ हो सकता है? ऐसे में 4000 शब्दों की सीमा न्यायसंगत नहीं कही जा सकती। आप स्वयं निर्णय कीजिए कि क्या मुख्य परीक्षा में अंग्रेजी व भारतीय भाषाओं के विद्यार्थियों के मध्य सही मायनों में प्रतियोगिता हो रही है।

क्या विश्लेषणात्मकता बढ़ाने व भाषा के इस स्वभावगत पक्ष को ध्यान में रखते हुए प्रश्नों की संख्या कम नहीं करनी चाहिए?

मुख्य परीक्षा में भाषाई भेदभाव

सिविल सेवा मुख्य परीक्षा की संरचना में एक और समस्या है, वह है सामान्य अध्ययन का भारांश लगभग 1000 अंक है, जिसमें सैद्धांतिक पक्ष (इतिहास, भूगोल आदि) से अधिक समसामयिक मुद्दों का पक्ष है। एक बारगी यह तर्क बहुत कमजोर अथवा लगभग गलत लगता है, परंतु थोड़ा गहराई में देखें तो इस समस्या का अंदाजा हो जाएगा।

यदि पहले सैद्धांतिक पक्ष की चर्चा को तो भारतीय भाषाओं में स्तरीय पाठ्य सामग्री की गंभीर अनुपलब्धता है। कोई भी समसामायिक घटना का जैसा बहुआयामी विश्लेषण अथवा स्वरूप अंग्रेजी के एक दो अखबारों, विशेषकर 'द हिंदू' में मिलता है, वैसा किसी भी भारतीय भाषा में छपने वाले अखबारों में नहीं है। अंग्रेजी में स्तरीय सामग्री इंटरनेट पर भी उपलब्ध है, परंतु भारतीय भाषाओं में नहीं। ऐसे में भारतीय भाषाओं के छात्र अँधेरे में हैं। सरकारी प्रकाशनों, पत्रिकाओं यथा योजना, कुरुक्षेत्र आदि से प्रश्न कम होने लगे हैं। यहाँ तक कि पत्र सूचना कार्यालय (PIB) की वेबसाइट का आप नियमित अवलोकन करें तो पाएँगे कि हिंदी व अंग्रेजी में जारी विज्ञप्तियों की संख्या में भी अंतर है। यांत्रिक व अबोधगम्य अनुवाद इस स्थिति को और विकट कर देता है।

स्पष्टत: साधारण पृष्ठभूमि व मातृभाषा में पढ़ने वाले छात्र यदि स्तरीय

सामग्री पढ़ेंगे ही नहीं तो योग्यता कैसे प्रदर्शित कर पाएँगे। ऐसे छात्र कोचिंग सेंटरों द्वारा दी गई सामग्री की बैसाखियों को अपनाने के लिए अभिशप्त हैं। वहीं अंग्रेजी माध्यम के छात्रों को बड़ी बढ़त मिल जाती है। इस संबंध में आउटलुक पत्रिका में 18 अगस्त 2014 को छपे एक आलेख 'A battle I didn't need' का उल्लेख करना प्रासंगिक होगा। इसमें एक महिला आई.ए.एस. अधिकारी पल्लवी आकुरथी (कर्नाटक कैडर 2009 बैच) का उद्धृत करके बताया गया है कि किस प्रकार मातृभाषा में पाठ्यसामग्री की अनुपलब्धता छात्रों को घोर संघर्ष के लिए मजबूर कर देती है—

"It took her years to translate Romila Thapar and A.L. Basham in Telugu, historians writing in English and considered indispenble for civil service aspirants, before she could actually begin preparing for the civil service exam."

She says, "There are no authoritative books in Telugu or any regional language, aside a few in Hindi."

"Even today I cannot understand the poetry that a 6th Standard ICSE student writes. How can a government school student, who studies all through only in a regional language, be asked to compete in English comprehension with those form English medium schools? Can you imagine how unequal that battle is?"

भाषा के विषय पर अंतिम बात यह है कि सिविल सेवा परीक्षा में अंग्रेजी की जोर-शोर से वकालत करनेवालों ऐसे लोगों, जो मानते हैं अंग्रेजी में महारत के बिना सिविल सेवक होना गैर वाजिब है, उन्हें पल्लवी आकुरथी का यह बयान सोचने पर तो विवश तो करेगा ही, साथ ही पाठक भी इस पर विचार करें—

"I would be a miserable administrator if I were proficient in English but didn't speak Kannada".

अब यह तो स्पष्ट है कि अनुपलब्धता भारतीय भाषा माध्यमों में पढ़े छात्रों की योग्यता की नहीं वरन् उपयुक्त पाठ्य सामग्री की है। क्या इससे दुर्भाग्यपूर्ण कुछ हो सकता है कि सवा अरब से अधिक जनसंख्या वाला देश स्वतंत्रता के 7 दशक बाद भी अपनी ही भाषाओं में पठन-पाठन तक नहीं कर पा रहा है। मौलिक लेखन छोड़िए क्यों सैकड़ों विश्वविद्यालयों वाला देश मानक अंग्रेजी पुस्तकों का भी अनुवाद नहीं कर सकता? यदि एक विश्वविद्यालय एक मानक पुस्तक के एक भारतीय भाषा में अनुवाद की जिम्मेदारी ले ले तो इस समस्या से शायद 1-2 वर्ष में

प्रशासनिक सेवा परीक्षाओं पर प्रकल्पः प्रतियोगी परीक्षा द्वारा छात्रों के मध्य कराये गए ऑनलाइन सर्वे के महत्वपूर्ण अंश (लगभग 7500 प्रतिभागी)

संघ लोक सेवा आयोग

क्या आपको लगता है कि सिविल सेवा परीक्षा की वर्तमान प्रणाली भारतीय परिस्थितियों के अनुकूल प्रशासन चुनने में सक्षम है ?

प्रारंभिक परीक्षा का द्वितीय प्रश्न पत्र (CSAT) सभी को समान अवसर (Level Playing Field) प्रदान करता है ?

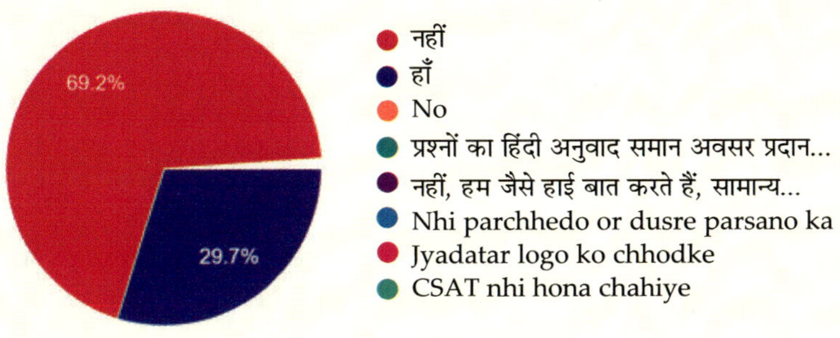

क्या द्वितीय प्रशासनिक सुधार आयोग की अनुशंसाओं के अनुरूप प्रारंभिक परीक्षा में सामान्य अध्ययन के 2 प्रश्न पत्र होने चाहिए, जिसमें सामान्य अध्ययन के सभी खंड समान अनुपात में हों?

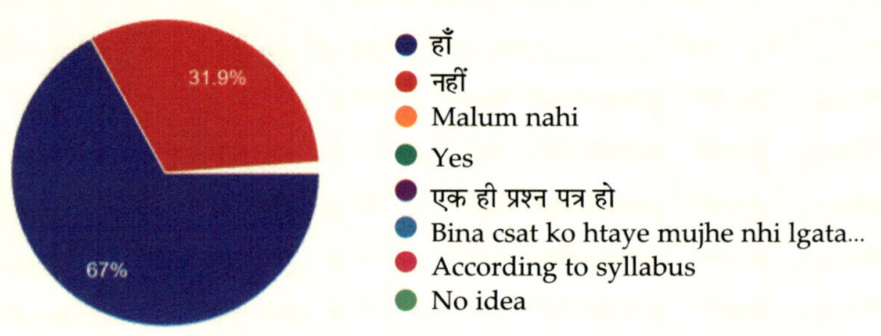

क्या मुख्य परीक्षा में वैकल्पिक विषय समाप्त कर देना चाहिए?

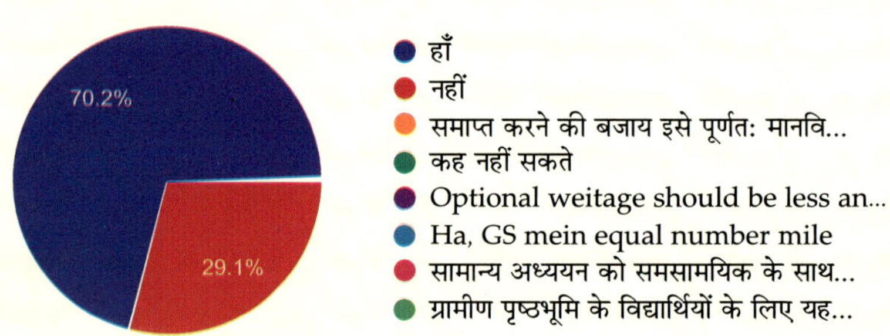

क्या मुख्य परीक्षा से अनिवार्य अंग्रेजी का प्रश्न पत्र समाप्त किया जाना चाहिए ?

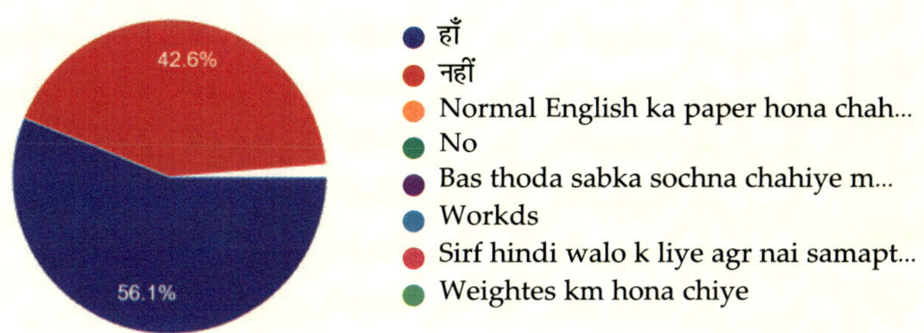

क्या भारतीय वन सेवा एवं सिविल सेवा परीक्षा की प्रारंभिक परीक्षा अलग-अलग होनी चाहिए, क्योंकि दोनों परीक्षाओं की अर्हताएँ एवं सेवा आवश्यकताएँ अलग-अलग है ?

क्या मुख्य परीक्षा में प्रश्नों के वर्तमान प्रारूप (150 एवं 250 शब्द) को बदलकर विश्लेषणात्मक करते हुए प्रश्नों की संख्या कम की जानी चाहिए?

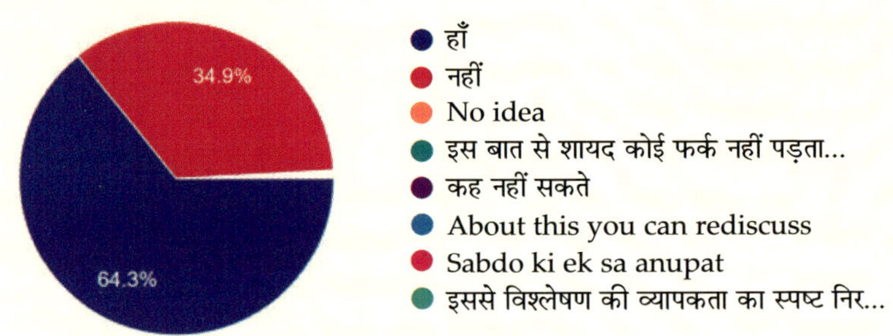

क्या सिविल सेवा परिक्षा में साक्षात्कार की वर्तमान प्रणाली संतोष जनक है?

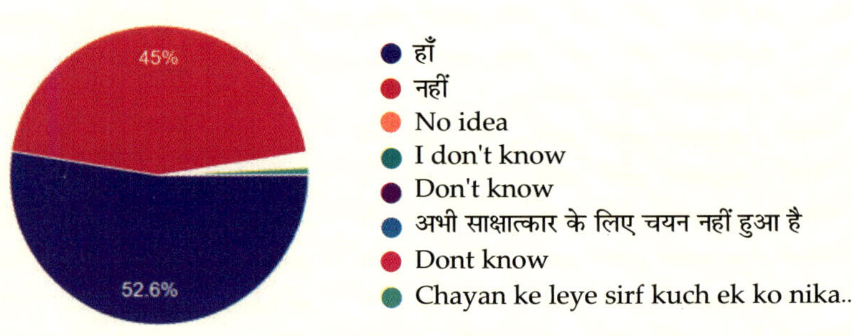

क्या सिविल सेवा परिक्षा में साक्षात्कार की वर्तमान प्रणाली में साइकोमेट्रिक टेस्ट (एस.एस.बी. की भांति) समाहित किया जाना चाहिए?

क्या आपके राज्य लोक सेवा आयोग की प्रारंभिक परीक्षा के प्रश्न पत्रों में त्रुटिपूर्ण उत्तर कुंजी परीक्षा की अवधि लंबी हो जाने का बड़ा कारण है?

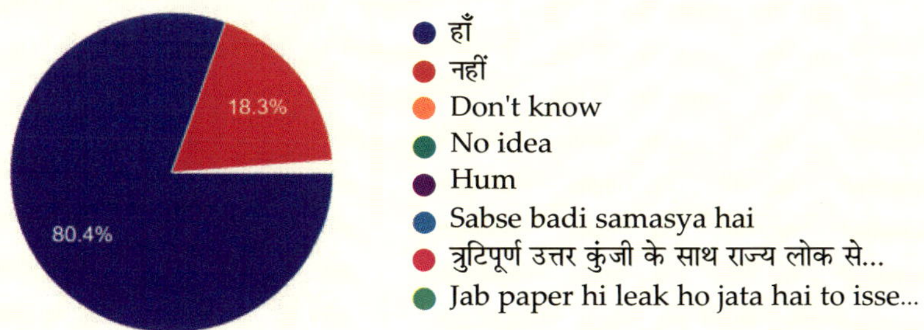

क्या आपके राज्य लोक सेवा आयोग की प्रारंभिक परीक्षा के प्रश्नों का स्तर योग्य प्रशासनिक अधिकारी चुनने हेतु उपयुक्त है ?

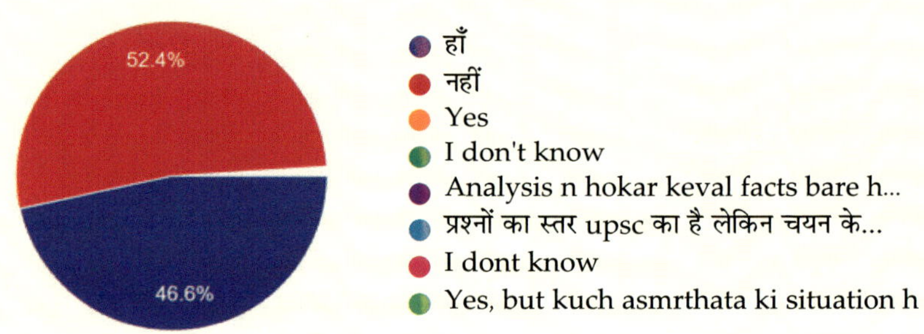

क्या आपके राज्य लोक सेवा आयोग की मुख्य परीक्षा में निबंध का प्रश्न पत्र अनिवार्य रूप से होना चाहिए ?

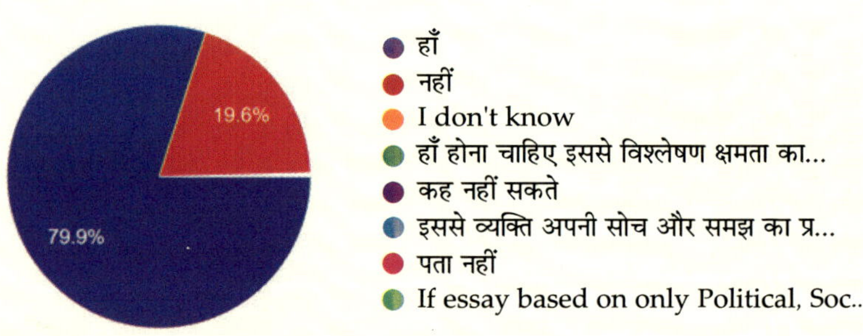

क्या आपके राज्य लोक सेवा आयोग की मुख्य परीक्षा में वर्तमान स्वरूप (अति लघु उत्तरात्मक 2 अंक, 5 अंक वाले प्रश्न अथवा वस्तुनिष्ठ) तर्कसंगत है या नहीं?

क्या आपको लगता है, आपके राज्य लोक सेवा आयोग का पाठ्यक्रम एवं प्रणाली संघ लोक सेवा आयोग के साथ संगत नहीं है?

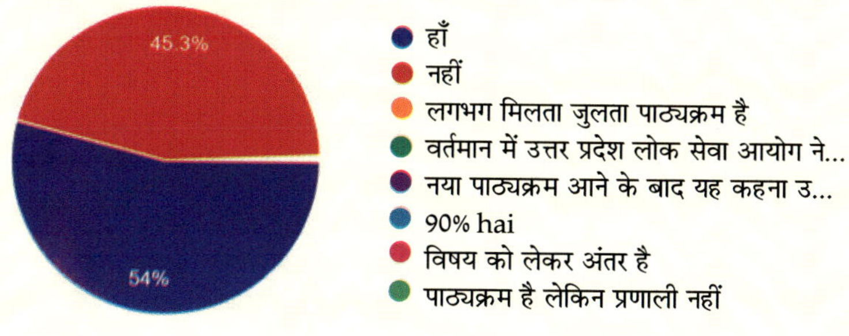

नीति आयोग की अनुशंसा के अनुसार राज्य लोक सेवा आयोग द्वारा आयोजित राज्य प्रशासनिक सेवा परीक्षा को समाप्त कर 'वन नेशन–वन सिविल सर्विस' की प्रणाली लागू की जानी चाहिए?

क्या राज्य प्रशासनिक सेवा और राज्य अधीनस्थ सेवा की एक ही परीक्षा होनी चाहिए?

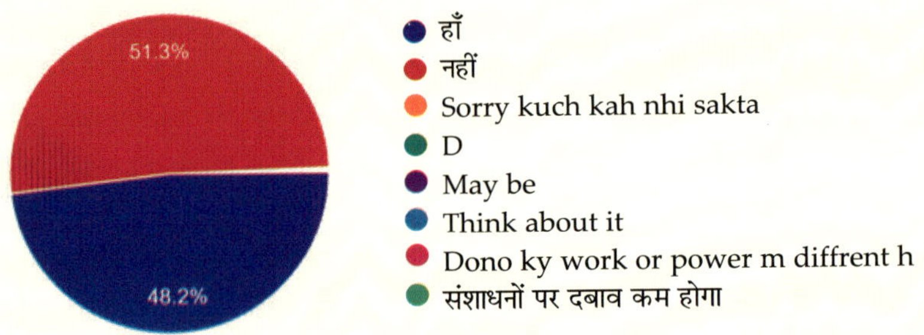

क्या आपके राज्य लोक सेवा आयोग की प्रारंभिक परीक्षा ऑनलाइन होनी चाहिए?

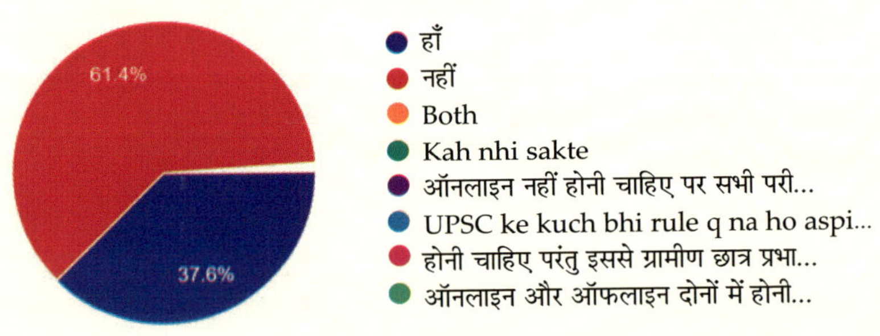

कुछ हद तक निजात मिल जाएगी।

साथ ही संघ लोक सेवा आयोग व सरकार को भी विचार करना चाहिए कि किस प्रकार देश को सर्वश्रेष्ठ प्रशासक मिल सकें। पाठ्यक्रम व प्रश्न ऐसे हों, जो भाषा की दीवारों को गिराकर प्रतिभाओं को सामने ला सकें। इसके लिए आवश्यक है, आयोग अपने प्रश्नों की संदर्भ सामग्री को अंग्रेजी के अलावा दूसरे स्रोतों से भी ग्रहण करे। सामान्य अध्ययन में समाजशास्त्र, दर्शन, भारतीय संस्कृति जैसे खंडों का भी ज्ञान एवं विश्लेषण शामिल करे, ताकि अंग्रेजी पर उसकी निर्भरता घट सके तथा परीक्षा एवं अभ्यर्थियों में भारतीयता का अधिक समावेश हो सके। वर्तमान प्रणाली में भारत का तकनीकी ज्ञान तो है, परंतु समाज, संस्कृति व दर्शन का पक्ष, कहीं हाशिए पर है। इसे आगे लाने पर कुछ तक भाषा की समस्या भी दूर होगी, क्योंकि इनका ज्ञान पूर्णतः सैद्धांतिक नहीं वरन् काफी हद तक व्यावहारिक भी है। इससे भी महत्त्वपूर्ण यह है कि समाज व संस्कृति की गहरी समझ के बिना क्या प्रशासन वास्तव में योग्य कहा जा सकता है ?

इस संबंध में निश्चित रूप से कुछ मेहनत अवश्य करनी होगी, परंतु यह असंभव नहीं है कि विद्यार्थियों के सोशल एप्टीट्यूड पर आधारित प्रश्नों का निर्माण किया जाए, मौलिक निर्णयन क्षमता का अनुकरणीय परीक्षण प्रारंभ हो। इस पर कोई बहानेबाजी करने से पूर्व अलघ समिति के इस निष्कर्ष को ध्येय वाक्य बनाना चाहिए—

“Not all these alternates can be tested. Many of them can be developed...Another critique has been that in an imperfect world, the civil servant can't be expected to follow ideal standards, this view can't be agreed to. In a Nation of over a billion people, it is definitely possible to find and nurture a few hundred exceptional persons every year. In fact that is the only rationale for a higher civil services bound together and dedicated to nation's ideals, all else can be purchased from the market.”

इस पूरी समीक्षा पर पाठकों के सुझाव सादर आमंत्रित हैं—

prakalpssun@gmail.com

□

साक्षात्कार की समस्याएँ

साक्षात्कार या व्यक्तित्व परीक्षण (Personality test) सेवाओं में चयन का एक महत्त्वपूर्ण तरीका है, जो निजी व सरकारी सभी क्षेत्रों में वर्षों से चला आ रहा है। ऐसा माना जाता है कि व्यक्तित्व परीक्षण किसी व्यक्ति के गुणों का एक All round assessment है। परीक्षा की दुनिया में माना जाता है कि कोई भी भर्ती/चयन का तरीका जो केवल लिखित परीक्षा पर आधारित है, वह अपर्याप्त है, क्योंकि लिखित परीक्षा कुछ हद तक परीक्षार्थी की बौद्धिक क्षमता का प्रमाण तो देती है, परंतु यह परीक्षार्थी के चरित्र, मूल्य, भावनात्मक बुद्धिमत्ता, प्रेरणा आदि का अभास सही तरीके से नहीं देती। बहुविकल्पीय परीक्षा अभ्यर्थी के अमूर्त चिंतन (Abstract thinking) व स्मृति को ज्यादा भाँप सकती है। ऐसे में परीक्षार्थी की सेवा उपयुक्तता जाँचने के लिए एक बार उससे आमना-सामना होना आवश्यक है।

इन्हीं कारणों से सिविल सेवा में साक्षात्कार प्रारंभ से ही चला आ रहा है। प्रारंभ में इसे 'viva voce' कहा जाता था, बाद में बिना कोई तरीके में बदलाव (methodological change) किए गए व्यक्तित्व परीक्षण (Personality test) कहा जाने लगा। साक्षात्कार या व्यक्तित्व परीक्षण के कुछ उद्देश्य हैं एवं इसकी आधारभूत मान्यताएँ इस प्रकार हैं—

सिविल सेवा परीक्षा में 1947 से 1950 तक सभी सेवाओं में साक्षात्कार के अंक 300 होते थे। फिर 1951-63 तक थे भारतीय पुलिस सेवा एवं विदेश सेवा हेतु यह 400 अंक किया गया, परंतु अन्य सेवाओं हेतु अपरिवर्तित रहा। 1964 से 1978 तक सभी सेवाओं हेतु इसका भारांश घटाया गया। भारतीय प्रशासनिक सेवा हेतु यह 300 अंक रखा गया, भारतीय पुलिस सेवा एवं अन्य सेवाओं हेतु यह 200 अंक कर दिया गया। फिर 1979 में कोठारी समिति की अनुशंसा से सभी सेवाओं

हेतु यह कुल पूर्णांक का 12.2 प्रतिशत (250 अंक) रखा गया। बाद में सतीश चंद्र समिति की सिफारिशों के अनुरूप बढ़ाकर 13.2 प्रतिशत किया गया।

सामान्यत: सिविल सेवा परीक्षा के साक्षात्कार में निम्नलिखित तरीका अपनाया जाता है—

1. साक्षात्कार बोर्ड का अध्यक्ष संघ लाक सेवा आयोग का सदस्य होता है व 4 विशेषज्ञ उसमें शामिल किए जाते हैं, जो वर्तमान/सेवानिवृत्त सिविल सेवक, शिक्षाविद्, वैज्ञानिक अथवा अन्य हो सकते हैं। इन सभी का चयन एक बड़ी सूची में से किया जाता है।
2. औसत रूप से एक अभ्यर्थी का साक्षात्कार 30 मिनट चलता है। कुल रिक्तियों (Vacancies) के दुगने से अधिक छात्र साक्षात्कार हेतु बुलाए जाते हैं।
3. साक्षात्कार के प्रश्न अभ्यर्थी की पृष्ठभूमि, शिक्षा, सेवा अनुभव, समसामयिक घटनाओं, सामाजिक-आर्थिक-राजनीतिक मुद्दों जैसे कई विषयों पर होते हैं।
4. साक्षात्कार पूर्व बोर्ड में शामिल होनेवाले सदस्यों को अध्यक्ष द्वारा ब्रीफ भी किया जाता है व कई प्रकार से अध्यक्ष यह सुनिश्चित करने का प्रयास करते हैं कि सभी बोर्डों के अंकों में Uniformity रहे, परंतु व्यवहार में किस सीमा तक ऐसा हो पाता है, यह बहस का विषय है।
5. बोर्ड के सदस्य व्यक्तिगत रूप से अभ्यर्थी के व्यक्तिगत गुणों, बौद्धिकता व उसके निष्पादन over all performance का परीक्षण करते हैं। बोर्ड का अंतिम मूल्यांकन सदस्यों के द्वारा किए गए व्यक्तिगत मूल्यांकन के आधार पर विमर्श कर तय होता है।
6. यद्यपि साक्षात्कार के लिए कोई न्यूनतम Qualifying अंक नहीं होते। 1950 के दशक में 35 प्रतिशत हुआ करते थे, यह बाद में 1957 में यह महसूस किया गया कि इस पद्धति से मनमानेपन (Arbitrariness) को बढ़ावा मिलेगा एवं समाज के कमजोर वर्गों से आनेवाले इससे प्रभावित होंगे। अत: न्यूनतम अंकों को समाप्त कर दिया गया।

साक्षात्कार का मूल सवाल है कि इसमें अपनाई जा रही विधियों के परिणाम स्वरूप क्या यह एक Reliable test है। इससे पूर्व साक्षात्कार के संबंध में खन्ना समिति की रिपोर्ट में उद्धृत परीक्षा नियमों का अवलोकन आवश्यक है—

"The candidate will be interviewed by a Board who will have before them a record of his career. He will be asked questions on matters of general interest. The object of the interview is to assess the personal suitability of the candidate for a career in public service by a Board of competent and unbiased observers. The test is intended to judge the mental calibre of a candidate. In broad terms this is really an assessment of not only his intellectual qualities but also social traits and his interest in current affairs. Some of the qualities to be judged are mental alertness, critical powers of assimilation, clear and logical exposition, balance of judgement, variety and depth of interest, ability for social cohesion and leadership, intellectual and moral integrity."

(Extract from General Instructions below Appendix I. Section II of the Examination Rules)

कई विद्वानों द्वारा यह कहा जाता है कि साक्षात्कार द्वारा मूल्यांकन की वर्तमान प्रणाली में Consistency & Accuracy का अभाव है। अंकों में हर वर्ष काफी Variation देखने को मिलता है। बोर्ड के सदस्यों की उदारता व कृपणता के किस्से आप हर वर्ष सुन सकते हैं। कुछ सदस्य अपने आचरण व पूर्वाग्रह के लिए इतने कुख्यात थे कि उनका आयोग में होना देश का परम दुर्भाग्य था। कई मेधावी छात्र इसी कारण तबाह हो गए। साक्षात्कार के बारे में यह भी माना जाता है कि बहुत बार (भले ही संख्या कम हो) गैर वाजिब छात्र भी उत्तीर्ण हो गए व योग्य छात्रों को बाहर का रास्ता दिखा दिया गया। यह भी सही है कि काफी सारे ऐसे छात्र भी उत्तीर्ण होते हैं या अच्छे अंक ले आते हैं, जिनकी बौद्धिक क्षमता (Intellectual Caliber) तो उच्च है, परंतु सेवा हेतु वे उतने उपुयक्त नहीं हैं। ये एक बहुत बड़ी समस्या है कि छात्र की पृष्ठभूमि, परिवेश व उत्कृष्ट Academic रिकॉर्ड की चकाचौंध से यह लगने लगता है कि वह इस सेवा हेतु उपयुक्त है, जबकि वह शायद कॉरपोरेट क्षेत्र हेतु अधिक उपुयक्त हो। यह बात अब खुला भेद है कि कुछ विशिष्ट संस्थानों के छात्रों के प्रति अधिकांश बोर्ड पूर्वाग्रही हो जाते हैं।

इस संदर्भ में वर्षों पूर्व हुए एक रोचक सर्वे का उल्लेख करना आवश्यक है। वर्ष 1963 से 1969 के बीच चयनित हुए अभ्यर्थियों में इस बात का सर्वे किया गया कि साक्षात्कार में उनकी Performance का मसूरी की प्रशिक्षण

अकादमी की उनकी Performance में क्या संबंध रहा अथवा कितना अंतर आया। परिणाम चौंकाने वाले थे। साक्षात्कार में 80 प्रतिशत या उससे अधिक अंक पानेवाले अभ्यार्थियों में से एक भी प्रशिक्षण उपरांत परीक्षण में ऐसा नहीं कर पाया। इसके ठीक विपरीत प्रशिक्षण उपरांत इतना उत्कृष्ट प्रदर्शन करनेवाले 19 प्रशिक्षु अधिकारियों में से एक भी ऐसा नहीं या जिसने साक्षात्कार में ऐसे अंक (80 प्रतिशत) प्राप्त किए हों। इस बात की पूरी संभावना है कि यही समस्या अब भी ज्यों-की-त्यों है या हो सकता है और बढ़ गई हो। और यदि ऐसा हुआ तो साक्षात्कार का मूल उद्‌देश्य पूरा नहीं हो पा रहा है और इस प्रणाली में गंभीर सुधारों की आवश्यकता है।

(स्रोत : अलघ समिति रिपोर्ट)

अब एक बार निजी क्षेत्र की साक्षात्कार प्रणाली पर भी गौर कर लेते हैं। यह तुलना यद्यपि की ही नहीं जा सकती, क्योंकि दोनों क्षेत्रों की सेवा आवश्यकताएँ व अर्हताएँ अलग-अलग हैं, परंतु इस तुलना को यहाँ प्रस्तुत करने का कारण सिर्फ इतना है कि यह समझा जा सके कि एक सही व्यक्ति चुनने के लिए वहाँ कितना प्रयास किया जाता है और यहाँ कितना।

यह सर्वविदित है कि सामान्यत: बड़ी कॉरपोरेट कंपनियों में साक्षात्कार हेतु कई चक्र की साक्षात्कार प्रक्रिया से गुजरना होता है। इस प्रक्रिया में अभ्यर्थियों के बारे में कई तरह की सूचनाएँ आती हैं, जिनका भी विश्लेषण होता है। कई कंपनियाँ मनोवैज्ञानिकों व संप्रेषण विशेषज्ञों (Communication Experts) की सेवाएँ भी लेती हैं। यहाँ तक कि इस सघन प्रक्रिया के बाद Induction Training के दौरान भी, जो लोग अपेक्षानुरूप नहीं होते, उन्हें बाहर का रास्ता दिखा दिया जाता है। साक्षात्कार के दौरान Biographic Analysis भी लगभग सभी बड़ी कंपनियों द्वारा किया जाता है। यह मान्यता है कि व्यक्ति का भूतकाल में रहा व्यवहार आगे भी वैसा ही रहने की संभावना है, यद्यपि इसमें 20 से 30 प्रतिशत का variation हो सकता है। ये कंपनियाँ ऐसे परीक्षण के दौरान कार्य इतिहास, शिक्षा, सामाजिक पृष्ठभूमि, रुचि के क्षेत्र, Hobby आदि पर जोर देती हैं। सीखने की क्षमता एवं आगे बढ़ने की क्षमता का भी परीक्षण होता है।

इन अध्ययनों से यह सामने आता है कि कालांतर (Long Run) में 'Bright' लोगों की अपेक्षा वे लोग अधिक उपयोगी होते हैं, जो 'More

Sobre and Reflective' हों। ऐसे लोग ही ज्यादा अच्छा कार्य निष्पादन (Performance) करते हैं।

इसी प्रकार सैन्य सेवाओं हेतु भी 4-5 दिन का एक व्यक्तित्व परीक्षण (Personality Assessment) होता है। यह सेना भर्ती निदेशालय द्वारा आयोजित Service Selection Boards के माध्यम से किया जाता है। यह तीन विशेषज्ञीकृत तकनीकों—मनोवैज्ञानिक परीक्षण, समूह परीक्षण (group test) व साक्षात्कार द्वारा होता है। चयन हेतु 15 गुणों को ओ.एल.क्यू. (Officer Like Qualities) माना गया है, जो इस प्रकार हैं—

Factor-I Planning & Organisation	• Effective Intelligence • Reasoning Ability • Organising Ability
Factor-II Social Adjustment	• Power of Expression • Social Adaptability • Co-operation • Sense of Responsibility
Factor-III Social Effectiveness	• Initiative • Self Confidence • Speed of Decision • Ability ot Influence the Group • Liveliness
Factor-IV	• Determination • Courage • Stamina

इस प्रक्रिया में मनोवैज्ञानिक परीक्षण time stress के साथ किए जाते हैं, ताकि व्यक्ति की तुरंत प्रतिक्रिया (Spontaneous Response) जानी जा सके तथा ये परिणाम किसी प्रकार से manipulted या masked न हों। परीक्षणों की शृंखला से मनोवैज्ञानिक, व्यक्ति के अंदर छुपे हुए वास्तविक व्यक्तित्व को जान पाते हैं। व्यक्ति के मूल विश्वास, मान्यताएँ व perceptions का भी काफी हद तक अंदाजा हो जाता है। जैसा कि इनके बारे में कहा गया है—

"It is basically to gain insight into the personal underworld of an individual (which is normally hidden)."

यहाँ यह ध्यान देने योग्य है कि SSB में साक्षात्कार की अवधि 45 मिनट होती है। एक महत्त्वपूर्ण बात यह है कि इसमें परीक्षकों (Assessors) का भी सघन परीक्षण होता है, जो लगभग 4 महीने का होता है। उन्हें उत्तीर्ण करनेवाले ही SSB परीक्षण हेतु परीक्षक नियुक्त हो सकते हैं।

अब विचार करें कि क्या वे 15 Officer Like Qualities एक सिविल सेवक में होनी चाहिए अथवा नहीं। क्या इस प्रकार का सघन परीक्षण नहीं होना चाहिए, जो Real Time Situations के आधार पर अभ्यर्थी के अंदर का व्यक्तित्व बाहर ला सके, तनावपूर्ण स्थिति में उसका वास्तविक response जाँच सके।

अंत में कुछ अन्य देशों में सिविल सेवा हेतु प्रयुक्त प्रणालियों को भी समझने का प्रयत्न करते हैं। प्रो. वाई.के. अलघ समिति ने अपने दौरों में कुछ देशों की प्रणाली का अध्ययन कर उसका निष्कर्ष इस प्रकार लिखा है—

9.2.3.1 As mentioned in paragraph 2.6.4 in the chapter on 'The Third Review Committee', the Committee had the benefit of findings of a two-member delegation of the UPSC which visited Singapore and Australia in February 2001. One of the most significant aspects of civil service recruitment that this delegation reported was the extensive use of the 'assessment center methodology' for personality assessment of prospective candidates. These assessment centers which are based on a pre-defined set of personality and work related dimensions employ a range of aptitude and psychological tests including simulation and in-basket exercises, role play and a final interview. The 'technical' aspects of the testing are conducted with the help of outside consultants who use validated instruments and trained assessors to provide a personality profile for the interview board. This board largely consists of senior civil servants, but may also include technical Personnel/professionals. Though the process is very time consuming (typically requiring two to three days) and each assessment centre cannot handle more than 7-8 candidates, it does provide a very thorough analysis and interpretation of results which helps the interview board to accurately assess an individual's suitability for a given job in terms of the pre-weightage is given to personal history and past record of a candidate, with emphasis on community service during the school years.

9.2.3.2 The Committee had the benefit of perusing the reports of another delegation of UPSC which visited western countries like the USA, U.K. and France to understand their systems of recruitment to higher civil services. In the French system, the personality is assessed through what is called "Grand Oral Examination". There are three oral examinations by three different interview boards comprising five members each who are either serving or retired civil servants, journalists or academicians. However, the same Board interviews all the candidates for a particular area. The candidates general perception of areas like economics, law and society are observed in the interview generally lasting 45 minutes. In the U.K., the 'assessment centre' approach is adopted for assessing the personality of candidates. In this method, the short-listed candidates are invited for two days in a non-residential assessment centre in London in groups of five each group is assessed by a Board of three assessors comprising a chairperson who is a retired senior civil servant, a departmental assessor (a middle ranking serving civil servant) and an occupational psychologist. The candidates are assessed on defined criteria such as interpersonal sensitivity, persuasiveness. The assessment is carried out through a number of work related exercises (both individual and group) and interviews. There are two group discussions (one on a particular issue) besides individual exercises involving writing a policy paper from a given data. Thereafter the candidates are interviewed separately by the three assessors of the Board-individually, each of whom will mark candidates on a seven-point scale. There is an evidence recorder that records all the main features of the three interviews. Each assessor also gives specific reasons for his/her findings.

इसी संदर्भ में वर्तमान प्रणाली में आमूलचूल परिवर्तन की आवश्यकता है। सेना का व्यक्तित्व परीक्षण का मॉडल स्वागतयोग्य है। आवश्यकता इस बात की है कि उसमें कुछ परिवर्तन सिविल सेवक हेतु वांछित गुणों की दृष्टि से किए जाएँ। कुछ छोटे-मोटे परिवर्तन छोटी cosmetic surgery के अतिरिक्त कुछ नहीं होंगे। वर्तमान प्रणाली की सबसे आधारभूत कमी को अलघ समिति ने स्पष्ट किया है। इस पर संघ लोक सेवा आयोग को विचार करना चाहिए। जहाँ तक प्रश्न है कि SSB जैसे प्रारूप को लागू करने का, तो इसका विरोध करनेवाले लगभग सभी व्यक्तियों का तर्क है कि इसमें समय बहुत लगता है, हर साल हो रही रिक्तियों को भी एक वर्ष की समय-सीमा में भरना है। इस तर्क को 30-32 वर्ष तक देश का प्रशासन चलानेवाले योग्यतम व्यक्तियों को चुनने की आवश्यकता के साथ तौलकर देखेंगे तो यह तर्क बेमानी नजर आएगा। क्या कुछ अतिरिक्त समय लगाकर सबसे योग्य उम्मीदवार नहीं चुने जाने चाहिए? केवल 4 महीने का समय योग्य सिविल सेवक के चुनाव से ज्यादा जरूरी है। यदि इसे भी समय नहीं दे सकते तो शायद किसी भी चीज को नहीं। जहाँ तक रिक्तियाँ भरने का प्रश्न है, तो हर राज्य में स्वीकृत cadre strength एवं सेवारत अधिकारियों का आँकड़ा निकालकर तुलना कर लीजिए। ज्ञात हो जाएगा कि जितनी संख्या चाहिए, उतनी की तो विज्ञप्ति ही जारी नहीं होती। अतः इस पूरी परीक्षा प्रक्रिया की नए सिरे से समीक्षा होनी चाहिए।

साक्षात्कार की पूरी प्रणाली बदले जाने की आवश्यकता है। इस संबंध में अलघ समिति का यह निष्कर्ष बहुत महत्त्वपूर्ण है। इस पर विचार करेंगे तो साक्षात्कार की समस्या बेहतर समझ सकेंगे एवं संघ लोक सेवा आयोग इससे प्रेरणा ले, तो देश को वे योग्यतम लोकसेवक मिल सकेंगे, जिनका देश हकदार है।

9.1.3.5 It is a common perception that even though the experts of the Board are highly experienced senior civil servants and academicians and are used to interviewing, they have not been scientifically trained in. interviewing techniques. The fact that someone has been selecting people by interview for a number of years does not necessarily mean that they have developed any useful system for their task. They may never have defined the qualities they are seeking, nor thought out the processes by which they try to recognise them. Even now, when so much information is available on personality traits and selection methods, most of these experts rely mainly on their own subjective method of judgement in their decision making. It is possible that in this existing system five people interviewing the same candidate can come to five different conclusions as they interview without any predefined common objectives and standards.

इस पूरी समीक्षा पर पाठकों के सुझाव सादर आमंत्रित हैं—

prakalpssun@gmail.com

□

अनुवाद या अपराध

कई बार बुरे समय से गुजरते हुए हम आत्मचिंतन करते हुए प्रश्नवाचक भाव से परमपिता से कहते हैं कि हे भगवान्! मैंने क्या अपराध किया था, जो मेरे साथ ऐसा हो रहा है। कुछ ऐसी ही मनोदशा मुखर्जी नगर की घनी बसी आबादी में छोटी-छोटी कुटियाओं में रहकर सिविल सेवा परीक्षा हेतु तप कर रहे गैर-अंग्रेजी माध्यम के छात्रों की है। छात्र जीवन में डाटा हेतु जब देश की सबसे प्रतिष्ठित परीक्षा में उन्हें आँकड़े/डाटा की जगह दत्त शब्द लिखा मिलता है तो उनका चकराना स्वाभाविक है। फिर जब अगले प्रश्न में जिस प्लास्टिक की बोतल में पानी लिये वह छात्र परीक्षा में बैठा है, उसके लिए 'सुघट्य' शब्द प्रश्न-पत्र में मिले, जो आप कल्पना कीजिए कि उस पर क्या बीतेगी।

इन्हीं कारणों से सिविल सेवा परीक्षा में अनुवाद एक बड़ा मुद्दा बनकर उभरा, जिसने एक देशव्यापी आंदोलन को जन्म दिया तथा देश को यह सोचने पर विवश कर दिया कि क्या स्वतंत्रता के 68 वर्ष बाद भी भारत जैसे देश में अपनी ही राजभाषा में चंद पंक्तियों को ठीक-ठीक अनुवाद करने की क्षमता नहीं है, जबकि विभिन्न विभागों व निदेशालयों का एक पूरा तंत्र इसी कार्य में लगा है। क्या यह तंत्र की विफलता है अथवा कोई अन्य पूर्वाग्रह? क्यों नहीं संघ लोक सेवा आयोग जैसी सर्वोच्च संस्था कुछ पंक्तियों का बोधगम्य अनुवाद उपलब्ध करा सकती? वर्ष 2013 के हास्यास्पद, त्रुटिपूर्ण अनुवाद, कुछ लोगों के लिए हास-परिहास का विषय बने, परंतु दूसरी ओर छात्रों के लिए कुठाराघात एवं भाषा प्रेमियों के लिए गहरे दु:ख का कारण बने। ऐसे अनुवादों के घोर विरोध के बाद भी वर्ष 2014 की प्रारंभिक परीक्षा में ऐसे ही अबोधगम्य अनुवादों की पुनरावृत्ति हुई। यथा Population का हिंदी अनुवाद समष्टि, Subsidy का हिंदी अनुवाद साहाय्य, Mite के लिए बरूथी का उपयोग किया गया। ये सिलसिला अभी भी जारी है।

Translation Error: G.S. Paper 1–Series A

Question Number	Actual English Word	Given Hindi Teanslation	Appropriate Hindi Translation
Q 14	Population	समष्टि (Macro)	जनसंख्या
Q 32	Subsidy	साहाय्य	अनुदान/सब्सिडी
Q 40	Biodegradable Plastic	जैवनिम्नकरणीय सुघट्य	प्लास्टिक
Q 65	Free Engrgy	प्राप्यतम् ऊर्जा	मुक्त ऊर्जा /स्वतंत्र ऊर्जा
Q 66	Voice Recognition	वाक् अभिज्ञान	वाक् पहचान/ शिनाख्त
Q 68	Data	दत्त	डाटा/आँकड़ा
Q 70	Souring of Milk	दुग्ध आस्कंदन	दूध का खट्टा होना
Q 74	Mite	बरुथी	दीमक
Q 79	Earth Hour (nomenclature)	पृथ्वीकाल	अर्थ ऑवर (Earth Hour)

सिविल सेवा परीक्षा-2018

1. Unlike – असदृश
2. Unreported – अप्रतिवेदित
3. Extent – प्रसार
4. Vast Numbers – अधिसंख्य
5. Immemorial – अविस्मरणीय
6. Proactive – पूर्वसक्रिय
7. Mitigation – प्रशमन

यह विचारणीय तथ्य है कि सिविल सेवा परीक्षा महाविद्यालय की परीक्षा नहीं, वरन् 'अखिल भारतीय स्तर की प्रतियोगिता' है, जिसमें लाखों छात्र अलग-अलग धाराओं (मानविकी, मेडिकल, इंजीनियरिंग आदि) से परीक्षा में बैठते हैं। इनमें यदि

सभी प्रतियोगियों के साथ समानता नहीं बरती जाएगी तो न ही परीक्षा वास्तविक रूप में 'प्रतियोगिता' कही जा सकती है और न ही उपयुक्त अभ्यर्थियों के चयन के मूल उद्‌देश्य को पूरा कर पाएगी। यदि एक प्रश्न-पत्र राष्ट्रीय लोकनीति (राजभाषा) के तहत दो भाषाओं में उपलब्ध कराया जाता है तो इसका सीधा अर्थ है कि दोनों संस्करण समान रूप से बोधगम्य हैं तथा परीक्षार्थी किसी भी अंश को पढ़कर उत्तर दे सकता है, परंतु इस परीक्षा में यदि आप हिंदी संस्करण पर आधारित होते हैं तो सफलता की संभावनाएँ न्यूनतम हो जाती हैं, क्योंकि प्रश्न-पत्र 2 के परिच्छेदों पर आधारित प्रश्नों के उत्तर निगमनात्मक अनुमान (Deductive inference) पर आधारित होते हैं। जब तक छात्र उस गद्यांश का मूल भाव सही रूप में ग्रहण नहीं करता, तब तक सही उत्तर देना असंभव है। अनुवाद की शोचनीय दशा को देखते हुए उनका मूल भाव ग्रहण करना असंभव है। अतः जब प्रश्न ही ठीक नहीं है तो भला छात्र कैसे उत्तर दे? एक स्थान पर तो हालात यहाँ तक पहुँच गए कि छात्र की नियति थी कि वह गलत उत्तर दे। वर्ष 2013 की मुख्य परीक्षा में भूगोल-1 (वैकल्पिक) में पूछे गए प्रश्न संख्या 5 (ग) पर गौर करें।

हिंदी—समकालीन संसार में केंद्र स्थल सिद्धांत की प्रासंगिकता

English—relevance of heartland theory in contemporary world.

यदि अभ्यर्थी ने अंग्रेजी संस्करण नहीं देखा तो वह गलत उत्तर देगा, क्योंकि मानक पुस्तकों के अनुसार Centre place theory का हिंदी अनुवाद केंद्र स्थल सिद्धांत है, जो कि अधिवास भूगोल का अंश है, वहीं Heartland theory का अनुवाद 'हृदय स्थल सिद्धांत' है, जो राजनीतिक भूगोल का खंड है। ऐसे में क्यों न कहा जाए कि जब प्रश्न ही गलत है तो छात्र सही उत्तर कैसे दे? यदि अखिल भारतीय स्तर की सर्वोच्च परीक्षा की यह दुर्दशा है तथा राजभाषा की यह उपेक्षा है तो अन्य स्थानों पर स्थिति कितनी शोचनीय होगी।

पुनः प्रारंभिक परीक्षा में प्रश्न-पत्र-2 में पूछे गए परिच्छेदों के अनुवादों को समझना प्राध्यापकों के लिए भी कठिन था। ऐसे अबोध अनुवादक यदि आयोग में कार्यरत हैं, जो 10 पंक्तियों का बोधगम्य अनुवाद न कर यंत्रवत् रूप में अंग्रेजी शब्दों के हिंदी अर्थ को जोड़-तोड़कर प्रस्तुत कर दें और वह भी मूल संदर्भ से दूर, तो क्यों न हिंदी माध्यम के छात्रों की दुर्दशा हो। क्यों न उनका अंतिम चयन 2 प्रतिशत रह जाए?

ये केवल छात्रों द्वारा संज्ञान में लाई गई त्रुटियाँ नहीं वरन् गृह मंत्रालय के निर्देशों का सीधा-सीधा उल्लंघन है···

"Whenever, during the official work, Hindi is used as translating language, it becomes difficult and complex. There is an urgent need to make changes in the process of English to Hindi translations. Translations should carry expression of the original text rather than word-by-word Hindi substitute."

अबोधगम्य अनुवाद पर कुछ तथाकथित बुद्धिजीवियों की टिप्पणी थी— **"अरे, इसमें क्या है ? यदि हिंदी समझ नहीं आ रही तो अंग्रेजी संस्करण देख लो। इतनी भी अंग्रेजी नहीं जानते तो क्या आई.ए.एस. बनोगे।"** ऐसे मासूम व अज्ञानतापूर्ण तर्क का उत्तर यह है कि प्रश्न हिंदी, अंग्रेजी जानने का नहीं, वरन् अक्षम अनुवादकों द्वारा किए गए गलत अनुवाद को सुधारने व हिंदी से अंग्रेजी और अंग्रेजी से हिंदी करने में ही परीक्षा का अमूल्य समय नष्ट करने का है। क्या संघ लोक सेवा आयोग इतना अक्षम है कि वह दस पंक्तियों का ठीक अनुवाद भी नहीं कर सकता ? या यह अनुवाद किसी और कारण से ऐसा अबोधगम्य है। इसी संदर्भ में कुछ तर्क विचारणीय हैं—

1. 120 मिनट की समय सीमा में प्रतियोगियों का एक वर्ग तो पहले गलत हिंदी पढ़े, फिर अंग्रेजी संस्करण पढ़कर आयोग की गलतियों को सुधारे, फिर निष्कर्ष निर्माण की प्रक्रिया तक पहुँचने में ही समय गँवाता रहे, वहीं दूसरा वर्ग, जो अंग्रेजी में सहज है व सुबोध पाठ पढ़े तथा उत्तर दे। एक-एक मिनट व दशमलव में अंक जहाँ निर्धारक हैं, वहाँ प्रतियोगियों के सिर पर खराब अनुवाद का बोझ लादकर उसे भटका देना व दूसरों को सुगम मार्ग की उपलब्धता क्या भेदभाव नहीं है ? क्या यह वास्तविक रूप में एक प्रतियोगिता रह जाती है, जिसमें सभी को समान अवसर उपलब्ध है ?
2. यदि कहा जाए कि अबूझ हिंदी अनुवाद की स्थिति में अंग्रेजी अनुवाद देख लें तो यह तो सीधे-सीधे इस तथ्य को प्रमाणित करता है कि हिंदी अनुवाद अबोधगम्य है। यानी हिंदी अनुवाद इतना मुश्किल कि हिंदी माध्यम का छात्र भी उसे न समझे व अंग्रेजी अनुवाद इतना सरल कि हिंदी माध्यम का छात्र भी समझ ले। यह विडंबना नहीं कि तो और क्या है ? चंद पंक्तियों का सही अनुवाद उपलब्ध न होने से छात्रों का एक पूरा

वर्ग प्रतियोगिता से बाहर हो जाता है और यही गलती लगातार दोहराई जा रही है।

3. वर्ष 2014 के प्रारंभिक परीक्षा के प्रथम प्रश्न-पत्र पर गौर करें तो यह स्पष्ट होता है कि कुछ स्थानों पर जहाँ हिंदी शब्द समझना बहुत कठिन था, वहाँ उसका समानार्थी प्रचलित अंग्रेजी शब्द देवनागरी लिपि में उपलब्ध था। इससे यह स्पष्ट होता है कि अनुवादक इस तथ्य से परिचित था कि ऐसे शब्दों का हिंदी अनुवाद अबोधगम्य होगा। प्रश्न यह उठता है कि कुछ ही स्थानों पर ऐसा क्यों था? जबकि ऐसी अस्पष्टता पूरे प्रश्न-पत्र में भरी पड़ी थी। अतः इसे मनमाना क्यों न माना जाए तथा अखिल भारतीय स्तर की परीक्षा में यह मनमानापन, अन्याय तथा स्पष्ट भेदभाव नहीं तो और क्या है?

4. सिविल सेवा परीक्षा में बैठनेवाले अभ्यर्थियों से यह अपेक्षा की जाती है कि वे विद्यालय एवं महाविद्यालय के स्तर पर पढ़े पाठ्यक्रम पर अच्छी पकड़ रखते हों। यह शिक्षण प्रक्रिया मानक पुस्तकों, समाचार-पत्रों, सरकारी प्रकाशनों तथा समाज के लोगों से अंतर्क्रिया (Interaction) से होती है तथा इन्हीं सब चीजों से विद्यार्थियों में समझ व ज्ञान का निर्माण होता है। छात्र का शब्दकोश भी इन्हीं सब से निर्मित होता है। यदि उससे ऐसे शब्द पूछे जाएँ तो उसने 20-22 वर्ष की शिक्षण प्रक्रिया में कभी सुने तक न हों, (क्योंकि वे एक विशिष्ट शब्दकोश के अतिरिक्त कहीं उपलब्ध नहीं हैं) और इस आधार पर उसे अंग्रेजी माध्यम में पढ़े लोगों की तुलना में अलाभदायक स्थिति में ढकेल दिया जाए तो क्या यह छात्र का दोष है कि उसने मातृभाषा में पढ़ाई की? या उन मानक पुस्तकों का दोष है, जो सहज व प्रचलित हिंदी का प्रयोग करती हैं या उन विद्वान् प्राध्यापकों का, जो विषय की मूलभूत अवधारणा समझाने पर जोर रखते हों, न कि भाषाई मकड़जाल में छात्र को उलझाने पर। यह घोर अन्याय नहीं तो और क्या है? एक छात्र को इस आधार पर पीछे नहीं किया जा सकता है कि वह अप्रचलित शब्दों के 2000 पन्नों के शब्दकोश को क्यों नहीं रट पाया, ऐसे अप्रचलित शब्द वह क्यों नहीं जानता, जो उसे सरकारी वेबसाइट पर माथापच्ची करके भी नहीं मिलेंगे। पुनः यह भी तथ्य है कि सिविल सेवा परीक्षा प्रशासनिक अभियोग्यता परीक्षा है, न

कि 'शब्दकोश ज्ञान परीक्षण।'

5. भाषा जीवंत होती है, गतिशील होती है, जो बदलते परिदृश्य के अनुसार बदलती रहती है। कुछ ऐसे शब्द उसमें शामिल हो जाते हैं तो उसके अपने ही कुछ शब्द अप्रचलित हो जाते हैं। ये परिवर्तन पुस्तकों, समाचार-पत्रों, आम बोलचाल आदि में शामिल हो जाते हैं। इंटरनेट, इ-मेल, गूगल, फेसबुक आदि शब्द अपने मूल स्वरूप में ही है। यदि फेसबुक के लिए 'मुख पुस्तक' जैसा शब्द व्युत्पन्न किया जाए, तो इसे मूर्खता के अतिरिक्त कुछ और कह पाना संभव नहीं है। जहाँ आज की अंग्रेजी, शेक्सपीयर के जमाने की अंग्रेजी से भिन्न है तो वहीं प्रेमचंद युगीन शब्द भी अब कम प्रचलन में हैं। ऐसे में सिविल सेवक की ऐसी भाषा जानने पर मजबूर किया जाए, जो जनता जानती ही नहीं तो क्या यह तार्किक होगा?

इसी संदर्भ में वर्ष 2014 की सिविल सेवा प्रारंभिक परीक्षा के प्रश्न-पत्रों को हिंदी भाषा के विख्यात विद्वानों के समक्ष उनकी राय जानने हेतु प्रस्तुत किया गया तो उनके विचार में ये अनुवाद प्राध्यापकों की भी समझ से बाहर थे तो ऐसे में साधारण छात्र की क्या दशा हुई होगी, यह सहज अनुमानगम्य है। इसी संदर्भ में भारतीय भाषा केंद्र, जवाहरलाल नेहरू विश्वविद्यालय, दिल्ली के पूर्व अध्यक्ष प्रो. मैनेजर पांडेय द्वारा यू.पी.एस.सी. अध्यक्ष एवं कार्मिक राज्यमंत्री को लिखे पत्र के कुछ अंश यहाँ प्रस्तुत हैं—

"मैं जवाहरलाल नेहरू विश्वविद्यालय के भारतीय भाषा केंद्र में 30 वर्षों से अधिक समय तक हिंदी का अध्यापक रहा हूँ। आपके प्रश्न-पत्र-1 और 2 में जो हिंदी अनुवाद हैं, उनको समझाना मेरे लिए भी मुश्किल ही नहीं असंभव है। ऐसी स्थिति में परीक्षार्थी उन हिंदी अनुवादों को कैसे समझ सकते हैं। प्रश्न-पत्र 1 और 2 के हिंदी अनुवादों से परीक्षार्थियों को तो नुकसान हो ही रहा है और हिंदी भाषा का भी नाश हो रहा है।··· इसके ठीक विपरीत आपके यहाँ की परीक्षा के प्रश्न-पत्र में, जो हिंदी अनुवाद है, उन्हें संस्कृत का कोई पंडित शायद ही समझे, लेकिन सामान्य व्यक्ति, अध्यापक और छात्र उन्हें नहीं समझ सकते।"

इसी संदर्भ में दिल्ली विश्वविद्यालय के हिंदी विभाग के प्रोफेसर अपूर्वानंद द्वारा यू.पी.एस.सी. अध्यक्ष को लिखे गए पत्र का कुछ अंश यहाँ प्रस्तुत है—

"मैं उच्चतर स्तर पर हिंदी का अध्यापन करता हूँ और शोध तथा लेखन कार्य

में संलग्न हूँ, जो हिंदी लोक सेवा आयोग अपने प्रश्न-पत्रों में प्रयोग कर रहा है, उसे समझना मेरे लिए टेढ़ी खीर है, मैं समझ सकता हूँ कि परीक्षा देते हुए हिंदी माध्यम के प्रत्याशियों को इनका अर्थ समझने में ही छक्के छूट जाएँगे, उत्तर देना तो दूर की बात। इस प्रकार की भाषा का प्रयोग निश्चय ही हिंदी माध्यम के प्रत्याशियों के साथ अन्याय है, इसके आधार पर होनेवाले चयन में वे अंग्रेजी माध्यम के प्रत्याशियों की अपेक्षा हमेशा घाटे में रहेंगे।"

अनुवाद की समस्या पर यू.पी.एस.सी. द्वारा गठित पुरुषोत्तम अग्रवाल समिति के निष्कर्षों का सार कुछ इस प्रकार है—

(i) The Committee desires that all the bilingual question papers should be vetted by Senior Academicians who, besides their expertise in various academic disciplines, are also competent enough to judge the translated texts in Hindi in UPSC question papers by virtue of their previous experience of teaching through Hindi medium at some stage in their career.

(ii) UPSC Library should produce updated versions of the glossaries and dictionaries (hard copies) published by the Commission for Scientific and Technical Terminology and also by the Central Translation Bureau. There should be a continuous review in the stock of library so that obsolete versions are replaced by the updated versions.

(iii) The translators entrusted with the translation jobs from English to Hindi should be advised to be very much careful to use terminologies with the sensitivity to the context.

बिंदु संख्या एक पर पाठक विचार करें। क्या इसका यह अर्थ नहीं है कि अनुवादों को किसी वरिष्ठ शिक्षाविद् द्वारा नहीं जाँचा जाता?

स्वतंत्रता-प्राप्ति की आधी शताब्दी से ज्यादा गुजर जाने के बावजूद 'हम भारत के लोग' संघ की राजभाषा में चंद पंक्तियों का अनुवाद कर पाने में सक्षम नहीं हो पाए हैं। होना यह चाहिए कि प्रश्न-पत्र आठवीं अनुसूची में उल्लेखित सभी भाषाओं में उपलब्ध हो, तभी हम कम-से-कम इतने सक्षम तो कहलाएँगे कि हम अपनी भाषा में कम-से-कम एक परीक्षा आयोजित कर सकते हैं और सभी छात्रों

को अवसर की पूर्ण समानता प्रदान कर सकते हैं। आप स्वयं विचार कीजिए कि स्वतंत्रता के इतने वर्ष बाद क्या भारतीय भाषाओं में प्रश्न-पत्र उपलब्ध नहीं होने चाहिए ?

अत: संघ लोक सेवा आयोग को चाहिए कि वह परीक्षाओं में मूल प्रश्न भारतीय भाषाओं में बनवाए; तत्पश्चात् उनका अंग्रेजी अनुवाद हो। राज्य लोक सेवा आयोगों से भी यही अपेक्षा है कि वे मूल प्रश्न-पत्र राज्य की राजभाषा में बनवाए, तत्पश्चात् उसका अंग्रेजी अनुवाद हो।

इस पूरी समीक्षा पर पाठकों के सुझाव सादर आमंत्रित हैं—

prakalpssun@gmail.com

□

पारदर्शिता

"सुशासन के चार घटक हैं—पारदर्शिता, जवाबदेही, पूर्वानुमान और भागीदारी। पारदर्शिता का अर्थ आम जनता के लिए सूचना की उपलब्धता और सरकारी संस्थानों के कामकाज के बारे में स्पष्टता से है। सूचना के अधिकार का अर्थ सरकार के अभिलेखों को सार्वजनिक संवीक्षा के लिए खोलना है, जिससे कि नागरिकों को सरकार क्या करती है तथा कितने प्रभावी ढंग से करती है, इस बारे में जानने का एक सशक्त साधन प्राप्त हो सके और इस प्रकार सरकार को अधिक जवाबदेह बनाया जा सके। सरकारी संगठनों में पारदर्शिता उन्हें और अधिक उद्देश्यपरक ढंग से काम करने के लिए बाध्य करती है, जिससे कि पूर्वानुमान में बढ़ोतरी हो सके। सरकार के कामकाज के बारे में सूचना नागरिकों को प्रभावी ढंग से शासन प्रक्रिया में भाग लेने में समर्थ बनाती है।"

(1.1.1 द्वितीय प्रशासनिक सुधार आयोग रिपोर्ट)

सरकारी तंत्र की बेहतर विश्वसनीयता एवं भ्रष्टाचार पर लगाम लगाने हेतु सूचना का अधिकार अधिनियम लाया गया, जिससे प्रशासन की दिशा व दशा बदली। धीरे-धीरे इसकी रोशनी लोक सेवा आयोगों तक भी पहुँचने लगी, तब उनकी 'दक्षता' एवं 'कार्यकुशलता' के बारे में अज्ञान का अँधेरा हटा तो कई चौंका देनेवाले तथ्य सामने आने लगे। इसी क्रम में संघ लोक सेवा आयोग की प्रणाली पर भी कुछ प्रश्न खड़े हुए। कुछ छात्रों ने सूचना के अधिकार अधिनियम के तहत सूचनाएँ माँगी तो कई विरोधाभासी बातें सामने आईं। यद्यपि यह उचित है कि अखिल भारतीय स्तर की इस परीक्षा में गोपनीयता बरती जानी चाहिए, परंतु किस चीज की गोपनीयता इस पर विचार जरूरी है। नवंबर 2010 को 'इंडिया टुडे'

पत्रिका में छपे आलेख 'CIVIL DISSERVICE' के कुछ अंशों का उल्लेख यहाँ आवश्यक है—

'आर.टी.आई. आवेदनों पर आयोग से विरोधाभासी जवाब मिलते हैं। 2008 में यह परीक्षा देनेवाले प्रशांत कुमार चक्करवार को ही लें। अपने पाए अंकों को लेकर उन्हें संदेह हुआ तो उन्होंने आयोग से पुनर्मूल्यांकन का आग्रह किया। 8 फरवरी, 2010 को आयोग ने उन्हें जवाब भेजा कि आपकी उत्तर-पुस्तिका की दोबारा जाँच करने पर कोई गलती नहीं पाई गई। दिलचस्प है कि आयोग ने 9 अप्रैल, 2010 को एक और आर.टी.आई. आवेदक मनीष सीतारामजी कामतकर को जवाब भेजा कि 2008 की मुख्य परीक्षा, जिस पर चक्करवार ने स्पष्टीकरण माँगा था कि उत्तर पुस्तिकाएँ सालाना अपनाई जाती रही प्रतिक्रिया के तहत 17 नवंबर, 2009 को नष्ट कर दी गईं। यह रहस्य ही है कि आखिर आयोग ने उत्तर-पुस्तिका नष्ट कर देने के 80 दिन बाद भी चक्करवार की कॉपियों की दोबारा जाँच कैसे कर ली।...बीते साल में सिविल सेवा परीक्षा में फर्जी रोल नंबरों की संख्या बढ़ी है (उम्मीदवारों की संख्या से अधिक रोल नंबर)। 2003 में फर्जी रोल नंबरों की संख्या मात्र 92 थी, जो 2010 में बढ़कर 4245 हो गई।"

यह विचारणीय है कि कंप्यूटरीकृत प्रक्रिया में फर्जी रोल नंबर कैसे जारी हो सकते हैं? इस तथ्य को भी संज्ञान में लाया जाना चाहिए कि फॉरेंसिक विज्ञान की कौन सी प्रौद्योगिकी से आयोग ने नष्ट हुई उत्तर-पुस्तिका की जाँच कर ली। बड़ा प्रश्न यह है कि आयोग जैसी संवैधानिक संस्था ऐसे विरोधाभासी जवाब दे तो उसे क्या माना जाए? पाठक स्वयं निर्णय करें।

दूसरा मुद्दा स्केलिंग प्रणाली का है, यद्यपि यह प्रणाली वर्ष 2010 के बाद समाप्त कर दी गई है, क्योंकि प्रारंभिक परीक्षा में अब सभी प्रतियोगियों के लिए समान विषय है। यह मुद्दा इसलिए उठाया जा रहा है, ताकि यह स्पष्ट किया जा सके कि इन बातों पर आयोग का रवैया क्या रहा है। परीक्षा के अंक, स्केलिंग पद्धति, वर्गवार कट ऑफ आदि दर्शाने के मुख्य सूचना आयुक्त के निर्देश के बाद आयोग ने माननीय दिल्ली उच्च न्यायालय की एकलपीठ फिर खंडपीठ, यहाँ तक कि सर्वोच्च न्यायालय तक का दरवाजा खटखटाया। इस मामले में आयोग की ओर से कुछ मनमानी, बचकानी तथा आधारहीन दलीलें दी गईं, जिन्हें विद्वान् न्यायाधीशों ने सिरे से खारिज कर दिया। ऐसी दलीलों व उस पर माननीय दिल्ली उच्च न्यायालय के निर्देशों की बानगी कुछ इस प्रकार है—

[W.P. (Civil) 17583/2006]

1. आयोग द्वारा दलील दी गई कि स्केलिंग पद्धति बताने से कोचिंग संस्थान फर्जी अभ्यर्थियों को बैठाकर पूरी प्रक्रिया को पटरी से उतार देंगे, तब विद्वान् न्यायाधीश ने इसे सिरे से खारिज कर दिया।

वहीं जब यही मुद्दा खंडपीठ में गया तो विद्वान् न्यायाधीशों का मत था—"This argument has only been stated to be rejected. It is really impossible to imagine how the coaching institutes can somehow anticipate the levels of difficulty in a particular subject in a future examination and plant dummy candidates in that subjects." Considering that 400,000 students sit for the CSE preliminary examination all over the country every year, this would perhaps require a large scale operation by coaching institutes all over the country and that again presumes that they will somehow correctly predict what the overall performance of the candidates in any particular subject will be." (LPA No. 313/2007-CM Appl. No. 6468)

2. अंक आदि दिखाने के मुद्दे पर आयोग की आधारहीन दलील को विद्वान् न्यायाधीश ने यह कहते हुए खारिज कर दिया कि "These marks, which have been obtained by the candidates who appeared in the Civil Services (Preliminary) Examination, are not to be counted for the final selection which would be based entirely on the Main Examination and the interview to follow. Therefore, I see no harm in the disclosure of the marks, as directed by the Central Information Commission."

पुनः जब प्रणाली को आयोग ने अपनी intellectual property बताया, तब विद्वान् न्यायाधीश का मत था—"First of all, the information that is sought by the respondents 2 to 24 does not fall within the expression of intellectual property. The data collected by the UPSC is of an event which has already taken place and its disclosure would have no bearing whatsoever on the next year examination. Therefore, even if it is assumed that it is information within the meaning of Section 8(1)(d) of the RTI Act, its disclosure would not harm the competitive position of any third party".

इसी संदर्भ में एकलपीठ के निर्णय में कुछ महत्त्वपूर्ण अंश इस प्रकार हैं—

1. "With respect to the disclosure of the model answers to the questions, I am of the view that though the UPSC may have some rights over them, the disclosure would be in larger public interest. Candidates have the right to know where they went wrong. One sure way of informing them in this regards is by disclosing the model answers."

2. पुनः एक संवैधानिक संस्था को पारदर्शिता का किस प्रकार पालन करना चाहिए, इसे भी विद्वान् न्यायाधीश ने सूचना के अधिकार अधिनियम की धारा 8(2) की व्याख्या करते हुए स्पष्ट किया। विद्वान् न्यायाधीश का मत था—"In any event, the UPSC being a public body is required to act and conduct itself in a fair and transparent manner. It would also be in public interest that this fairness and transparency is displayed by revealing the information sought. Moreover, Section 8(2), read in its proper perspective, indicates that access to information ought to be provided by a public authority even where it is otherwise entitled to withhold the same, if the public interest in disclosure outweighs the harm to the protected interests."

बाद में संघ लोक सेवा आयोग ने अंक, कट ऑफ मार्क्स व उत्तर-कुंजी (प्रारंभिक परीक्षा की) वेबसाइट पर जारी करनी शुरू की, परंतु उस वर्ष की परीक्षा प्रक्रिया पूर्ण होने के बाद। इसे इस प्रकार समझिए कि आपने वर्ष 2017 में जून में प्रारंभिक परीक्षा दी व मई 2018 में अंतिम परिणाम आया तो 2017 में दी प्रारंभिक परीक्षा की उत्तर-कुंजी व आपके अंक आपको मई 2018 में ही ज्ञात होंगे। अब इसे सही या न्यायोचित ठहराने हेतु क्या आप कोई तर्क गढ़ सकते हैं?

पहले तो यह गलत है कि पूरी प्रक्रिया समाप्त होने के बाद उसके अंक दिखाए जाएँ, क्योंकि एक साल पहले दी गई प्रारंभिक परीक्षा में प्राप्त अंकों का वर्ष भर बाद छात्र क्या विश्लेषण कर लेगा। जब न्यायालय ने यह स्पष्ट किया है कि "Candidates have the right to know where they went wrong." ऐसे में अंक न दिखाना इस अधिकार का हनन नहीं है? स्थिति तब और भी गंभीर हो जाती है, जब यह हनन किसी संवैधानिक संस्था द्वारा हो। क्या छात्रों के अंक राष्ट्रीय सुरक्षा से जुड़ी खुफिया सूचनाएँ हैं, जिन्हें बताने से भारत की सुरक्षा एवं अखंडता को खतरा पैदा हो सकता है? छात्र यही तो जानना चाहते हैं कि उनके अंक आखिर कितने आए। जब मुख्य परीक्षा व साक्षात्कार के अंक सदैव दिखाए

जाते रहे हैं तो प्रारंभिक परीक्षा के क्यों नहीं? इन अंकों को छुपाकर रखने का कोई भी तार्किक आधार संभव नहीं है।

सामान्यत: हर परीक्षा में परीक्षा समाप्त होने पर उत्तर-कुंजी जारी की जाती है तथा छात्रों से सात दिवस के भीतर आपत्तियाँ माँगी जाती हैं। यदि कहीं गलती हो तो उसे सुधारा जाता है व संशोधित उत्तर-कुंजी जारी की जाती है। उसी आधार पर OMR शीट की जाँच की जाती है, क्योंकि दशमलव अंकों में भी गलती छात्र को परीक्षा से बाहर कर सकती है। अब संघ लोक सेवा आयोग को यह बात समझ नहीं आती या समझने से इनकार करता है, यह आयोग बेहतर जानता है।

बार-बार उत्तर-कुंजी जारी करने की माँग इसीलिए की जाती है, क्योंकि यदि कहीं गलती हो तो छात्रों को उसका दुष्परिणाम न भोगना पड़े, क्योंकि परीक्षा प्रक्रिया पूरी होने के बाद न्यायालय में भी अपील 'Infructuous' घोषित हो जाती है। प्रक्रिया पूरी होने के बाद किसी भी गलती को सुधारने हेतु जब न्यायिक हस्तक्षेप भी संभव नहीं है तो इसका अर्थ यह हुआ कि आयोग की गलतियों का खामियाजा छात्र ही भुगतेंगे। आपत्ति का निराकरण न हो पाना तो 'Denial to redressal is denial to justice' को ही चरितार्थ करता है। क्या किसी संवैधानिक संस्था द्वारा ऐसा अन्याय किया जाना चाहिए?

सूचना का अधिकार अधिनियम संघ लोक सेवा आयोग पर भी उसी रूप में लागू है, जैसा किसी भी अन्य लोक प्राधिकरण पर। प्रश्न यह उठता है कि जब अन्य राज्य लोक सेवा आयोग क्यों गोपनीयता बनाए हुए हैं? प्रश्न यह भी उठता है कि क्यों इस स्तर की संवैधानिक संस्था कानून का उल्लंघन करने की मंशा रखती है? क्या पारदर्शी तरीके से कार्य न करना आयोग की कार्य प्रणाली पर सवालिया निशान नहीं लगाता?

दशमलव अंकों में भी गलती छात्र को परीक्षा से बाहर कर सकती है। दुर्भाग्यवश यह बात संघ लोक सेवा आयोग की समझ के परे है। 'आउटलुक' पत्रिका में छपे 'Commission of Errors' नामक आलेख में यह स्पष्ट किया गया है कि आयोग के प्रश्न-पत्रों में भी त्रुटियाँ हैं तथा आयोग की तरफ से इन्हें सुधारने अथवा बोनस अंक देने जैसा कोई प्रयास नहीं किया गया। (यह आलेख अब भी इंटरनेट पर उपलब्ध है। कृपया जरूर देखें व समझें कि किस प्रकार आयोग की गलती छात्रों पर भारी पड़ सकती है।)

इसी का एक नमूना वर्ष 2017 में फिर दिखाई दिया। सिविल सेवा प्रारंभिक

परीक्षा में सामान्य अध्ययन के प्रश्न उच्चतम न्यायालय तक गए, क्योंकि छात्रों की आपत्ति थी कि कुछ प्रश्नों के एक से अधिक उत्तर सही थे। इस स्थिति का विश्लेषण कीजिएगा, यदि उत्तर-कुंजी जारी की जाती तो 7 दिन में ही आपत्ति दर्ज हो जाती व लोकतांत्रिक तरीके से छात्रों में साख बनाए रखते हुए आयोग उनका हल भी दे देता। परंतु शायद इससे आयोग के अहं को ठेस पहुँचती हो। इसलिए उसका यही अघोषित जवाब है कि चलो न्यायालय, वहीं आपसे निपटेंगे, परंतु हम किन उत्तरों को सही मानते हैं, वह नहीं बताएँगे।

खैर, इस मामले का उच्चतम न्यायालय जाना व्यर्थ नहीं गया। वर्ष 2018 से आयोग ने पारदर्शिता की ओर बुझे मन से एक कदम उठाया है।

UNION PUBLIC SERVICE COMMISSION

Time frame for the candidates of an Examination conducted by the Commission for making representations on the questions asked in the Papers of that Examination.

Online Question Paper Representation Portal (QPRep)

(i) For each Examination, a time frame of 7 days (a week) i.e. from the next day of the Examination Date to 6.00 p.m. of the 7th day is fixed for the candidates to make representations to the Commission on the questions asked in the Papers of that Examination.

(ii) In case of Single Day Examinations, for example, if the Examination is held on 1st March, then the representations can be submitted from 2nd March to 8th March (till 6:00 p.m.)

(iii) For Multi-Days Examinations, the date on which the last Paper of that Examination is held, will be the crucial reckoning date for making representations on the questions asked in all the Papers of that Examination. For example: if last Paper of a Multi-Days Examination is conducted on 1st July whereas the first Paper of that Examination is held on 29th June, then the candidates can submit representations from 2nd July to 8th July (till 6:00 p.m.) for all the Papers of that Examination.

(iv) Such representation must be submitted through

the 'Online Question Paper Representation Portal (QPRep)' only by accessing the following URL:

(v) No representation by email/post/hand or by any other mode shall be accepted and the Commission shall not involve into any correspondence with the candidates in this regard.

(vi) No representation shall be accepted under any circumstances after this window of 7 days is over and the Commission shall not involve into any correspondence with the candidates in this regard.

(vii) The above Portal will be available for submitting representations from the next day after the Examination is concluded.

कुल मिलाकर अब भी आयोग इसी हठ पर है कि वह पहले उत्तर-कुंजी नहीं दिखाएगा। पर क्यों ? यदि मानवीय भूल से कोई एक-दो प्रश्न के गलत उत्तर अंकित हो गए हों तो कम-से-कम छात्रों की आपत्ति के बाद वे ठीक तो किए जा सकते हैं, अन्यथा सही उत्तर देनेवाले को खामियाजा भुगतना पड़ेगा, जैसा कि वे भुगतते आए हैं। यदि एक-दो प्रश्न पर अपनी भूल आयोग मान लेगा तो उसकी विश्वसनीयता ही बढ़ेगी। क्या एक संवैधानिक संस्था द्वारा ऐसी हठ न्यायसंगत है ?

अब गौर कीजिए, संविधान के उन्हीं अनुच्छेदों के तहत कार्यरत राज्य लोक सेवा आयोगों पर। लगभग सभी राज्य लोक सेवा आयोग प्रारंभिक परीक्षा के तुंत बाद उत्तर-कुंजी जारी कर छात्रों से उत्तर-कुंजी पर आपत्तियाँ माँगते हैं। इस तथ्य के समर्थन में कुछ आयोगों द्वारा जारी प्रेस विज्ञप्तियाँ आपके सामने हैं।

राजस्थान लोक सेवा आयोग,
अजमेर प्रेस नोट

आयोग द्वारा दिनांक 28.08.2016 को आयोजित राजस्थान राज्य एवं अधीनस्थ सेवाएँ संयुक्त प्रतियोगी (प्रा.) परीक्षा 2016 का प्रश्न-पत्र तथा उत्तर-कुंजी आयोग की वेबसाइट पर जारी कर दी गई है। यदि किसी भी अभ्यर्थी को उत्तर-कुंजी पर कोई आपत्ति हो तो निर्धारित शुल्क के साथ दिनांक 31.08.2016 से दिनांक 02.09.2016 को रात्रि 12.00 बजे तक अपनी आपत्ति ऑनलाइन आयोग की वेबसाइट पर दर्ज करवा सकता है। आपत्तियाँ करनी हैं, उसके अनुसार इ-मित्र

कियोस्क पर प्रति प्रश्न 100 रु. की दर से टोकन कटाएँ। अभ्यर्थी स्वयं के माध्यम से भी इ–मित्र वेब पोर्टल पर ऑनलाइन नेट–बैंकिंग/डेबिट कार्ड/क्रेडिट कार्ड से भी टोकन कटवा सकते हैं। शुल्क के अभाव में आपत्तियाँ स्वीकार नहीं की जाएँगी। आपत्तियाँ केवल ऑनलाइन ही प्रस्तुत करें। ऑनलाइन आपत्तियों का लिंक दिनांक 31.08.2016 से दिनांक 02.9.2016 को रात्रि 12.00 बजे तक ही उपलब्ध है, उसके पश्चात् लिंक निक्रिय हो जाएगा। अन्य किसी माध्यम से भेजी गई आपत्तियाँ स्वीकार नहीं की जाएँगी। आपत्तियाँ केवल एक बार ही ली जाएँगी। ऑनलाइन आपत्तियों के लिए पोर्टल rpsc.rajasthan.gov.in/examobjection या लिंक rpsc.rajasthan.gov.in पर भी उपलब्ध हैं, को अभ्यर्थी क्लिक करें। आपत्ति प्रामाणिक (Standard, Authentic) पुस्तकों के प्रमाण सहित ऑनलाइन संलग्न करें। वांछित प्रमाण संलग्न नहीं होने की स्थिति में आपत्तियों पर विचार नहीं किया जाएगा।

—भगवत सिंह राठौड़

उपसचिव

राजस्थान लोक सेवा आयोग ने कई वर्ष पूर्व अपना स्केलिंग फॉर्मूला भी जारी कर दिया था। जो इस प्रकार है—

SCALING FORMULA

ADOPTED IN R.A.S. EXAM

M+(Xi – X) e/ei

M	=	Combined mean of all examiners/subjects
Xi	=	Raw Marks
X	=	Examiner/Subject Mean
e	=	Pooled standard deviation all examiners/ subjects
ei	=	Standard deviation of the examiner/subject concerned

गुजरात लोक सेवा आयोग प्रारंभिक परीक्षा की OMR Sheet oniline प्राप्त करने की सुविधा प्रदान कर रहा है।

	GUJARAT PUBLIC SERVICE COMMISSION Gandhinagar
POST :	Select POST
Roll No/Seat No :	Enter your Written Test NINE digit Roll No/Seat No.
Enter Image Text :	

अनेक राज्य लोक सेवा आयोग मुख्य परीक्षा की उत्तर–पुस्तिका/(Answer sheet) भी दिखा रहे हैं। हाल ही में उच्चतम न्यायालय के निर्णय के बाद इस विवाद से रही सही धुंध भी हट गई, पर अब भी प्रश्न यह है कि क्या संघ लोक सेवा आयोग को कोई छात्र इस निर्णय का हवाला देकर अपनी उत्तर–पुस्तिका चाहेगा तो क्या आयोग ऐसा करेगा ?

मृदुल मिश्र बनाम उत्तर प्रदेश राज्य लोक सेवा आयोग (SLP (C) 33006 of 2017)

It is submitted that though Sections 3 and 6 of the Act confer right to information (apart from statutory obligation to provide specified information under Section 4), Sections 8, 9 and 11 provide for exemption from giving of information as stipulated therein. The exclusion 'by Sections 8, 9 and 11 is not exhaustive and parameters under third recital of the preamble of the Act can also be taken into account. Where information is likely to conflict with other public interest, including efficient operation of the Government, optimum use of fiscal resources and preservation of confidentiality of some sensitive information, exclusion of right to information can be applied in a given fact situation.

(10) Weighing the need for transparency and accountability on the one hand and requirement of optimum use of fiscal resources and confidentiality of sensitive information on the other, we are of the view that information sought with regard to marks in Civil Services Exam cannot be directed to be furnished mechanically. Situation of exams of other academic bodies may stand on different footing. Furnishing raw marks will cause problems as pleaded by the

UPSC as quoted above which will not be in public interest. However, if a case is made out where the Court finds that public interest requires furnishing of information, the Court is certainly entitled to so require in a given fact situation. If rules or practice so require, certainly such rule or practice can be enforced. In the present case, direction has been issued without considering these parameters." It may be noted that Paragraph 5 contains the submission while the finding is in Paragraph 10 of the decision.

In our opinion, permitting a candidate to inspect the answer sheet does not involve any public interest nor does it affect the efficient operation of the Government. There are issues of confidentiality and disclosure of sensitive information that may arise, but those have already been taken care of in the case of Aditya Bandopadhyay where it has categorically been held that the identity of the examiner cannot be disclosed for reasons of confidentiality.

That being the position, we have no doubt that the appellant is entitled to inspect the answer sheets.

Accordingly, we direct the respondent—U.P. Public Service Commission to fix the date, time and place where the appellant can come and inspect the answer sheet within four weeks.

इस प्रकार यह भी आवश्यक है कि कुछ प्रश्नों के मॉडल उत्तर संघ लोक सेवा आयोग जारी करे। छात्र यदि अपनी उत्तर-पुस्तिका देखना चाहें तो उन्हें अवश्य दिखाई जाए। इससे मूल्यांकन प्रणाली मजबूत ही होगी, कमजोर नहीं। उत्तर-पुस्तिका दिखाने से कौन सी गोपनीयता भंग हो जाएगी। यदि मूल्यांकन प्रणाली में कोई कमी है तो वह सामने आएगी और तंत्र (system) और बेहतर बन सकेगा। मॉडल उत्तर जारी करना इसलिए आवश्यक है, ताकि छात्रों को इस बात का आभास हो सके कि उनसे क्या अपेक्षा है। यह आवश्यक नहीं है कि उसी वर्ष परीक्षा में पूछे गए प्रश्नों के ही मॉडल उत्तर जारी किए जाएँ। कोई भी चुनिंदा प्रश्न लेकर उनके उत्तर जारी किए जाएँ, ताकि छात्रों को सही दिशा मिल सके। कोचिंग संस्थानों के भ्रमजाल में छात्रों की दिशा ही भटक जाती है व उस स्तर तक कभी नहीं पहुँच पाते, जहाँ तक की उनमें क्षमता है और उनसे अपेक्षा की जाती है।

अब संघ लोक सेवा आयोग की पारदर्शिता के प्रति गहरी 'अनिच्छा' का एक नमूना और देखिए। वर्ष 2015 में उत्तराखंड के एक स्थानीय समाचार-पत्र में यह समाचार प्रकाशित हुआ कि संघ लोक सेवा आयोग ने तीन छात्रों हेतु देहरादून में सिविल सेवा प्रारंभिक परीक्षा का re-exam आयोजित किया। इस संदर्भ में लेखक ने सूचना के अधिकार अधिनियम के तहत निम्नलिखित सूचना माँगी—

(1) क्या संघ लोक सेवा आयोग ने सिविल सेवा प्रारंभिक परीक्षा 2015 का भारत में किसी स्थान/किन्हीं स्थानों पर पुनः आयोजन किया था।

(2) यदि हाँ तो क्या कारण था।

(3) सिविल सेवा (प्रारंभिक) व मुख्य परीक्षा पुनः आयोजित करने के क्या प्रावधान हैं।

(4) उक्त पुनः परीक्षा में कितने छात्र सफल हुए।

इस पर आयोग ने उत्तर दिया कि हाँ पुनः परीक्षा हुई थी। इसमें कोई छात्र उत्तीर्ण नहीं हुआ एवं पुनः परीक्षा का निर्णय Case by Case Basis पर किया जाता है। क्या इस Case by Case Basis का कोई नियम-कायदा है भी या नहीं? पाठक आयोग द्वारा सूचना न देने की प्रवृत्ति का स्वयं मूल्यांकन करें।

इस संदर्भ में मुख्य सूचना आयुक्त की टिप्पणी पर चिंतन होना चाहिए तथा आयोग को इसे अपना दर्शन बनाना चाहिए।

"There is no doubt that the issues involve paramount public interest of selecting the best available brains for manning the Civil Services. Equally important is the need to have a transparent system known to each of the aspirants. Contrary to what the UPSC has claimed, this is the only sure means of ensuring a level playing field. A public authority should not be as possessive of its copyright as an ordinary owner who wants to keep his property to his chest. Throwing the process open for public scrutiny might probably result in evolving a system better than what has hiterto been followed by the UPSC."

इस पूरी समीक्षा पर पाठकों के सुझाव सादर आमंत्रित हैं—

prakalpssun@gmail.com

□

राज्य प्रशासनिक सेवाएँ : आमूल-चूल परिवर्तन की आवश्यकता

भारत में शासन व्यवस्था के पिरामिड में दूसरे स्थान पर राज्य प्रशासनिक सेवाएँ हैं, जिनकी जनता से सर्वाधिक अंतर्क्रिया होती है। वास्तव में यही सेवाएँ प्रशासन की धुरी भी हैं तथा जनता व शीर्ष अधिकारियों के बीच का पुल भी। यदि ब्रिटिश काल पर दृष्टिपात करें तो उन्होंने सिविल सेवा को कावेनेटेड व अनकोवेनेटेड में बाँटा हुआ था और इस वर्गीकरण का आधार कार्य की प्रकृति, वेतनमान, नियोक्ता प्राधिकरण आदि थे। वर्ष 1887 में एचिसन आयोग ने इन सेवाओं के वर्गीकरण को पुनर्परिभाषित करने की सिफारिश की। इन सिफारिशों के आधार पर सिविल सेवा को तीन समूहों में विभाजित किया गया—

(1) इंपीरियल

(2) प्रांतीय या प्रोविंशियल

(3) अधीनस्थ (Subordinate)

प्रारंभ में इंपीरियल सेवाओं के चयन हेतु ब्रिटेन का 'सेक्रेटरी ऑफ स्टेट्स' उत्तरदायी था। इसी प्रकार प्रंतीय सेवाओं में भर्ती आदि के नियम संबंधित प्रांत की सरकार बनती थी एवं उसे भारत सरकार की पूर्व अनुमति लेनी होती थी।

स्वतंत्रता पश्चात् राज्यों का पुनर्गठन हुआ एवं धीरे-धीरे समस्त राज्यों में राज्य लोक सेवा आयोगों का गठन हुआ। इन्हें संवैधानिक संस्था का दर्जा मिला व भारत के संविधान में अनुच्छेद 315 से 323 तक प्रावधान किए गए। यदि इस राज्य लोकसेवा आयोगों की वर्तमान स्थिति पर दृष्टिपात करें तो उनकी शोचनीय स्थिति, कार्य करने की क्षमता, परिणाम आदि की आलोचना हेतु शब्दकोश भी बहुत सीमित जान पड़ता है। यह समझ नहीं आता कि ये संस्थाएँ किस प्रकार कार्य कर रही हैं। संक्षिप्त में इन संस्थाओं की मुख्य समस्याएँ इस प्रकार हैं—

(1) अध्यक्ष व सदस्यों के चयन के मानदंडों का अभाव
(2) परीक्षा पाठ्यक्रम में अप्रासंगिक (irrelevant) अंशों का होना
(3) प्रारंभिक परीक्षा में प्रश्नों का स्तर व प्रकृति
(4) त्रुटिपूर्ण उत्तर-कुंजियाँ
(5) प्रारंभिक परीक्षा प्रणाली में सिविल सर्विसेज एप्टीट्यूड टेस्ट (CSAT) का प्रश्न
(6) मुख्य परीक्षा में सैद्धांतिक गणित व विज्ञान
(7) प्रश्न-पत्रों में पाठ्यक्रम के विभिन्न अंशों का असंतुलित अनुपात
(8) पाठ्यक्रम में विभिन्न प्रकार के नियमों व कानूनों की उपादेयता
(9) संघ लोक सेवा आयोग की परीक्षा के साथ राज्य लोक सेवा आयोगों के पाठ्यक्रमों की संगति

1. अध्यक्ष व सदस्यों के चयन के मानदंडों का अभाव

यह विडंबना ही कही जा सकती है कि जिन व्यक्तियों पर राज्य के प्रशासनिक अधिकारियों, व्याख्याताओं, विभिन्न विभागों के निरीक्षकों, अभियंताओं के चयन की जिम्मेदारी है, उन्हीं के चयन के कोई मानक नहीं हैं, न ही कोई पूर्व निर्धारित न्यूनतम योग्यता। यहाँ तक कि आयु सीमा भी परिभाषित नहीं है। प्रथम दृष्ट्या ये पंक्तियाँ अस्वाभाविक एवं अतार्किक प्रतीत हो सकती हैं, परंतु भारतीय संविधान के निम्नलिखित अनुच्छेद पढ़ने के बाद विश्वास आ जाता है कि कानून में भी सब तार्किक हो, जरूरी नहीं है।

Article-315. Public Service Commissions for the Union and for the States.

1. Subject to the provisions of this article, there shall be a Public Service Commission for the Union and a Public Service Commission for each State.
2. Two or more States may agree that there shall be one Public Service Commission for that group of States, and if a resolution to that effect is passed by the House or, where there are two Houses, by each House of the Legislature of each of those States, Parliament may by law provide for the appointment of a Joint State Public Service Commission (referred to in this Chapter as Joint Commission) to serve the

needs of those States.

3. Any such law as aforesaid may contain such incidental and consequential provisions as may be necessary or desirable for giving effect to the purposes of the law.
4. The Public Service Commission for the Union, if requested so to do by the Governor of a State, may, with the approval of the President, agree to serve all or any of the needs of the State.
5. References in this Constitution to the Union Public Service Commission or a State Public Service Commission shall, unless the context otherwise requires, be construed as references to the Commission serving the needs of the Union or, as the case may be, the State as respects the particular matter in question.

Article-316. Appointment and term of office of members.

1. The Chairman and other members of a Public Service Commission shall be appointed, in the case of the Union Commission or a Joint Commission, by the President, and in the case of a State Commission, by the Governor of the State :

   Provided that as nearly as may be one-half of the members of every Public Service Commission shall be persons who at the dates of their respective appointments have held office for at least ten years either under the Government of India or under the Government of a State, and in computing the said period of ten years any period before the commencement of this Constitution during which a person has held office under the Crown in India or under the Government of an Indian State shall be included.

(A) If the office of the Chairman of the Commission becomes vacant or if any such Chairman is by reason of absence or for any other reason unable to perform the duties of his office, those duties shall, until some person appointed under clause (1) to the vacant office has entered on the duties thereof or as the case may be, until the Chairman has resumed his duties, be performed by such one of the other members of the Commission as the President, in the case of the Union Commission or a Joint Commission, and the Governor of the State in the case of a State Commission, may appoint for the purpose.

2. A member of a Public Service Commission shall hold office for a term of six years from the date on which he enters upon his office or until he attains, in the case of the Union Commission, the age of sixty five years, and in the case of a State Commission or a Joint Commission, the age of sixty-two years, whichever is earlier :

Provided that—

(a) A member of a Public Service Commission may, by writing under his hand addressed, in the case of the Union Commission or a Joint Commission, to the President, and in the case of a State Commission, to the Governor of the State, resign his office;

(b) A member of a Public Service Commission may be removed from his office in the manner provided in clause (1) or clause (3) of article 317.

3. A person who holds office as a member of a Public Service Commission shall, on the expiration of his term of office, be ineligible for reappointment to that office.

Article-319. Prohibition as to the holding of offices by members of Commission on ceasing to be such members.

On ceasing to hold office—

(a) The Chairman of the Union Public Service Commission shall be ineligible for further employment either under the Government of India or under the Government of a State;

(b) The Chairman of a State Public Service Commission shall be eligible for appointment as the Chairman or any other member of the Union Public Service Commission or as the Chairman of any other State Public Service Commission, but not for any other employment either under the Government of India or under the Government of a State;

(c) A member other than the Chairman of the Union Public Service Commission shall be eligible for appointment as the Chairman of the Union Public Service Commission or as the Chairman of a State Public Service Commission, but not for any other employment either under the Government of India or under the Government of a State;

(d) A member other than the Chairman of a State Public Service Commission shall be eligible for appointment as the Chairman or any other member of the Union Public Service Commission or as the Chairman of that or any other State Public Service Commission, but not for any other employment either under the Government of India or under the Government of a State.

इस प्रकार संविधान के ये प्रावधान प्रमाणित करते हैं कि 'कोई भी' व्यक्ति आयोग का सदस्य अथवा अध्यक्ष बन सकता है। कल्पना कीजिए, ऐसा व्यक्ति, जो न प्रशासन से है न शिक्षा क्षेत्र से, न सामाजिक क्षेत्र से, प्रतियोगी परीक्षा का 'प' भी नहीं जानता हो और आयोग में प्रविष्ट हो जाए तो उस आयोग का हश्र क्या होगा? साक्षात्कार में उसे अभ्यर्थी के किन गुणों का परीक्षण करना है, ऐसे सदस्य हेतु अज्ञात हैं। ऐसे में आप कल्पना कीजिए कि साक्षात्कार के प्रश्न कैसे होंगे? संभवत: पूरी तरह सूचनाएँ, तथ्य और जानकारीमूलक प्रश्न। क्या यही व्यक्तित्व परीक्षण का पैमाना है? आप यदि ऐसे सदस्यों के बोर्ड में साक्षात्कार हेतु उपस्थित

हुए छात्रों से बात करेंगे तो आपको मालूम पड़ेगा कि अंदर सदस्य महोदय पर्ची पर प्रश्न-उत्तर लिखकर लाए थे। इसका कारण यह था कि महोदय का सामान्य ज्ञान काफी संक्षिप्त था और एक पर्ची में प्रश्नोत्तरी डालकर उन्होंने गागर में सागर भर दिया। अब प्रश्न यह उठता है कि क्या यह पूरी चयन प्रणाली के साथ छल नहीं है ? क्या 2-3 वर्ष कठोर परिश्रम का साक्षात्कार तक पहुँचे मेधावी छात्रों के साथ अन्याय नहीं है।

दूसरी जरूरी बात यह है कि ऐसे ही कुछ माननीय सदस्यों का मनोनीत होने के बाद कुछ ऐसा आचरण रहा, जिसे कदापि उपयुक्त नहीं कहा जा सकता। जिसके कुछ उदाहरण इस प्रकार हैं—

1. 30 जुलाई, 2019 को हरियाणा राज्य लोक सेवा आयोग के एक सदस्य को पलवल पुलिस ने हत्या के प्रयास के मामले में गिरफ्तार किया, उन्होंने त्याग-पत्र दिया। 11 वर्ष पुराने मामले में इन्होंने सपरिवार गोलीबारी की थी। (Hindustan Times 30 July, 2019)
2. 16 जनवरी, 2018 को पंजाब लोक सेवा आयोग के पूर्व अध्यक्ष को भी भर्ती प्रक्रिया में धाँधली व रिश्वत लेने के मामले में न्यायालय में दोषी करार दिया एवं 7 वर्ष कारावास एवं 75 लाख रुपए अर्थदंड की सजा सुनाई। (The Tribune, 16 January, 2018)
3. अगस्त 2008 में हरियाणा राज्य लोक सेवा आयोग के अध्यक्ष व 8 सदस्यों को राज्यपाल ने अनियमितताओं के कारण बरखास्त कर दिया। नवंबर 2010 में उच्चतम न्यायालय के तीन न्यायाधीशों की खंडपीठ ने इस मामले में निलंबन को बनाए रखा। माननीय सर्वोच्च न्यायालय की इस मामले में की गई टिप्पणियाँ सभी लोक सेवा आयागों को अपने कर्तव्य याद दिलाने हेतु महत्त्वपूर्ण हैं। ऐसी कुछ टिप्पणियाँ इस प्रकार हैं। *(In Re vs Mehar Singh Saini, Chair Person HPSC & Ors.)*

Higher the public office, greater is the responsibility. The adverse impact of lack of probity in discharge of functions of the Commission can result in defects not only in the process of selection but also in the appointments to the public offices which, in turn, will affect effectiveness of administration of State. Most of the democratic countries in the world have set up Public Services Commissions to

make the matter of appointments free from nepotism and political patronage. For instance the Conseil d'Etat in France, which is composed of the cream of the French Civil Service, has acquired considerable veneration for its capacity to police intelligently the complex administration of the modern state. Justice J.C. Shah in his report on the excesses of the Emergency, struck by the "unhealthy factors governing the relationship between ministers and civil servants", recommended the adoption of droit administration of the French model by the Government. He observed that the commitment of a public functionary should be to the duties of his office, their due performance with an emphasis on their ethical content and not to the ideologies, political or otherwise of the politicians, who administer the affairs of the State.

Great powers are vested in the Commission and therefore, it must ensure that there is no abuse of such powers. The principles of public accountability and transparency in the functioning of an institution are essential for its proper governance. The necessity of sustenance of public confidence in the functioning of the Commission may be compared to the functions of judiciary in administration of justice which was spelt out by Lord Denning in Metropolitan Properties Co. vs. Lannon (1968) 3 All ER 304) in following words:

"Justice must be rooted in confidence; and confidence is destroyed when right-minded people go away thinking: 'The Judge was biased."

The conduct of the Chairman and Members of the Commission, in discharge of their duties, has to be above board and beyond censure. The credibility of the institution of Public Service Commission is founded upon faith of the common man on its proper functioning. Constant allegations of corruption and promotion of family interests at the cost of national interest resulting in invocation of constitutional mechanism for the removal of Chairman/Members of the Commission erode public confidence in the Commission.

4. अप्रैल 2010 में झारखंड लोक सेवा आयोग के अध्यक्ष को राज्यपाल ने भर्ती प्रक्रिया में धाँधली, रिश्तेदारों व दोस्तों को लाभ पहुँचाने के आरोपों में निलंबित किया। (The Telegraph, 14.04.2010)
5. वर्ष 2010 में हटाए गए पूर्व पुलिस अधिकारी एवं राजस्थान लोक सेवा आयोग के अध्यक्ष का अपनी पुत्री के प्रति स्नेह समाचार-पत्रों की सुर्खियों में रहा। हिंदुस्तान टाइम्स (08.10.2014) से कुछ अंश यहाँ प्रकशित हैं।

'Ex-RPSC chief looked at test papers before daughter took exam'

The former chairman of the Rajasthan Public Service Commission (RPSC) had looked at question papers of a judicial examination last year in which his daughter secured the tenth position, the owner of the press which printed the test papers has told a local court in Jaipur.

The former chairman of the Rajasthan Public Service Commission (RPSC) had looked at question papers of a judicial examination last year in which his daughter secured the tenth position, the owner of the press which printed the test papers has told a local court in Jaipur.

Rajasthan Police's Special Operations Group (SOG) registered an FIR against Habib Khan Gauran on October 2 after examining records at the printing press in Ahmedabad, which showed that the former RPSC chief had visited the facility, looked at question papers for 'proof-reading' and taken down notes 'for reference'.

The owner of the press recorded his statement before a magistrate on Tuesday, a copy of which has been seen by Hindustan Times.

Gauran stepped down from his post on September 22 after the RPSC got embroiled in several paper leaks. Early last year, he had briefly stepped aside from involving himself with the process of setting the test papers for in the Rajasthan Judicial Services (Main) exam, saying his daughter, Reshma Khan, was appearing in it.

But Gauran looked at all the four question papers and took down notes on March 16, records showed. The RJS Main 2013 exam was held on March 21, 22, 23 and 24.

It was during investigations into earlier paper leaks that the owner of Surya Offset and Security Printing Press, Mudesh Purohit, spilled the beans on Gauran's visit to the press in Ahmedabad, barely five days before the Rajasthan Judicial Services (Main) exams began in March 2013.

The SOG has registered a case under section 4/6 of the Rajasthan Public Examination (Prevention of Unfair Means) Act, 1992, against Gauran, and will soon call him for questioning. Most likely, he would be confronted with Purohit.

During the preliminary inquiry, the SOG also recorded the statements of driver Ghanshyam Patel, who drove Gauran to the Ahmedabad press.

6. उत्तर प्रदेश लोक सेवा आयोग के एक पूर्व अध्यक्ष ने पूरे परिणाम को एकपक्षीय कर दिया था और अपने आपराधिक रिकॉर्ड को भी छुपा लिया। अंततः इलाहाबाद उच्च न्यायालय के आदेश पर उन्हें हटाया गया। प्रश्न यह उठता है कि आपराधिक प्रवृत्ति के लोग भी आयोग के अध्यक्ष पद तक कैसे पहुँच जाते हैं।

बहुत शर्मनाक है कि इस प्रकार के व्यक्ति राज्य लोक सेवा आयोगों के सदस्य/अध्यक्ष बन जाते हैं और कार्यकाल भी पूरा करते हैं। सबसे चिंताजनक है कि इन कारणों से छात्रों का विश्वास पूरी तरह हिल जाता है। कल्पना कीजिए, जब छात्र को आयोग पर ही विश्वास नहीं तो क्या वह पूरे मन से तैयारी कर पाएगा। एक संवैधानिक संस्था की जब यह छवि बन जाए तो क्या उसके बने रहने का कोई औचित्य है?

दूसरी गंभीर बात यह है कि पढ़ाई के अलावा किसी अन्य तरीके से जब कोई राज्य सेवा में पहुँचेगा तो उस सेवा का क्या हश्र होगा? ऐसी व्यक्ति की पहली प्राथमिकता क्या होगी, यह लिखने की आवश्यकता नहीं। इतना कहा जा सकता है कि वह दीमक की भाँति संपूर्ण तंत्र को खोखला करता जाएगा।

अतः आवश्यकता है कि इस समस्या की गंभीरता को भली-भाँति समझा जाए इसके दूरगामी दुष्प्रभावों को दृष्टिगत करते हुए कुछ अर्हताएँ तय की जाएँ, ताकि सुनिश्चित हो सके कि व्यापक अनुभव व स्वच्छ छवि के व्यक्ति इस तंत्र

में आ सकें व लोकसेवकों के चयन के महत्त्वपूर्ण कार्य को पूरी निष्ठता के साथ संपादित कर सकें। आयोगों को भी अपनी तरफ से सदस्यों, अध्यक्ष की संपत्ति, शैक्षणिक योग्यताएँ, अनुभव, विशेष उपलब्धि आदि वेबसाइट पर सार्वजनिक करनी चाहिए।

एक और प्रश्न सदस्यों व अध्यक्ष की आयु-सीमा का है। संघ लोक सेवा आयोग में यह आयु-सीमा 65 वर्ष है, परंतु राज्य लोक सेवा आयोगों में यह 62 वर्ष ही है। अब 60 वर्ष में किसी प्रोफेसर अथवा अधिकारी की सेवानिवृति के बाद नियुक्ति होती है तो उसे अधिकतम 2 वर्ष मिल पाएँगे, और यदि उनकी नियुक्ति संघ लोक सेवा आयोग में होती है तो 5 वर्ष। क्या इस विसंगति को दूर करना आवश्यक नहीं है ?

2. परीक्षा पाठ्यक्रम में अंसगत अंशों का होना

किसी भी प्रशासनिक सेवा का पाठ्यक्रम ऐसा होना चाहिए कि अभ्यर्थी की देश/प्रदेश के इतिहास, भूगोल, राजव्यवस्था, संस्कृति, समाज, पर्यावरण की जानकारी, इनके अंतर्संबंधों की विश्लेषणात्मक क्षमता का परीक्षण हो सके। इसके अतिरिक्त उनकी विचार क्षमता, विश्लेषण क्षमता, बुद्धिमत्ता, निर्णयन क्षमता आदि गुणों की भी भली-भाँति जाँच हो जाए। पाठ्यक्रम में ऐसे ही खंड रखे जाने चाहिए, जो प्रशासनिक अभियोग्यता के परीक्षण के लिए आवश्यक हैं। कई राज्य लोक सेवा आयोगों, यथा छत्तीसगढ़, गुजरात आदि ने समीक्षा कर अपने-अपने राज्य की प्रशासनिक सेवा परीक्षाओं में युक्तिसंगत बनाया है, परंतु अब भी ज्यादातर राज्यों के पाठ्यक्रमों में दो तरह के दोष हैं—

(1) अतिविस्तृत पाठ्यक्रम

(2) पाठ्यक्रम में ऐसे खंड समाहित हैं, जो प्रशासनिक अभियोग्यता परीक्षण की दृष्टि से व्यर्थ हैं।

अनेक राज्यों में पाठ्यक्रम में अनेक अंश हैं, जिनका प्रशासनिक सेवा से निकट या दूर का भी कोई संबंध नहीं है। कई खंड ऐसे हैं, जिन्हें संघ लोक सेवा आयोग पर्याप्त विचारकर हटा चुका है, पर राज्य लोक सेवा आयोगों तक शायद 5-6 वर्ष बाद भी यह सूचना नहीं पहुँच पाई है, अतः ऐसे अंश अब भी जस के तस हैं।

पाठ्यक्रम का विस्तार कितना हो सकता है, इसका राजस्थान लोक सेवा आयोग से अच्छा कोई उदाहरण नहीं हो सकता। राजस्थान क्षेत्रफल में देश का सबसे बड़ा राज्य है, शायद इसीलिए वहाँ का पाठ्यक्रम भी सबसे विस्तृत है। कला,

मानविकी, वाणिज्य, मनोविज्ञान, अंकेक्षण, प्रबंधन कोई भी विषय अछूता नहीं है। एक बार पाठ्यक्रम देखें और कल्पना करें कि क्या कोई मानव एक वर्ष में इसे पढ़कर दोहरा सकता है अथवा नहीं?

खंड (ब)—प्रबंधन

- प्रबंधन—क्षेत्र, अवधारणा, प्रबंधन के कार्य—योजना, आयोजन, स्टाफ, निर्देशन, समन्वय और नियंत्रण, निर्णय लेना : अवधारणा, प्रक्रिया और तकनीक।
- विपणन की आधुनिक अवधारणा, विपणन मिश्रण—उत्पाद, मूल्य, स्थान और संवर्धन।
- धन के अधिकतमकरण की अवधारणा एवं उद्देश्य, वित्त के स्रोत—छोटी और लंबी अवधि, पूँजी की लागत।
- नेतृत्व और प्रेरणा की अवधारणा और मुख्य सिद्धांत, संचार प्रक्रिया, भर्ती, चयन, प्रेरणा, प्रशिक्षण एवं विकास और मूल्यांकन प्रणाली के मूल सिद्धांत।

खंड (स)—लेखांकन एवं अंकेक्षण

- वित्तीय विवरण विश्लेषण की तकनीक, कार्यशील पूँजी प्रबंधन के मूल सिद्धांत, जवाबदेही और सामाजिक लेखांकन।
- अंकेक्षण का अर्थ एवं उद्देश्य, आंतरिक नियंत्रण, सामाजिक, प्रदर्शन और कार्यकुशलता अंकेक्षण।
- विभिन्न प्रकार के बजट एवं उनके मूल सिद्धांत, बजटीय नियंत्रण।

सामान्य ज्ञान एवं सामान्य अध्ययन

इकाई 1- प्रशासकीय नीतिशास्त्र

- नीतिशास्त्र एवं मानवीय मूल्य—महापुरुषों, समाज सुधारकों तथा प्रशासकों के जीवन से प्राप्त शिक्षा। परिवार, सामाजिक एवं शैक्षणिक संस्थाओं का मानवीय मूल्यों के पोषण में योगदान।
- नैतिक समप्रत्यय—ऋत एवं ऋण, कर्तव्य की अवधारणा, शुभ एवं सद्गुण।
- निजी एवं सार्वजनिक संबंधों में नीतिशास्त्र की भूमिका—प्रशासकों का

आचरण, मूल्य एवं राजनीतिक अभिवृत्ति—सत्यनिष्ठा का दार्शनिक आधार।

- भगवद्गीता का नीतिशास्त्र एवं प्रशासन में इसकी भूमिका।
- गांधी का नीतिशास्त्र।
- भारतीय एवं विश्व के नैतिक चिंतकों एवं दार्शनिकों का योगदान।
- तनाव प्रबंधन।
- उपरोक्त विषयों पर आधारित केस अध्ययन।
- संवेगात्मक बुद्धि—अवधारणाएँ एवं उनकी उपयोगिताएँ।

इकाई 2- सामान्य विज्ञान एवं तकनीकी

- नैनो तकनीकी—संकल्पना तथा उसके अनुप्रयोग, भारत का नैनो मिशन।
- नाभिकीय तकनीकी—आधारभूत संकल्पना, रेडियोऐक्टिवता तथा उसके अनुप्रयोग, विभिन्न प्रकार के नाभिकीय रिएक्टर, असैन्य तथा सैन्य उपयोग, भारत में नाभिकीय तकनीकी विकास के लिए संस्थागत संरचना।
- दूरसंचार—आधारभूत संकल्पना, आमजन के सामाजिक-आर्थिक विकास के लिए दूरसंचार का अनुप्रयोग, भारतीय दूरसंचार उद्योग—संक्षिप्त इतिहास सहित, भारतीय दूरसंचार नीति तथा टेलीकॉम रेग्यूलेटरी अथॉरिटी ऑफ इंडिया।
- विद्युत् चुंबकीय तरंगें, संचार व्यवस्था, कंप्यूटर के आधारभूत तत्त्व, प्रशासन में सूचना तकनीकी, इ-गवर्नेंस, इ-वाणिज्य (इ-कॉमर्स) का उपयोग।
- रक्षा—भारतीय मिसाइल कार्यक्रम के संदर्भ में मिसाइल के प्रकार, विभिन्न रासायनिक और जैविक हथियार, DRDO की विभिन्न क्षेत्रों (हथियार के अतिरिक्त) में भूमिका।
- द्रव्य की अवस्थाएँ।
- कार्बन के अपररूप।
- pH मापक्रम तथा pH का दैनिक जीवन में महत्त्व।
- संक्षारण तथा उसका निवारण।
- उत्प्रेरक।
- साबुन और अपमार्जक—साबुन की शोधन क्रिया।

- बहुलक तथा उनके उपयोग।
- मानव के पाचन, श्वसन, परिसंचरण, उत्सर्जन, समन्वयन एवं जनन तंत्रों की सामान्य जानकारी।
- जैव प्रौद्योगिकी के अनुप्रयोग एवं उससे संबद्ध नीतिपरक एवं बौद्धिक संपदा से संबंधित मुद्दे।
- भोजन एवं मानव स्वास्थ्य—संतुलित एवं असंतुलित भोजन, कुपोषण; मादक पदार्थ; रक्त, रक्त समूह एवं रोधक्षमता (प्रतिजन एवं प्रतिरक्षी), रक्ताधान; प्रतिरक्षीकरण एवं टीकाकरण की सामान्य जानकारी।
- मानव रोग—संचरणीय एवं असंचरणीय रोग, तीव्र एवं चिरकाली रोग, संक्रामक, आनुवंशिक एवं जीवन-शैली से उत्पन्न रोगों के कारण एवं निवारण।
- जल की गुणवत्ता एवं जल-शोधन।
- राजस्थान राज्य के विशेष संदर्भ में सार्वजनिक स्वास्थ्य उपक्रम।
- विज्ञान एवं टेक्नोलॉजी में भारतीय वैज्ञानिकों का योगदान।
- पारिस्थितिक तंत्र—संरचना एवं कार्य।
- वातावरण—संघटक एवं मूलभूत पोषण चक्र (नाइट्रोजन, कार्बन एवं जल चक्र)।
- जलवायु परिवर्तन; नवीनीकरणीय एवं अनवीकरणीय ऊर्जा।
- वातावरणीय प्रदूषण एवं निम्नीकरणय अपशिष्ट प्रबंधन।
- राजस्थान राज्य के विशेष संदर्भ में जैव विविधता एवं उसका संरक्षण।
- राजस्थान राज्य की पारंपरिक प्रणालियों के विशेष संदर्भ में जल संरक्षण।
- राजस्थान राज्य के विशेष संदर्भ में कृषि विज्ञान, उद्यान-विज्ञान, वानिकी, डेयरी एवं पशु पालन।

इकाई 3 - लोक प्रशासन एवं प्रबंधन की अवधारणाएँ, मुद्दे एवं गत्यात्मकता

- प्रशासन एवं प्रबंधन—अर्थ, प्रकृति एवं महत्त्व, विकसित एवं विकासशील समाजों में लोक प्रशासन की भूमिका, एक विषय के रूप में लोक प्रशासन का विकास, नवीन लोक प्रशासन, लोक प्रशासन के सिद्धांत।
- अवधारणाएँ—शक्ति, सत्ता, वैधता, उत्तरदायित्व एवं प्रत्यायोजन।

- संगठन के सिद्धांत—पदसोपान, नियंत्रण का क्षेत्र एवं आदेश की एकता।
- प्रबंधन के कार्य—निगमित शासन एवं सामाजिक उत्तरदायित्व।
- लोक प्रबंधन के नवीन आयाम—परिवर्तन का प्रबंधन।
- लोकसेवा के आधारभूत मूल्य एवं अभिवृत्ति—लोक सेवा सत्यनिष्ठा, निष्पक्षता, गैरपक्ष, धरता एवं समर्पण, सामान्यज्ञ एवं विशेषज्ञ संबंध।
- प्रशासन पर विधायी एवं न्यायिक नियंत्रण—विधायी एवं न्यायिक नियंत्रण की विभिन्न पद्धतियाँ एवं तकनीक।
- राजस्थान में प्रशासनिक ढाँचा एवं प्रशासनिक संस्कृति—राज्यपाल, मुख्यमंत्री, मंत्रिपरिषद्, राज्य सचिवालय एवं मुख्य सचिव।
- जिला प्रशासन—संगठन, जिलाधीश एवं पुलिस अधीक्षक की भूमिका, उपखंड एवं तहसील प्रशासन।
- प्रशासनिक विकास—अर्थ, क्षेत्र एवं विशेषताएँ।
- राज्य मानवाधिकार आयोग, राज्य निर्वाचन आयोग, राज्य वित्त आयोग, लोकायुक्त, राजस्थान लोक सेवा आयोग एवं राजस्थान लोक सेवा अधिनियम, 2011।

इकाई 4 – खेल एवं योग, व्यवहार एवं विधि

खंड (अ) खेल एवं योग

- भारत में खेलों की नीतियाँ।
- राजस्थान राज्य क्रीडा परिषद्।
- राष्ट्रीय खेल पुरस्कार (अर्जुन पुरस्कार, द्रोणाचार्य पुरस्कार, राजीव गांधी खेल रत्न पुरस्कार, महाराणा प्रताप पुरस्कार इत्यादि)।
- सकारात्मक जीवन पद्धति—योगा।
- भारत के श्रेष्ठ खिलाड़ी।
- खेलों में प्राथमिक उपचार।
- भारतीय खिलाड़ियों की ओलंपिक में भागीदारी एवं पैरा-ओलंपिक खेल।

प्रारंभिक परीक्षा में प्रश्नों का स्तर व प्रकृति

प्रारंभिक परीक्षा का मूल उद्देश्य संघ लोक सेवा आयोग द्वारा आयोजित सिविल सेवा परीक्षा में सुधार हेतु गठित कोठारी समिति ने सुस्पष्ट किया है। कोठारी आयोग का मत था कि—

"A more comprehensive assessment of the intellectual qualities of a candidate could be carried out by prescribing, as optionals, only two subjects at honors degree level.... It is necessary to emphasize that the written examination is intended to assess the intellectual qualities and depth of understanding of a candidate rather than his capacity for gathering and reproducing information and data over a wide front."

इस प्रकार स्पष्ट है कि प्रारंभिक परीक्षा का उद्देश्य अगंभीर उम्मीदवारों की छँटनी करना एवं गंभीर उम्मीदवारों को चयनित करना है। अत: आवश्यक है कि प्रश्न ऐसे पूछे जाएँ, जो स्तरीय हों, कठिनता के अलग-अलग स्तर वाले हों, सामान्य अध्ययन के विभिन्न खंड संतुलित अनुपात में हों। परंतु अधिकांश राज्य सेवा आयोगों में कई प्रश्न अत्यंत अगंभीर, पूर्णत: सूचना आधारित बनाए जाते हैं, जिनका उत्तर सहज बुद्धि या सामान्य ज्ञान से नहीं वरन् व्यर्थ के तथ्य रटने वाले अभ्यर्थी ही दे सकते हैं। ऐसे प्रश्नों की पुनरावृत्ति सामान्य छात्र को भी ऐसा ही करने पर विवश करती है। ऐसे प्रश्न पूरी प्रणाली को ही अपने मूल उद्देश्य से ही दूर कर देते हैं। ऐसे कुछ प्रश्नों के उदाहरण इस प्रकार हैं—

1. अमेरिका के राष्ट्रपति डोनाल्ड ट्रंप ने किस तिथि को जेरूसलम को इजराइल की राजधानी के रूप में मान्यता दी ?

   (अ) 6 जनवरी, 2018 (ब) 6 नवंबर, 2017

   (स) 6 अक्तूबर, 2017 (द) 6 दिसंबर, 2017

2. एन.जी.टी. का पूर्ण रूप है ?

   (अ) नेशनल ग्रीन ट्राइब्यूनल (ब) नेशनल जनरल ट्राइब

   (स) न्यू जनरल ट्राइब्यूनल (द) नेशनल ग्रीन ट्राइब

   (MPPSC, 2018)

3. निम्नलिखित में से किस वर्ष का ओलंपिक लंदन में नहीं हुआ था ?

   (अ) 2012 (ब) 1968

   (स) 1948 (द) 1908

   (MPPSC, 2017)

4. भारतीय स्टेट बैंक की स्थापना कब हुई?
   (अ) 1954 (ब) 1955
   (स) 1956 (द) 1957

5. निम्न में से किसने 102 समुद्री कैनियन का विश्वव्यापी अध्ययन किया?
   (अ) फ्रांसिस शेफर्ड (ब) चार्ल्स बीड
   (स) उपरोक्त दोनों (द) उपरोक्त में से कोई नहीं
   (HPSC, 2014)

6. विद्युत् धारा मापने का यंत्र है?
   (अ) वाल्टमीटर (ब) एमीटर
   (स) वोल्टामीटर (द) पोटेंशियोमीटर
   (BPSC, 2018)

7. निम्नलिखित में से 1999 में किसके विघटन की जातीयतावादी कांग्रेस पार्टी का गठन हुआ। (अंग्रेजी में Nationalist Congress Party)
   (अ) शिव सेना (ब) कांग्रेस पार्टी
   (स) बी.जे.पी. (द) बी.एस.पी.
   (JPSC, 2014)

उपरोक्त प्रश्न केवल कुछ प्रतिनिधि उदाहरण हैं। अनेक ऐसे प्रश्न पूछे जा रहे हैं, जिनमें तिथियाँ, वर्ष, योजना के उद्घाटन का स्थान प्रश्न का मूल आधार हैं। विज्ञान में आज भी वही कक्षा-7 के प्रश्न, यथा विद्युत् मोटर किस ऊर्जा को कौन से रूप में बदलती है आदि-आदि। वहीं संघ लोक सेवा आयोग के प्रश्न इनसे 2 सभ्यता आगे हैं। क्या ऐसे दोयम दर्जे के प्रश्नों की तैयारी एक अच्छा अधिकारी चुनने में कारगर होगी। क्या अपनी युवावस्था के कई वर्ष ऐसी तैयारी में देकर राज्य सेवा की तैयारी करनेवाले छात्र संघ लोक सेवा आयोग की परीक्षा में पहले स्तर पर ही बाहर नहीं हो जाएँगे? आयोगों को यह विचार करना होगा कि आखिर कब तक वे इसी ढर्रे पर चलेंगे? कब वे स्तरीय अध्यापकों से अच्छे

विश्लेषणात्मक प्रश्न बनवाएँगे? यदि आप किसी राज्य सेवा के प्रारंभिक परीक्षा के प्रश्नों का स्तर देखेंगे तो स्पष्ट होगा कि जिन्हें प्रश्न बनाने का दायित्व मिला, उन्होंने भी जैसे-तैसे कुछ भी प्रश्न बनाकर अपना पीछा छुड़ाया है। प्रश्न को थोड़ा चुनौतीपूर्ण एवं Tricky बनाने के लिए Application of Mind की आवश्यकता थी, पर उन्होंने भी इस श्रम से स्वयं को दूर ही रखा। इसके मूल में जाकर कारणों का समाधान ढूँढ़ना होगा। यहाँ कुछ संस्थागत कारण भी उत्तरदायी हैं। एक कटु सत्य यह भी है कि देश में व्याख्याताओं के तीन से चार लाख पद खाली हैं। उनका जब तक उचित परीक्षण कर चयन नहीं किया जाएगा, तब तक आयोगों को भी अच्छे प्रश्न-पत्र बनानेवाले परीक्षक समुचित संख्या में उपलब्ध नहीं होंगे।

संघ लोक सेवा आयोग की अपनी कुछ खामियाँ हो सकती हैं, पर इसमें कोई संदेह नहीं कि सिविल सेवा प्रारंभिक परीक्षा के प्रश्नों का स्तर उत्तम है। ऐसे में आयोगों को चाहिए कि वे अपनी परीक्षा हेतु समुचित मानदेय पर देश भर से विद्वान् प्राध्यापकों को आमंत्रित कर प्रश्न बनवाएँ एवं प्रश्न बैंक तैयार करें। इसके अतिरिक्त जब कोई प्राध्यापक किसी भी लोक सेवा आयोग के कार्य (प्रश्न-पत्र निर्माण, उत्तर-पुस्तिका परीक्षण आदि) से जाए तो इसे उसके कार्य का ही भाग माना जाए, इसके लिए अवकाश अथवा अन्य किसी प्रावधान की आवश्यकता नहीं होनी चाहिए। यहाँ तक कि प्रोफेसर, एसोसिएट प्रोफेसर आदि के सेवा नियमों में यह प्रावधान भी होना चाहिए कि लोक सेवा आयोगों द्वारा किए आग्रह को वे अनिवार्य रूप से पूरा करें, जब तक कि कोई अत्यावश्यक शैक्षणिक कार्य न हो। इस कार्य की गंभीरता व देश के लिए इसकी महत्ता को समझने की बहुत आवश्यकता है। जब तक देश के विद्वान् पूर्ण मनोयोग से अपनी इस नैतिक जिम्मेदारी को अपना कर्तव्य नहीं समझेंगे, तब तक यह समस्या हल नहीं हो पाएगी।

त्रुटिपूर्ण उत्तर-कुंजियाँ (Answer Keys)

देश के प्रथम राष्ट्रपति डॉ. राजेंद्र प्रसाद जब विद्यार्थी थे, तब एक परीक्षक ने उनकी उत्तर-पुस्तिका पर टिप्पणी अंकित की कि "Examinee knows better than Examiner"। और यह उत्तर पुस्तिका सुरक्षित रखी गई। आज यदि राज्य लोक सेवा आयोगों की परीक्षा में बैठनेवाले छात्रों की बात करें तो एक बार आपको लगेगा कि बाबू राजेंद्र प्रसाद जैसी विलक्षण प्रतिभा लाखों छात्रों में

भरी पड़ी है, क्योंकि ये छात्र पत्र लिखकर संदर्भ सामग्री भेजकर लोक सेवा आयोग को बताते हैं कि आपके प्रश्न–पत्र की उत्तर–कुंजी में 12 प्रश्नों के उत्तर गलत हैं और सही उत्तर हम भेज रहे हैं। तब आयोग में विद्वानों की एक समिति इस तथ्य पर मुहर लगाती है कि वास्तव में प्रश्न–पत्र बनाने वाले से उत्तर देने वाला ज्यादा समझदार व ज्ञानी है और उत्तर–कुंजी में सुधार किया जाता है। कभी–कभी यह सिलसिला यहीं नहीं रुकता और इन सुधारी हुई उत्तर–कुंजियों में विद्वानों के छिद्रान्वेषण के बाद भी चूक हो जाती है। तब इन विद्वानों से भी विद्वान् अभ्यर्थी पुनः आपत्ति भेजते हैं कि आप इतनी माथापच्ची के बाद अभी भी सही उत्तर नहीं दे पाए हैं। शायद कभी–कभी इससे आयोग के कोमल मन को ठेस पहुँचती है और वह रूठकर संशोधन नहीं करता और परिणाम जारी कर देता है। तब विद्वान् अभ्यर्थियों को निराश होकर अपनी निर्धनता के बावजूद उच्च न्यायालय की शरण लेनी पड़ती है। जब न्यायालय सख्त रवैया अपनाता है, तब पहले उत्तर–कुंजी सुधारी जाती है, फिर परिणाम दोबारा जारी होता है, तब कहीं जाकर 100 प्रश्नों के सही हल मिलते हैं। हरियाणा राज्य लोक सेवा आयोग का नवीनतम उदाहरण इस पर प्रकाश डालता है कि कई प्रश्न हटा दिए गए एवं कई प्रश्नों के एक से अधिक उत्तर भी सही थे—

Announcement

The Haryana Public Service Commission has declared the result of HCS (Ex.Br.) & Other Allied Services Preliminary Exam – 2017 on 21.05.2019. Accordingly, the Revised/Final Answer Keys for General Studies are produced below.

Note:

1. The alphabet 'X' below denotes the questions which have been deleted. Marks of these deleted questions /answers have been awarded proportionately to all the candidates and accordingly, the result has been prepared on percentile basis.
2. **There are eight questions for which two options were found correct.** For these questions, marks have been awarded to all those candidates who have marked any one of these two correct options.

Revised Aneswer Key – HCS (Ex. Br.) Pre Exam–2017										
Subject : Genral Studies (Paper-I)										
Series 'A'										
Q. No.	Ans		Q. No.	Ans		Q. No.	Ans		Q. No.	Ans
1	C		26	B		51	X		76	B
2	D		27	B		52	A		77	D
3	A		28	A		53	X		78	A
4	A		29	A		54	D		79	C
5	X		30	A		55	A		80	B
6	D		31	A		56	B&D		81	A
7	C		32	A		57	C&D		82	A
8	C		33	X		58	B		83	C
9	D		34	A		59	B		84	A
10	A&C		35	A		60	X		85	D
11	D&C		36	B		61	B		86	A
12	A&C		37	B		62	B		87	D
13	B		38	C		63	D		88	C
14	D		39	A		64	C		89	C
15	C		40	D		65	D		90	B&D
16	C		41	D		66	A		91	X
17	C		42	X		67	A		92	A
18	A		43	C		68	A		93	D
19	C&B		44	B		69	A		94	C
20	C		45	A		70	A		95	A
21	B		46	D		71	A		96	C
22	A		47	D		72	B		97	X
23	A		48	D		73	C		98	A
24	A		49	A		74	X		99	X
25	A		50	D		75	A&C		100	A

(स्रोत : हरियाणा लोक सेवा आयोग)

कुछ लोक सेवा आयोगों, यथा राजस्थान लोक सेवा आयोग में तो यह परंपरा ही हो चली है। अब आप विचार कीजिए कि यदि आयोग 100 बहुविकल्पीय प्रश्नों के ठीक उत्तर नहीं दे सकता तो क्या वह परीक्षा कराने में सक्षम है? क्या परीक्षा प्रक्रिया से जुड़े व्याख्याताओं को यह अपना नैतिक कर्तव्य नहीं मानना चाहिए कि किसी भी स्थिति में उनके द्वारा गलत प्रश्न अथवा उत्तर आयोग को न दिए जाएँ। यदि बहुविकल्पीय प्रश्नों की यह स्थिति है तो मुख्य परीक्षा के बारे में तो सोचकर ही दिल बैठने लगता है।

प्रारंभिक परीक्षा में CSAT प्रणाली का प्रश्न

सूचना क्रांति के इस युग में गाँव देहात तक वाट्सएप के माध्यम से हिममानव के पदचिह्नों की तसवीरें तो पहुँच गई हैं पर शायद दिल्ली से चंडीगढ़ या पटियाला स्थित राज्य लोक सेवा आयोगों तक यह खबर भी नहीं पहुँच पाती कि संघ लोक सेवा आयोग ने CSAT का प्रश्न-पत्र अर्हकारी (Qualifying) कर दिया है अर्थात् अब इसमें केवल न्यूनतम 33 प्रतिशत अंक लाने होंगे और इसके अंक प्रारंभिक परीक्षा के अंकों में शामिल नहीं होंगे। 2015 में भारत सरकार ने इसकी भेदभावकारी प्रवृत्ति, छात्रों के आंदोलन को देखते हुए इसे अर्हकारी किया था, पर पंजाब, हरियाणा आदि कई राज्यों की राज्य प्रशासनिक सेवा में ये अब भी यथास्वरूप विराजमान हैं। इसी पुस्तक के पिछले एक अध्याय में इस प्रणाली पर विस्तृत चर्चा की गई है, अतः इसकी पुनः समीक्षा उचित नहीं है।

प्रश्न यही है कि व्यापक चर्चा-विमर्श के बाद जब केंद्र सरकार ने इसे हटा दिया है तो हरियाणा जैसे राज्य में यह प्रणाली अभी तक क्यों हैं? सूचना के अधिकार अधिनियम के तहत माँगी गई सूचना में हरियाणा सरकार का मत इस प्रकार था—

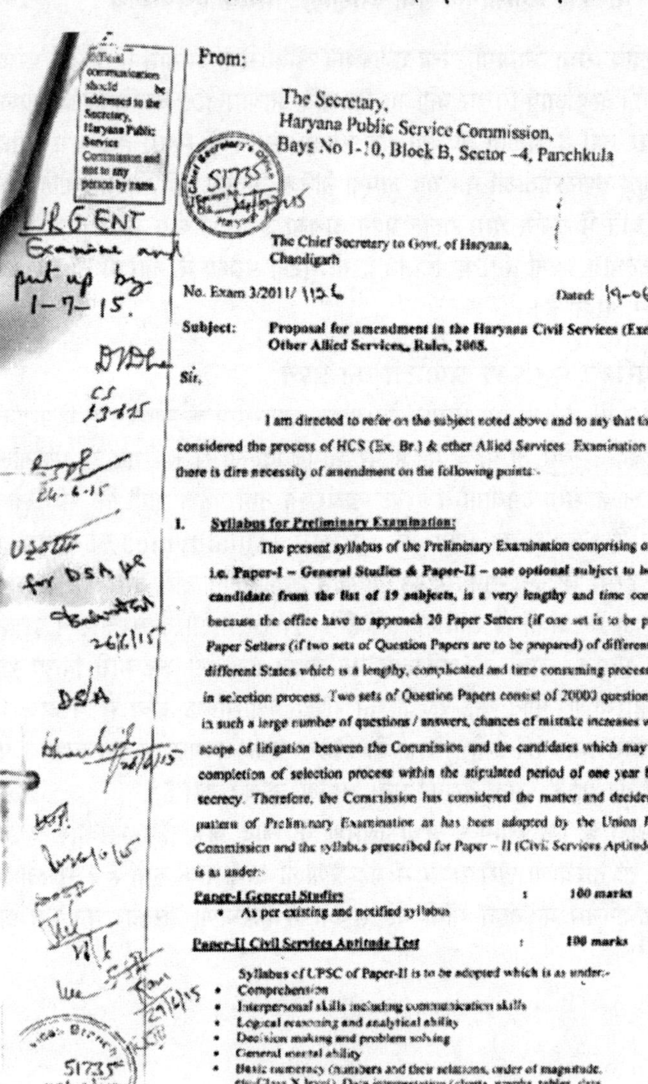

Official communication should be addressed to the Secretary, Haryana Public Service Commission and not to any person by name.

URGENT
Examine and put up by 1-7-15.

From:

The Secretary,
Haryana Public Service Commission,
Bays No 1-10, Block B, Sector -4, Panchkula

The Chief Secretary to Govt. of Haryana,
Chandigarh

No. Exam 3/2011/ 1126 Dated: 19-06-2015

Subject: **Proposal for amendment in the Haryana Civil Services (Executive Branch) & Other Allied Services, Rules, 2008.**

Sir,

I am directed to refer on the subject noted above and to say that the Commission has considered the process of HCS (Ex. Br.) & other Allied Services Examination and observed that there is dire necessity of amendment on the following points:-

I. **Syllabus for *Preliminary Examination*:**

The present syllabus of the Preliminary Examination comprising of twenty subjects **i.e. Paper-I – General Studies & Paper-II – one optional subject to be chosen by the candidate from the list of 19 subjects**, is a very lengthy and time consuming process because the office have to approach 20 Paper Setters (if one set is to be prepared) and 40 Paper Setters (if two sets of Question Papers are to be prepared) of different Universities of different States which is a lengthy, complicated and time consuming process resulting delay in selection process. Two sets of Question Papers consist of 20000 questions / answers and in such a large number of questions / answers, chances of mistake increases which widen the scope of litigation between the Commission and the candidates which may result delay in completion of selection process within the stipulated period of one year by maintaining secrecy. Therefore, the Commission has considered the matter and decided to adopt the pattern of Preliminary Examination as has been adopted by the Union Public Service Commission and the syllabus prescribed for Paper – II (Civil Services Aptitude Test), which is as under:-

Paper-I General Studies : **100 marks**

- As per existing and notified syllabus

Paper-II Civil Services Aptitude Test : **100 marks**

Syllabus of UPSC of Paper-II is to be adopted which is as under:-

- Comprehension
- Interpersonal skills including communication skills
- Logical reasoning and analytical ability
- Decision making and problem solving
- General mental ability
- Basic numeracy (numbers and their relations, order of magnitude, etc-Class X level), Data interpretation (charts, graphs, tables, data sufficiency etc.-Class X-level)

Notes

(i) The paper will be of objective type (multiple choice) questions.
(ii) Duration of the paper will be two hours
(iii) For each wrong answers, one-forth (0.25) marks will be deducted

प्रश्न यह है कि क्या आयोगों को इतनी भी अपडेट नहीं मिलती कि जिस प्रारूप को उन्होंने संघ लोक सेवा आयोग से ज्यों–का–त्यों आयात किया था, अब

मंथन के बाद वह उसे हटा चुका है। क्यों आयोगों की तंद्रा वर्ष 2014 में हुए छात्रों के देशव्यापी आंदोलन, जिसने संसद् के सदनों को कई बार स्थगित करवा दिया, से भी नहीं टूटी! राज्य लोक सेवा आयोगों ने खुद के स्तर पर इसकी उपयुक्तता का परीक्षण नहीं कराया, परंतु जब केंद्र ने इसे हटा लिया तो राज्य लोक सेवा आयोग ऐसी विभेदकारी व अतार्किक व्यवस्था को क्यों सहेजकर रखे हुए है! अत: विभिन्न राज्य लोक सेवा आयोगों के मध्य संवाद की कोई और बेहतर प्रणाली की आवश्यकता है, ताकि उनके मध्य इन सब बिंदुओं पर बेहतर विचार विमर्श हो सके। एक-दूसरे की अच्छी प्रणालियों को लागू कर सकें, पुरानी, असंगत व व्यर्थ व्यवस्थाओं को बदला जा सके। साथ ही संघ लोक सेवा आयोग का भी राज्य आयोगों के साथ संवाद व तंत्र और बेहतर करने की आवश्यकता है, क्योंकि कुछ राज्यों तथा गुजरात आदि के लोक सेवा आयोगों ने कई मामलों में संघ लोक सेवा आयोग को भी पीछे छोड़ दिया है। ऐसे में सभी आयोगों के मध्य नियमित संवाद की प्रणाली देश को बेहतर लोकसेवक चुनकर देने में बेहद मददगार होगी। हमारा यह भी आग्रह है कि छात्रों के सुझावों पर भी आयोग गंभीरता से विचार करे, क्योंकि उसकी हर पहल का सही प्रतिबिंब छात्रों के माध्यम से ही परिलक्षित हो सकता है।

मुख्य परीक्षा में सैद्धांतिक गणित व विज्ञान का प्रश्न

यह सही है कि सामान्य विज्ञान भी सामान्य अध्ययन का ही भाग है, परंतु प्रश्न है कि किस रूप में यह सामान्य ज्ञान में समाहित हो। इसका एक तरीका वह है, जो पूर्व में राजस्थान लोक सेवा आयोग द्वारा अपने पाठ्यक्रम में रखा गया था और जब वह परिणामों को विकृत करने लगा तो उसे हटा दिया गया। इसी पाठ्यक्रम एवं संघ लोक सेवा आयोग के पाठ्यक्रम व उत्तराखंड लोक सेवा आयोग के कुछ अंशों पर जरा गौर कीजिए—

संघ लोक सेवा आयोग का पाठ्यक्रम

- Science and Technology — developments and their applications and effects in everyday life.
- Achievements of Indians in science & technology; indigenization of technology and developing new technology.
- Awareness in the fields of IT, Space, Computers, robotics, nano-technology, bio-technology and issues relating to intellectual property rights.

- Conservation, environmental pollution and degradation, environmental impact assessment.
- Disaster and disaster management.

इन दोनों प्रकार के पाठ्यक्रमों को देखकर स्पष्ट हो जाता है कि यदि अनुप्रयुक्त विज्ञान व प्रौद्योगिकी को पाठ्यक्रम का भाग बनाया जाए तो अधिक विवेकसम्मत होगा। अनप्रयुक्त विज्ञान व प्रौद्योगिकी में विज्ञान, सूचना तकनीक आदि में हो रहे नवीनतम उपयोग स्वतः समाहित हो जाते हैं। यह भी तथ्य है कि इन नवीनतम तकनीकों या अनुप्रयोगों को समझने की अनिवार्य पूर्वापेक्षा है कि भौतिकी–रसायनशास्त्र–जीवविज्ञान की मूलभूत संकल्पनाओं की समझ होनी ही चाहिए। यदि मुख्य परीक्षा में सैद्धांतिक विज्ञान के प्रश्न पूछे जाएँगे तो या तो केवल याद कर सकने की क्षमता की जाँच होगी अथवा प्री–मेडिकल, प्री-इंजीनियरिंग के स्तर की तैयारी करनी होगी, जो इस परीक्षा का उद्देश्य कतई नहीं है। ऐसे में क्या यह अधिक विवेकसम्मत नहीं है कि प्रत्येक राज्य लोक सेवा आयोग अनप्रयुक्त विज्ञान व प्रौद्योगिकी को ही पाठ्यक्रम का भाग बनाए? इस समस्या का स्वरूप समझने हेतु उत्तराखंड लोक सेवा आयोग का पाठ्यक्रम यहाँ दिया जा रहा है, कृपया इस पर विचार करें।

सम्मिलित राज्य सिविल/प्रवर अधीनस्थ सेवा मुख्य परीक्षा पाठ्यक्रम

षष्ठम प्रश्न–पत्र
सामान्य विज्ञान एवं प्रौद्योगिकी

समय : 03 घंटे पूर्णांक : 200

मुख्य परीक्षा

फिजिकल एंड केमिकल साइंस

गति : भौतिक राशियों का मापन एवं मात्रक पद्धतियाँ; सरलरेखीय गति, वृत्तीय गति एवं कंपन्नीय गति; बल एवं गति के नियम; सार्वत्रिक गुरुत्वाकर्षण का सिद्धांत, ग्रेविटी, ग्रेविटी की त्वरणता, कृत्रिम उपग्रह, भारत के उपग्रह और उनकी हिस्टरी; कार्य, शक्ति एवं ऊर्जा; दाब की व्याख्या, वायु–मंडलीय दाब एवं हाइड्रोस्टेटिक दाब और उनकी रोजमर्रा की जिंदगी में उपयोग; सतह पर

खिंचाव; यांत्रिक तरंगें; श्रव्य, इन्फ्रासोनिक एवं पराश्रव्य तरंगें और उनकी मुख्य विशेषताएँ; भूकंप और उसके कारण, एपिसेंटर, सिस्मिक तरंगें और उनका प्रसारण; इलेक्ट्रोमैग्नेटिक तरंगें, उनके प्रकार और विशेषताएँ, एक्सरे, उनके प्रकार और मानवीय जीवन में उपयोगिताएँ।

लेजर का प्रारंभिक ज्ञान, होलोग्राफी, रेडियोधर्मिता, नाभिकीय विखंडन और नाभिकीय संलयन, विद्युतीय धारा, उसके रासायनिक, ऊष्मीय और मैग्नेटिक प्रभाव; विद्युतीय मोटर; विद्युतीय जनरेटर और विद्युतीय ट्रंसफॉर्मर; विद्युतीय पावर प्लांट, घरों में पावर सप्लाई और इससे संबंधित सावधानियाँ; मानवीय आँख, इसमें त्रुटियाँ, इनके कारण और रोकथाम; माइक्रोस्कोप और टेलीस्कोप; कंडक्टर्स, सेमिकंडक्टर्स और इंसुलेटर्स।

ऊर्जा : नॉन-रिन्यूएबल और रिन्यूएबल ऊर्जा के स्रोत, ऊर्जाएँ जैसे सोलर, हवा, बायोगैस, बायोमास, भूमीय ऊर्जा, टाईडल और दूसरी रिन्यूएबल स्रोत; सोलर एप्लाइंसिस जैसे सोलर सैल, सोलर कूकर, पानी हीटर इत्यादि; बायोगैस—सिद्धांत और प्रक्रिया।

भारत में ऊर्जा का प्रारूप : ऊर्जा की कमी में कठिनाइयाँ, सरकारी पॉलिसी और प्रोग्राम्स पावर पैदा करने हेतु, नाभिकीय पावर प्रोग्राम, भारत की नाभिकीय पॉलिसी-खास बातें, नाभिकीय पॉलिसी के नए ट्रेडर्स-एन.पी.टी. और सी.टी. बी.टी., ऊष्मीय पावर प्रोग्राम, जलीय-विद्युतीय, पावर-प्रोग्राम, पावर प्रसारण और राष्ट्रीय ग्रिड, एजेंसीज और संस्थाएँ, जो ऊर्जा सुरक्षा में सम्मिलित हों, अनुसंधान और डवलपमेंट।

परमाणु संरचना का प्रारंभिक ज्ञान; तत्त्वों और यौगिकों के प्रकार; भौतिक और रासायनिक बदलाव; अम्ल, क्षार, बफ्रज और साल्ट्स; pH स्केल; पीने के पानी के गुण और शुद्धिकरण के आधुनिक तरीकें; वाशिंग सोडा, बेकिंग सोडा, ब्लीचिंग पाउडर एवं प्लास्टर ऑफ पेरिस के बनाने की विधि के तरीके; इमारत के सामानों को तैयार करना—लाईम, सीमेंट, ग्लास, एल्युमिनियम और स्टील; साधारणतया प्रयोग में आनेवाले डाइज, डिटरजेंट्स, एक्सप्लोसिव्ज, **पेंट्स और वार्निश के बनाने के तरीके व गुण**; पेट्रोलियम पदार्थों के गुण और उपयोग; **एल्कोहल (मीथेनॉल और इथेनॉल) बनाने के तरीके**; पॉलीमर्स-कृत्रिम फाइबर्स (नायलॉन और रेयॉन), कोमोडिटी प्लास्टिक्स (पॉलीइथीलीन, पॉलीस्टाइरीन और पॉली विनाइल क्लोराइड), इंजीनियरिंग प्लास्टिक्स (ए.बी.एस. और पॉली कार्बोनेट) तथा

रबड़ (पॉली आइसोपरीन और पॉलीबुटाडाइन) के उपयोग; मेडिसिन और उनके वर्गीकरण के बारे में मूलभूत विचार; फूड प्रिजर्वेटिव्स, एल्केलायड्स (निकोटीन और कोकेन), कार्बोहाइड्रेट्स (ग्लूकोज, सुक्रोज और सैल्यूलोज) तथा स्टेरायड्स (कोलेस्ट्रोल) का प्रारंभिक अध्ययन।

स्पेस टेक्नोलॉजी : भारतीय स्पेस प्रोग्राम और इसके औद्योगिकी, एग्रीकल्चर, टेलीकम्यूनिकेशन, दूरदर्शन, शिक्षा और भारतीय मिसाइल प्रोग्राम के संदर्भ में उपयोग, रिमोट सेंसिग, जियोग्राफिकल सूचना सिस्टम (जी.आई.एस.) और मौसम की भविष्यवाणी में इसकी उपयोगिता, आपदा चेतावनी, पानी, तेल और मिनरल डवलपमेंट, शहरी प्लानिंग और ग्रामीण डवलपमेंट क्रियाएँ, ग्लोबल पॉजीशनिंग सिस्टम के बारे में और भारतीय रिमोट सेंसिंग (आई.आर.एस.) उपग्रह सिस्टम।

जीवन विज्ञान

जंतु कोशिका की रचना, कार्य एवं कोशिकीय अवयव, जैविक अणु; स्तनधारियों के विभिन्न तंत्रों की मूल कार्यविधि, जैसे—पाचन तंत्र, परिसंचरण तंत्र, श्वसन तंत्र, तंत्रिका तंत्र, उत्सर्जन, एंडोक्राइन, प्रजनन तंत्र, रक्त समूह, गुणसूत्र, संबद्धता, लिंग संबद्ध वंशानुगतता और लिंग निर्धारण, डी.एन.ए. एवं आर.एन.ए.; आर्थिक जंतु विज्ञान (मछली एवं मत्स्य उत्पादन, मधुमक्खी पालन, रेशम उत्पादन, वर्मी कल्चर, सुअर पालन, कुक्कुट पालन, दुग्ध उत्पादन इत्यादि); घरेलू एवं जंगली जानवर, जंतुओं की मानव को उपयोगिता, जंतुओं का मनुष्य द्वारा भोजन एवं दवा में प्रयोग।

पादप एवं मानव, पौधों के विशिष्ट लक्षण, पादक कोशिका के लक्षण एवं कार्य तथा कोशिकीय अवयव, कवक, जीवाणु, विषाणु इत्यादि द्वारा पादप रोग एवं उसका निवारण, पारिस्थितिकी तंत्र की रूपरेखा, खाद्यजाल एवं खाद्यचक्र, आर्थिक वनस्पति।

जैव प्रौद्योगिकी : जैव प्रौद्योगिकी का परिचय, इसकी मनुष्य जीवन को विकसित करने में विभिन्न पक्षों की उपयोगिता एवं आर्थिक तंत्र, जैसे कृषि (जैविक खाद, जैविक कीटनाशक, जैविक ईंधन, आनुवंशिक परिष्कृत फसलें), औद्योगिक विकास एवं रोजगार पैदा करना, जैव प्रौद्योगिकी के कृषि क्षेत्र, जैसे औषधियाँ, मानव स्वास्थ्य लाभ, खाद्य प्रौद्योगिकी, ऊर्जा उत्पादन इत्यादि, सरकार के जैव प्रौद्योगिकी को देश में बढ़ावा देने के प्रयास। नैतिक, सामाजिक, विधिक एवं

बौद्धिक संपदा अधिकार जैव प्रौद्योगिकी से संबंधित विकास में।

आनुंशिक अभियंत्रण का प्रस्ताव एवं प्रयोग तथा तना कोशिका शोध, नैनो तकनीक का कृषि, पशुपालन (क्लोनिंग एवं ट्रंसजेनिक जंतुओं में प्रयोग, इनविट्रो जनन एवं आनुंशिक परिवर्तित जीव इत्यादि)

पर्यावरण को साफ करने में जैव प्रौद्योगिकी, हाईब्रिड बीजों का उत्पादन तथा इसके बनाने की विधि, बी.टी. कपास तथा बी.टी. बैंगन आदि, ऊतकीय संवर्धन एवं आणवि मार्कर।

सूक्ष्म जीव संक्रमण : जीवाणु, विषाणु, प्रोटोजोआ तथा कवक के मानव संक्रमण की प्रस्तावना। सूक्ष्म जीव द्वारा उत्पन्न संक्रमण की मूलभूत जानकारी, जैसे—डायरिया, दस्त, कॉलेरा, टी.बी, डेंगू, मलेरिया, स्क्रब टाइफस; विषाणु संक्रमण, जैसे—एड्स, एनसिफेलाइट्स, चिकनगुनिया, बर्ड फ्लू एवं फैलने के दौरान निवारक/रोकथाम के उपाय।

जानवरों से मनुष्यों में फैलने वाली बीमारियाँ, वैक्सीन की प्रारंभिक जानकारी।

प्रतिरक्षा के मौलिक सिद्धांत।

कंप्यूटर, सूचना एवं संचार प्रौद्योगिकी तथा साइबर सुरक्षा

इलेक्ट्रॉनिक डिजिटल कंप्यूटर की परिभाषा, कंप्यूटर के तत्त्व एवं उसकी इकाइयाँ : इनपुट यूनिट, आउटपुट यूनिट, प्राथमिक भंडारण, द्वितीयक भंडारण एवं प्रोसेसिंग यूनिट। कंप्यूटरों का वर्गीकरण, अनुप्रयोग, इतिहास एवं सीमा-बंधन।

आँकड़ा, आँकड़ा प्रोसेसिंग, व्यापारिक आँकड़ा प्रोसेसिंग, आँकड़ा भंडारण, फाइल प्रबंधन प्रणाली एवं डेटाबेस प्रबंधन।

सॉफ्टवेयर एवं पी.सी. सॉफ्टवेयर पैकेजों का अनुप्रयोग : सॉफ्टवेयर की परिभाषा, सॉफ्टवेयरों का वर्गीकरण एवं इनका महत्त्व, वर्ड प्रोसेसिंग, **स्प्रैडशीट एवं पावर प्वॉइंट प्रस्तुतीकरण सॉफ्टवेयर पैकेजों का ज्ञान**।

संप्रेषण प्रणाली के मूलभूत तत्त्व, आँकड़ा पारेषण के तरीके, पारेषण मीडिया, नेटवर्क संस्थिति, नेटवर्क के प्रकार, संप्रेषण प्रॉटोकाल एवं नेटवर्क सुरक्षा पद्धति। इंटरनेट की परिभाषा, खोज उपकरण, वेब ब्राउजर, इ-मेल एवं सर्च इंजन, आई.टी. अनुप्रयोग : इलेक्ट्रॉनिक काड्र्स, इलेक्ट्रॉनिक्स खरीदारी एवं इलेक्ट्रॉनिक्स व्यापार।

आंतरिक सुरक्षा के लिए चुनौती उत्पन्न करनेवाले तत्त्वों की भूमिका, संचार

नेटवर्क के माध्यम से आंतरिक सुरक्षा को चुनौती, आंतरिक सुरक्षा चुनौतियों में मीडिया और सामाजिक नेटवर्किंग साइटों की भूमिका, साइबर सुरक्षा की बुनियादी बातें, सुरक्षा में बायोमैट्रिक उपकरणों की भूमिका, आई.टी. ऐक्ट (2000)। सीमावर्ती क्षेत्रों में सुरक्षा चुनौतियों एवं उनका प्रबंधन, संगठित अपराध एवं आतंकवाद के बीच संबंध, विभिन्न सुरक्षा बलों/संस्थाओं द्वारा सीमावर्ती क्षेत्रों का प्रबंधन।

पर्यावरणीय समस्या एवं आपदा प्रबंधन

प्रदूषण के प्रकार एवं प्रबंधन-वायु, जल, भू, ध्वनि/शोरगुल, रेडियोधर्मिता एवं इ-(इलेक्ट्रॉनिक) कचरा, औद्योगिक कचरा एवं प्रबंधन, ठोस, अपशिष्ट प्रबंधन का प्रभाव, पुनर्चक्रण एवं पुनर्प्रयोग। जलसंभर प्रबंधन, जलसंभर से सतत विकास। प्रदूषण नियंत्रण में मानव सहभागिता, पर्यावरण एवं मानव स्वास्थ्य, प्रदूषण का मानव और पौधों पर प्रभाव, शहरीकरण एवं औद्योगिक विकास।

वैश्विक पर्यावरण विषय

जैसे ग्रीन हाऊस प्रभाव, ग्रीन हाऊस गैसें एवं उनका निस्तारण। जलवायु परिवर्तन, अम्लवर्षा, वैश्विक ताप वृद्धि, ओजोन क्षरण, जैव विविधता एवं संरक्षण। हॉट स्पॉट जैव विविधता को खतरा, पर्यावरण सुरक्षा अधिनियम (1986) एवं वन संरक्षण ऐक्ट, क्योटो प्रोटोकॉल, कार्बन क्रेडिट और कार्बन पदचिह्न। संयुक्त राष्ट्र पर्यावरणीय संरक्षण कार्यक्रम (यू.एन.ई.पी.), राष्ट्रीय उद्यान, सेंचुरी, बायोस्फीयर रिजर्व एवं वानस्पतिक उद्यान, वाइल्ड लाइफ एवं प्रबंधन। मानव एवं जंगली जीव संघर्ष, भूकंपीय संवेदनशील क्षेत्र, विकास एवं पर्यावरण।

आपदा प्रबंधन

आपदा की परिभाषा, प्रकृति, प्रकार एवं वर्गीकरण। प्राकृतिक आपदा के कारक तथा कम करने के प्रयास, आपदा प्रबंधन ऐक्ट (2005), राष्ट्रीय आपदा प्रबंधन अधिकार (एन.डी.एम.ए.), उत्तराखंड पुनर्वास एवं नवनिर्माण प्राधिकरण : भूकंप, बाढ़, बादल फटना, साइक्लोन, सुनामी, भूमि अपरदन, सूखा इत्यादि, आपदा को कम करने के प्रयासों को प्रभावित करनेवाले कारक, उत्तराखंड हिमालय एवं अन्य हिमालय क्षेत्रों में आपदा, उत्तराखंड पारिस्थितिक संवेदनशील क्षेत्रों की जरूरतें। मानव निर्मित आपदाएँ; रासायनिक एवं नाभिकीय जोखिम/संकट (हैजार्ड) इत्यादि। अंतरराष्ट्रीय, राष्ट्रीय एवं उत्तराखंड राज्य के विभिन्न प्राकृतिक

एवं मानव जनित आपदाएँ एवं उनका प्रभाव। एन.डी.आर.एफ. (राष्ट्रीय आपदा रिस्पॉन्स (अनुक्रिया) फोर्स) एवं एस.डी.आर.एफ. (राज्य आपदा रिस्पॉन्स (अनुक्रिया) फोर्स)। राज्य स्तरीय, राष्ट्रीय एवं अंतरराष्ट्रीय स्तर की समसमायिक घटनाओं का अध्ययन।

आशा है कि आप इस पाठ्यक्रम को पढ़कर ही थक गए होंगे। अब आप उन छात्रों की स्थिति का अंदाजा लगाइए, जिन्हें इसे कंठस्थ कर परीक्षा देनी है। फिर क्या वास्तव में प्रशासनिक अधिकारी बनने के लिए इतना विज्ञान जानना जरूरी है?

इसी क्रम में दूसरा महत्त्वपूर्ण प्रश्न सैद्धांतिक गणित का है। प्रशासनिक अभियोग्यता परीक्षण में गणित के समीकरणों, अवकलन या समाकलन की महत्त्वपूर्ण भूमिका सिद्ध करने के कोई ठोस तर्क हैं नहीं। कुछ महानुभाव यह कहते हैं कि अरे भई, थोड़ी गणित तो आनी ही चाहिए। अब इसमें दो बातें हैं, पहली, यदि थोड़ी गणित आनी चाहिए तो कितनी थोड़ी, इसका युक्तियुक्त निर्धारण कठिन है। और यदि मान भी लें थोड़ी गणित आनी चाहिए तो ऐसे अनेक खंड शामिल हो जाएँगे, जो थोड़े-थोड़े आने चाहिए व परीक्षा का स्वरूप कौशल प्रधान के स्थान पर ज्ञान प्रधान हो जाएगा। वस्तुतः गणित में जिस खंड का ज्ञान जरूरी समझा जा सकता है, वह सांख्यिकी या आँकड़ों की व्याख्या का खंड है, जिसका प्रशासन में भी उपयोग है। यदि वह खंड बना रहे तो कोई समस्या नहीं होगी, परंतु यदि अवकलन, प्रायिकता, त्रिकोणमिति, ज्यामिति जैसे खंड पाठ्यक्रम का भाग होंगे तो परिणाम का विकृत होना निश्चित है, परंतु कई राज्य लोक सेवा आयोगों में यह समस्या बनी हुई है। यहाँ राजस्थान व उत्तराखंड के पाठ्यक्रम का उदाहरण प्रस्तुत है। राजस्थान में तो पिछले वर्ष परिणामों में आए असंतुलन को देखते हुए इन्हें हटा दिया, परंतु उत्तराखंड में ये अभी भी बने हुए हैं। राजस्थान लोक सेवा आयोग की परीक्षा में गणित का खंड सामान्य अध्ययन के द्वितीय प्रश्न-पत्र में था। निम्नलिखित परिणाम यह स्पष्ट करता है कि केवल गणित के आधार पर अनेक अभ्यर्थियों का चयन हो गया, जबकि मूल सामान्य ज्ञान में उनके अंक कम थे तथा ऐसे कई योग्य विद्यार्थी गणित की पृष्ठभूमि से नहीं होने के कारण वरीयता सूची से बाहर हो गए।

GS-2 (गणित एवं विज्ञान के खंड)

Rank	Roll No.	Name	GS-1	GS-2	GS-3
1.	906125	Anil Kumar Singhal	95	145	93
2.	917477	Yadu Bhardwaj	103	148	90
3.	919373	Devyani	105	138	94
4.	902646	Sukha Ram	98	133	84
5.	933308	Prashant Sharma	97	126	91
6.	925568	Hawai Singh Yadav	91	128	88
7.	924090	Ashok Kumar	105	122	84
8.	916397	Ramesh Kumar	104	146	84
9.	906555	Devender Singh Parmar	85	138	95
21.	915022	Anshul Singh	87	124	81
24.	925750	Ankit Jain	87	129	88
25.	910390	Shreya Singh Bhadauria	93	108	102
28.	935448	Sameer Jain	89	132	86
44.	903108	Premsukh Delu	114	129	82
48.	910578	Sandeep Saraswat	109	112	78

सामान्य ज्ञान एवं सामान्य अध्ययन

राजस्थान लोक सेवा आयोग

इकाई 1 : तार्किक दक्षता, मानसिक योग्यता और आधारभूत संख्यनन

- तार्किक कौशल एवं विश्लेषणात्मक तर्क क्षमता।
- संख्या श्रेणी, अक्षर श्रेणी, कूटवाचन (कोडिंग-डीकोडिंग)।
- संबंधों पर आधारित समस्याएँ।

- आकृतियाँ एवं उनके उपविभाजन, वेन आरेख।
- घड़ियों, आयु एवं कलेंडर पर आधारित समस्याएँ।
- संख्याएँ एवं परिमाण की कोटि।
- दो चरों वाली युगपत रेखीय समीकरण।
- अनुपात-समानुपात, मिश्र अनुपात।
- वर्गमूल, घनमूल, महत्तम समापवर्तक (म.स.प.), लघुत्तम समापवर्तक (ल.स.प.)।
- प्रतिशत, सरल एवं चक्रवर्ती ब्याज।
- समय और काम, चाल एवं दूरी।
- सरल ज्यामितीय आकृतियों का क्षेत्रफल एवं परिमाप, गोला, शंकु, बेलन और घनाभ का आयतन एवं पृष्ठीय क्षेत्रफल।
- त्रिकोणमितीय अनुपात एवं कोण।
- आँकड़ों का विश्लेषण (तालिका, बार, ग्राफ, रेखीय ग्राफ, पाई-चार्ट)।
- केंद्रीय प्रवृत्ति के मान, माध्य, बहुलक, माध्यिका, मानक विचलन एवं विचरण।
- प्रायिकता।

COMBINED STATE CIVIL/UPPER SUB-ORDINATE SERVICES MAIN EXAMINATION SYLLABUS (Uttarakhand)

Seventh Question Paper

General Aptitude and Ethics

Time Allowed 03 Hours **MM: 200**

Main Examination

General Aptitude **MM: 120**

Numbers and their classification: Natural, Real (Rational and Irrational), Integers, Division of numbers and Prime Numbers, Operations on Real numbers, Power root method for real numbers, Least Common Multiple (LCM) and Highest

Common Factor (HCF) of Integers and their relation & difference.

Ratio and its Properties, Expressing a given number into a given ratio, Comparison of ratios, Respective proportion, Proportional relation between two or more numbers.

Exchange of a number into rate of interest and rate of interest into number, Expressing a given quantity as a percentage of another quantity, conversion of a percentage into decimals and decimals into percentage, effect of percentage change on any number, two step change of percentage for a number, percentage excess and percentage shortness, gain percentage, profit and loss percentage, relation between cost price and selling price.

Effect of change of principal (P), rate (R) and time (T) on simple interest, repayment of debt in equal installments, compound interest when the interest is compounded yearly, half-yearly and quarterly, rate of growth and depreciation, principal ammount, time, rate of interest, difference between compound and simple interest.

Problems on basic concepts of work and time.

Simple linear simultaneous equations.

Sets, subsets, proper subsets, null set, operations on sets (Union, Intersection, Difference), Venn diagram.

Elementary knowledge of triangle, rectangle, square, rhombus and circle, theorems related to their properties and their parameter & area, volume and surface area of sphere, rectangular and circular cylinder and cone, cube.

Cartesian system, plotting of a point and distance formula, section formula, area of a triangle.

Analogies, arrangement, causes and effects, family tree, puzzles based questions, sequences and series, code based questions on letters of alphabet, syllogism, statement and conclusion, problems based on clocks.

Significance, sufficiency, collection, classification of data, frequency, cumulative frequency, tabulation and presentation of data: simple, multiple, subdivided bar diagram, pie chart, histogram, frequency curve, frequency polygon, ogives, analysis and interpretation of data.

Arithmetic mean, geometric mean, harmonic mean, median, mode, combined mean of several sets of observations, average by increasing and decreasing of elements of sets, quartiles, deciles and percentiles.

महत्त्वपूर्ण यह है कि उत्तराखंड लोक सेवा आयोग में CSAT का प्रश्न-पत्र लागू है। ऐसे में पुनः गणित का इतना विशद अध्ययन क्यों जाँचा जा रहा है, तर्क के परे है। शायद यह विभिन्न खंडों के गुण-दोषों की तुलना, उनकी उपादेयता, पाठ्यक्रम का विस्तार आदि पर मनन किए बिना पाठ्यक्रम बनाने का ही नतीजा है। ऐसी ही स्थिति संघ लोक सेवा आयोग के समक्ष तब खड़ी हो गई थी, जब CSAT-II में अनिवार्य अंग्रेजी शामिल की गई और मुख्य परीक्षा में भी पहले से ही अंग्रेजी शामिल थी। इस पुनरावृत्ति एवं भेदभाव पर शिक्षा, संस्कृति उत्थान न्यास के राष्ट्रीय अध्यक्ष माननीय श्री दीनानाथ बत्रा ने दिल्ली उच्च न्यायालय ने जनहित याचिका दायर की। इसमें माननीय न्यायालय ने ऐसी पुनरावृत्ति को भेदभावजनक माना। माननीय दिल्ली उच्च न्यायालय की टिप्पणी को पुनः उद्धृत करना इस समस्या को समझने हेतु आवश्यक है—

"There is as aforesaid, nothing to show application of mind on the said aspect by the Government. We find a flaw in the justification aforesaid in the report of Professor S.K. Khanna. Even if the standard of test of English language, in the competitive as well as the non-competitive / qualifying segment of the examination be the same, to our mind, while the candidate scoring merely qualifying marks and the candidate scoring 100% marks, in the non competitive/qualifying segment would be at par, the difference of 22.5 or 30 marks in the PE/CSAT is likely to eliminate the low scorer from the race. The report of Professor S.K Khanna, to the extent the same observes that the inclusion of the component/section of test of English comprehension skills in the PE/CSAT will not eliminate any section of aspirants thus appears to be erroneous."

Dinanath Batra vs UOI WP(C) 651/2012

पाठ्यक्रम में विभिन्न प्रकार के कानूनों व नियमों की उपादेयता

कुछ वर्षों से कई राज्य लोक सेवा आयोगों द्वारा राज्य प्रशासनिक सेवा परीक्षा के पाठ्यक्रम में एक नवीन प्रवृत्ति देखने को मिली है कि विभिन्न कानूनों व अधिनियमों को पाठ्यक्रम का भाग बनाया गया है। संभवत: यह सोच रही होगी कि इतना कानून तो पता होना ही चाहिए। परंतु यह तर्क ठोस नहीं है। इसकी समीक्षा से पूर्व कुछ राज्यों के पाठ्यक्रम एवं उनमें पूछे गए विधि के प्रश्नों पर गौर करें।

मध्य प्रदेश लोक सेवा आयोग

- बाह्य एवं सुरक्षा के मुद्दे।
- सामाजिक एवं महत्त्वपूर्ण विधान—
    - भारतीय समाज, सामाजिक बदलाव के एक साधन के रूप में सामाजिक विधान
    - मानव अधिकार संरक्षण अधिनियम, 1993
    - भारतीय संविधान एवं आपराधिक विधि (दंड प्रक्रिया संहिता) के अंतर्गत महिलाओं को प्राप्त सुरक्षा (सी.आर.पी.सी.)
    - घरेलू हिंसा से स्त्री का संरक्षण अधिनियम-2005
    - सिविल अधिकार संरक्षण अधिनियम-2005
    - अनुसूचित जाति और अनुसूचित जनजाति (अत्याचार निवारण) अधिनियम-1989
    - सूचना का अधिकार अधिनियम-2005
    - पर्यावरण (संरक्षण) अधिनियम-1986
    - उपभोक्ता संरक्षण अधिनियम-1986
    - सूचना प्रौद्योगिकी अधिनियम-2000
    - भ्रष्टाचार निवारण अधिनियम-1988
    - मध्य प्रदेश लोक सेवाओं के प्रदान की गारंटी अधिनियम-2010

महाराष्ट्र लोक सेवा आयोग

- Central and State Government Privileges: Section 123 of theIndian Evidence Act, Official Secrets Act, RTI and its impact on Official Secrets Act.
- Some Pertinent Laws:

- Environmental Protection Act, 1986: Object, Machinery and Measures provided therein.
- The Consumer Protection Act, 1986: Definitions - Consumer Disputes - Redressal Machinery.
- Right to Information Act, 2005: Rights of Applicants, duty of Public Authority, exceptions to the information.
- Information Technology Act - 2000 (Cyber Law): Definitions — Authorities — offences.
- The Prevention of Corruption Act: Object, Machinery and Measures provided therein.
- Scheduled Castes and Scheduled Tribes (Prevention of Atrocities) Act 1989: Object, Machinery and Measures provided therein.
- Scheduled Castes and Scheduled Tribes (Prevention of Atrocities) Rules 1995: Object, Machinery and Measures provided therein.
- Protection of Civil Rights Act 1955: Object, Machinery and Measures provided therein.

- Social Welfare and Social Legislation: Social Legislation as an instrument of Social Change; Human Rights. Protection to Women under: The Constitution of India and Criminal Law (CrPC), Domestic Violance (Prevention) Act, The Protection of Civil Rights Act, 1955, The Scheduled Castes and the Scheduled Tribes (Prevention of Atrocities) Act, 1989 and The Right to Information Act, 2005.
- Public Services: All India Services, Constitutional position, role and functions. Central Services: nature and functions. Union Public Service Commission, State Services and the Maharashtra State Public Service Commission. Training in the changing context of governance- YASHDA, Lal Bahadur Shastri Academy of Administration, Sardar Vallabhbhai Patel National Police Academy.

मध्य प्रदेश राज्य लोक सेवा आयोग, प्रारंभिक परीक्षा 2018

84. सिविल अधिकार अधिनियम, 1955 की निम्नलिखित में से किस धारा के अंतर्गत 'वार्षिक रिपोर्ट के लिए सामग्री' का उपबंध किया गया है?
 (ए) धारा 18 (बी) धारा 20
 (सी) धारा 22 (डी) धारा 24

87. सिविल अधिकार संरक्षण अधिनियम, 1955 की निम्नलिखित में से किस धारा के अंतर्गत 'सामूहिक जुर्माना अधिरोधित' करने की राज्य की शक्ति का उपबंध किया गया है?
 (ए) धारा 10 (बी) धारा 10 क
 (सी) धारा 14 (डी) धारा 14 क

88. सिविल अधिकार अधिनियम, 1955 की निम्नलिखित में से किस धारा के अंतर्गत 'सद्भावनापूर्वक की गई काररवाई के लिए संरक्षण' का उपबंध किया गया है?
 (ए) धारा 16 क (बी) धारा 15 क
 (सी) धारा 16 ख (डी) धारा 14 क

वर्ष 2017

94. अनुसूचित जाति एवं अनुसूचित जनजाति (अत्याचार निरोधक) अधिनियम 1989 के अंतर्गत किस धारा में विशेष न्यायालय की व्यवस्था का प्रावधान है?
 (ए) 14 (बी) 17
 (सी) 21(1) (डी) 21(3)

इसमें मूलभूत प्रश्न यही है कि यदि विधि स्वयं ही सीखकर प्रशिक्षण अकादमी पहुँचेंगे तो वहाँ क्या सिखाया जाएगा। दूसरे शब्दों में कहें तो प्रशिक्षण अकादमी व चयन की परीक्षा के पाठ्यक्रम में भी संतुलन बनाना आवश्यक है। अत: इनकी तुलना करके ही प्रतियोगी परीक्षा का पाठ्यक्रम निर्धारित होना चाहिए। क्या इस दृष्टि से विधि के प्रश्न प्रतियोगी परीक्षा में इस प्रकार पूछा जाना विवेकसम्मत है?

पुन:, दूसरा बड़ा प्रश्न यह है कि प्रश्न कैसे पूछे जाएँगे। यदि धारा व दंड की अवधि आधारित प्रश्न पूछे गए तो वह केवल सूचनाओं के पुनरुत्पादन की

क्षमता का ही परीक्षण है। यदि आप दिल्ली विश्वविद्यालय की एल-एल.एम. प्रवेश परीक्षा का प्रश्न-पत्र देखेंगे तो उनमें भी आप धारा (section) आधारित प्रश्न नहीं पाएँगे। क्या यह बेहतर नहीं होगा कि आयोग संविधान के ज्ञान पर ही पूरा जोर दें? गौरतलब है कि वकील बनने हेतु बार काउंसिल ऑफ इंडिया का exam open book exam है तो यहाँ छात्रों से ऐसी अपेक्षा क्यों?

प्रश्न-पत्रों की प्रकृति व शब्द-सीमा की वर्तमान प्रणाली की उपादेयता

वर्तमान में ज्यादातर राज्य लोक सेवा आयोगों की राज्य प्रशासनिक सेवा मुख्य परीक्षा में तीन प्रकार के प्रश्न पूछे जा रहे हैं—

(1) अतिलघुत्तरात्मक (20 शब्द)

(2) लघुत्तरात्मक (50 शब्द)

(3) निबंधात्मक (150 से 300 शब्द)

यहाँ छत्तीसगढ़ लोक सेवा आयोग, राजस्थान लोक सेवा आयोग व मध्य प्रदेश लोक सेवा आयोग की प्रणाली के उदाहरण इस मामले में प्रतिनिधि उदाहरण कहे जा सकते हैं। मुख्य परीक्षा की प्रकृति कैसी होनी चाहिए, इसे संघ लोक सेवा आयोग (UPSC) द्वारा आयोजित सिविल सेवा परीक्षा में सुधार हेतु गठित डॉ. डी.एस. कोठारी समिति ने स्पष्ट किया है। राजस्थान व मध्य प्रदेश के उदाहरणों पर कोठारी समिति की इस टिप्पणी के संदर्भ में गौर करेंगे तो इनकी उपादेयता कितनी है, स्पष्ट हो जाएगा—

"It is necessary to emphasize that the written Examination is intended to assess the intellectual qualities and depth of understanding of a candidate rather than his capacity for gathering and reproducing, information and data over a wide front."

इसके बाद यह भी आवश्यक है कि कुछ आयोगों में पूछे गए प्रश्नों की प्रकृति भी देख लेते हैं कि ये किस प्रकार अभ्यर्थी की लेखन-क्षमता, वैचारिक क्षमता, बौद्धिकता अंतर्विषयक समझ का परीक्षण करते हैं। कुछ प्रतिनिधि उदाहरण इस प्रकार हैं—

राजस्थान

1. मिरातुल अखबार के संपादक कौन थे? (RPSC, 2015, GS-I)
2. रॉ का मुखिया कौन है? (RPSC, 2012)
3. दस हजार धुंआरों की घाटी किस देश में स्थित है? (RPSC, 2012)

4. भारतीय पुलिस लीग के संस्थापक कौन थे? (RPSC, 2012)
5. भारत के संविधान का प्रारूप किसके द्वारा तैयार किया गया? (MPPSC, 2018)
6. विटामिन-सी के स्रोत व इसकी कमी से होनेवाली बीमारी। (MPPSC, 2018)
7. टिप्पणी—समुद्री घोड़ा। (MPPSC, 2018)
8. चिश्ती संप्रदाय के 4 संतों के नाम लिखिए। (CGPSC, 2018)
9. कोई चार विषैले पदार्थ, जिनसे जल प्रदूषण होता है, नाम लिखिए। (CGPSC, 2018)
10. छत्तीसगढ़ के किन्हीं 2 राष्ट्रीय उद्यानों एवं अभ्यारण्यों के नाम लिखिए। (CGPSC, 2018)

Scheme of Examination for Rajasthan State and Subordinate Services Combined Competitive (Mains) Examination, 2018

Paper I				
Part	No. of Question	Marks Per Question	Word Limit	Total Marks
Part-A	25	02	15	50
Part-B	16	05	50	80
Part-C	07	10	100	70
	Total			200
Paper II				
Part	No. of Question	Marks Per Question	Word Limit	Total Marks
Part-A	15	02	15	30
Part-B	14	05	50	70
Part-C	10	10	100	100
	Total			200

Paper III				
Part	No. of Question	Marks Per Question	Word Limit	Total Marks
Part-A	25	02	15	50
Part-B	16	05	50	80
Part-C	07	10	100	70
	Total			200

Paper IV	
Part	Total Marks
Part-A	70
Part-B	80
Part-C	50
Total	200

यहाँ ध्यान दीजिए कि निबंधात्मक प्रश्नों की शब्द-सीमा केवल 100 शब्द है। क्या वास्तव में ये निबंधात्मक प्रश्न हैं ?

मध्य प्रदेश राज्य सेवा मुख्य परीक्षा (परीक्षा की अधिसूचना के अंश)

मध्य प्रदेश राज्य सेवा मुख्य परीक्षा में निम्नानुसार कुल 08 प्रश्न-पत्र होंगे तथा सभी प्रश्न-पत्र अनिवार्य हैं—

सामान्य अध्ययन के चारों प्रश्न-पत्र हिंदी एवं अंग्रेजी माध्यम में उपलब्ध होंगे। इन प्रश्न-पत्रों का उत्तर अभ्यर्थी केवल उस भाषा में दे सकेगा, जो उसने अपने मुख्य परीक्षा के आवेदन-पत्र में चयनित किया है।

परीक्षा के प्रश्न-पत्रों में प्रश्नों की संख्या, प्रश्नों का प्रकार तथा उत्तर हेतु शब्द-सीमा का मार्गदर्शी प्रारूप निम्नानुसार है—

1. सामान्य ज्ञान के प्रथम, द्वितीय एवं तृतीय प्रश्न-पत्र में दो खंड अ तथा ब रहेंगे। प्रत्येक खंड 150 अंकों का होगा। प्रत्येक खंड के लिए पृथक् उत्तर-पुस्तिका प्रदान की जाएगी। प्रत्येक खंड में 15 अति लघु

उत्तर, 10 लघु उत्तर एवं 3 निबंधात्मक प्रश्न होंगे। प्रश्नों की संख्या को आवश्यकतानुसार कम या अधिक किया जा सकेगा।

2. चतुर्थ प्रश्न-पत्र में एक ही खंड रहेगा तथा प्रश्न-पत्र में 15 लघुस्तरीय तथा 15 लघुस्तरीय संक्षिप्त टिप्पणियाँ सम्मिलित रहेंगी तथा एक या दो केस स्टडी से संबंधित लघुस्वरूप के प्रश्न पूछे जाएँगे। प्रश्नों की संख्या में परिवर्तन किया जा सकता है।
3. सामान्य ज्ञान के प्रथम, द्वितीय, तृतीय तथा चतुर्थ प्रश्न-पत्र हिंदी व अंग्रेजी माध्यम में प्रदान किए जाएँगे। अभ्यर्थी द्वारा हिंदी या अंग्रेजी माध्यम में से एक भाषा में उत्तर लिखने का विकल्प का चयन किया जा सकता है।

छत्तीसगढ़ लोक सेवा आयोग
प्रथम प्रश्न-पत्र
खंड (अ)

प्रथम प्रश्न-पत्र के पाठ्यक्रम के बिंदु क्रमांक-1.1 से 1.7 तक इस खंड में सम्मिलित रहेंगे। प्रश्न-पत्र की रचना का स्वरूप निम्नानुसार रहेगा—

प्रश्न क्रमांक-1

इस प्रश्न में A से O तक कुल 15 अत्यंत लघुस्वरूप के प्रश्न रहेंगे, जिनका उत्तर एक या दो पंक्तियों में देना होगा। अनुमानित प्रत्येक प्रश्न-पत्र की शब्द-सीमा 15 होगी। आंतरिक विकल्प नहीं रहेगा। प्रत्येक प्रश्न 3 अंकों का होगा। इस प्रकार यह प्रश्न कुल 15×3=45 अंकों का होगा।

प्रश्न क्रमांक-2

इस प्रश्न में A से J तक कुल 10 प्रश्न लघुस्वरूप के रहेंगे, जिनका उत्तर लगभग 100 शब्दों में देना होगा। प्रत्येक प्रश्न 6 अंकों का होगा। इस प्रकार यह प्रश्न कुल 10×6=60 अंकों का होगा। इसमें आंतरिक विकल्प दिया जा सकेगा।

प्रश्न क्रमांक-3

A, B एवं C कुल 3 प्रश्न दीर्घ उत्तरीय या निबंधात्मक होंगे, जिनकी प्रत्येक शब्द-सीमा लगभग 300 शब्द होगी तथा प्रत्येक प्रश्न 15 अंकों का हागा। इस

प्रकार कुल 15×3=45 अंकों का होगा। इसमें आंतरिक विकल्प दिया जा सकेगा।

- मुख्य परीक्षा हेतु प्रश्न-पत्र क्रमांक 03 से 07 में निम्नानुसार प्रश्न होंगे—

खंड 1 : इस खंड के अंतर्गत संबंधित प्रश्न-पत्र के पाठ्यक्रम में विभिन्न भागों से कुल 22 प्रश्न दिए जाएँगे, सभी प्रश्नों के उत्तर देने होंगे। प्रत्येक प्रश्न हेतु 2 अंक होंगे। इस तरह इस खंड के लिए अधिकतम 44 अंक होंगे। (प्रत्येक प्रश्न के उत्तर की शब्द-सीमा लगभग-30)

खंड 2 : इस खंड के अंतर्गत संबंधित प्रश्न-पत्र के पाठ्यक्रम में विभिन्न भागों से कुल 13 प्रश्न दिए जाएँगे, सभी प्रश्नों का उत्तर देना होगा। प्रत्येक प्रश्न हेतु 3 अंक होगा। इस तरह इस खंड के लिए अधिकतम 52 अंक होंगे। (प्रत्येक प्रश्न के उत्तर की शब्द-सीमा लगभग-60)

खंड 3 : इस खंड के अंतर्गत संबंधित प्रश्न-पत्र के पाठ्यक्रम में विभिन्न भागों से कुल 8 प्रश्न दिए जाएँगे, सभी प्रश्नों का उत्तर देना होगा। प्रत्येक प्रश्न हेतु 8 अंक होगा। इस तरह इस खंड के लिए अधिकतम 64 अंक होंगे। (प्रत्येक प्रश्न के उत्तर की शब्द-सीमा लगभग-100)

खंड 4 : इस खंड के अंतर्गत संबंधित प्रश्न-पत्र के पाठ्यक्रम के भाग-2 से कुल 2 प्रश्न दिए जाएँगे, जिसमें से अभ्यर्थी को केवल 1 प्रश्न का ही उत्तर देना होगा। इस खंड के लिए अधिकतम 10 अंक होंगे। (प्रत्येक प्रश्न के उत्तर की शब्द-सीमा लगभग-125)

खंड 5 : इस खंड के अंतर्गत संबंधित प्रश्न-पत्र के पाठ्यक्रम के भाग-1 एवं भाग-3 से क्रमशः 2-2 प्रश्न दिए जाएँगे, जिसमें से अभ्यर्थी को केवल 1-1 प्रश्न का ही उत्तर देना होगा। प्रत्येक प्रश्न 15 अंक का होगा। इस खंड के लिए अधिकतम 30 अंक होंगे। (प्रत्येक प्रश्न के उत्तर की शब्द-सीमा लगभग-175)

इन सभी प्रश्नों की प्रकृति विशुद्ध सूचनात्मक है और इनका उत्तर प्राप्त कर विद्यार्थी की सूचनाओं की पुनरुत्पादन क्षमता का ही परीक्षण हो सकता है। प्रश्न यह है कि ऐसे अनेक प्रश्न प्रारंभिक परीक्षा में भलीभाँति पूछे जा चुके होते हैं और विद्यार्थी की ऐसी जानकारी का परीक्षण हो ही चुका होता है तो पुनः मुख्य परीक्षा में इन्हें फिर से पूछना मुख्य परीक्षा के मूल उद्देश्य को ही व्यर्थ कर देना ही है। लघु उत्तरात्मक प्रश्न (50 शब्द) भी निरर्थक हैं। कुछ हद तक उनकी सार्थकता तभी हो सकती है, जब शब्द-सीमा उल्लंघन पर अंक काटे

जाएँ परंतु अमूमन ऐसा नहीं होता। आप यदि सफल छात्रों से बात करेंगे तो स्पष्ट होगा कि वे यही कहेंगे जितना लिख सको, लिख दो। कुछ प्रश्न पूछे ही ऐसे जाते हैं, जिनका उत्तर 50 शब्दों में संभव ही नहीं है। अत: शब्द-सीमा का उद्देश्य पूरा नहीं हो पाता।

महाराष्ट्र लोक सेवा आयोग तो पूरे भारत में अतुल्य है, क्योंकि वहाँ मुख्य परीक्षा में सामान्य अध्ययन के चारों प्रश्न-पत्र वस्तुनिष्ठ बहुविकल्पीय प्रकार के हैं (Objective Multiple Choice Type)। अब कल्पना कीजिए कि कोठारी समिति के मार्गदर्शक निष्कर्ष को इस परीक्षा में कैसे भी समायोजित किया जा सकता है क्या? शायद यह देश का एकमात्र राज्य लोक-सेवा आयोग होगा, जिसकी मुख्य परीक्षा का उद्देश्य कौशल परीक्षण के स्थान पर मात्र सूचना संग्रह का परीक्षण है, जो अत्यंत निराशाजनक व दुर्भाग्यपूर्ण है। अब यह भी विचारणीय है कि 2-3 वर्ष महाराष्ट्र लोक सेवा आयोग की इस परीक्षा की तैयारी कर चुके छात्र संघ लोक सेवा आयोग के परीक्षा की तैयारी का साहस कर पाएँगे अथवा नहीं।

मुख्य परीक्षा के इन प्रारूपों का अध्ययन करें तो स्पष्ट होगा कि एक दूसरी समस्या कुल शब्द-सीमा की है। सामान्यत: तीन घंटे में 3000 शब्द लिखना एक अच्छी व कसी हुई समय-सारिणी है। परीक्षा में जब तक विद्यार्थी पर थोड़ा दबाव न हो, तब तक परीक्षा सही अर्थों में परीक्षा नहीं है। ऐसे में 3000 शब्द की संतुलित सीमा एक मानक विकल्प है। संघ लोक सेवा आयोग की सिविल सेवा मुख्य परीक्षा में यह सीमा दशकों तक रही। यहाँ यह भी ध्यान देने योग्य बात है कि हिंदी देवनागरी लिपि एवं (अन्य भारतीय भाषाओं) व अंग्रेजी (रोमन लिपि) लिखने में अलग-अलग समय लगता है। उदाहरणार्थ, यदि आप 250 शब्द देवनागरी में लिखें व 250 शब्द केवल रोमन लिपि में लिखें तो लिखने में लगा समय रोमन लिपि में अपेक्षाकृत कम होगा। इसका मूल कारण है कि देवनागरी लिपि में मात्राएँ एवं शब्दों पर रेखा लगाने के कारण बार-बार लेखनी का प्रवाह टूटता है और समय ज्यादा लगता है। कुछ आयोगों में सीमा बहुत कम है तो कुछ में बहुत ज्यादा। अब कुछ आयोगों की परीक्षा में शब्द-सीमा पर विचार करें तो यहाँ भी आपको जाने-अनजाने में हो रहा भाषाई भेदभाव दिखेगा।

छत्तीसगढ़ लोक सेवा आयोग

प्रश्न	शब्द-सीमा	कुल शब्द
22	30	660
13	60	780
8	100	800
3	125	375
	योग	2615

मध्य प्रदेश लोक सेवा आयोग

सामान्य अध्ययन-I

प्रश्न	शब्द-सीमा	कुल शब्द
15	15	225
10	100	1000
3	300	900
15	15	225
10	100	1000
3	300	900
	योग	4250

राजस्थान लोक सेवा आयोग

प्रश्न	शब्द-सीमा	कुल शब्द
25	15	375
16	50	800
7	100	700
	योग	1875

पंजाब लोक सेवा आयोग

प्रश्न	शब्द-सीमा	कुल शब्द
15	200	3000
5	100	500
5	100	500
	योग	4000

संघ लोक सेवा आयोग भी इस भेदभाव से अछूता नहीं है। सिविल सेवा मुख्य परीक्षा की शब्द-सीमा लगभग जो न्यायसंगत नहीं है एवं भारतीय भाषाओं के छात्रों के साथ इस अव्यक्त रूप में भेदभाव हो रहा है, जिसे सुधारा जाना आवश्यक है।

संघ लोक सेवा आयोग

सामान्य अध्ययन

प्रश्न	शब्द-सीमा	कुल शब्द
10	150	1500
10	250	2500
	योग	4000

इस प्रकार अधिकांश लोक सेवा आयोगों में प्रश्नों की प्रकृति, शब्द-सीमा परीक्षा के उद्देश्यों से संगत नहीं है। ऐसी स्थिति में परीक्षा का उद्देश्य क्या रह जाता है। निश्चित रूप से दोषपूर्ण प्रणालियाँ योग्य छात्रों की प्रतिभा को सही से नहीं आँक सकतीं एवं वे प्रशासक जिनका राज्य हकदार है, वे कहीं पीछे छूट जाते हैं। शब्द-सीमा के इस ढर्रे से राज्यों को अपनी प्रणाली से बाहर निकालना ही होगा। पंजाब राज्य लोक सेवा आयोग के यदि शब्द-सीमा के पहलू को छोड़ दें तो यहाँ उद्धरित सामान्य अध्ययन का यह प्रश्न-पत्र प्रश्नों की गुणवत्ता व प्रारूप की दृष्टि से अनुकरणीय हो सकता है—

PUNJAB PSC MAIN EXAMINATION 2013
GENERAL STUDIES (PAPER–III)

Instruction

(a) There are Fifteen(15) question of 12 marks each. Word limit for each question is 200 words (maximum)

(b) There are Five(5) question with two sub-part of 7 marks i.e. each question of 14 marks. Word limit for each sub-part is 100 words (maximum)

(c) Word limit in question should be adhered to.

1. Growth and equality are often argued to be in conflict. Can you think of cases where the opposite is true, namely transfers to be the poor can promote economic growth? Discuss these with appropriate examples.
2. The public distribution system makes in-kind transfers of grains to households. What are some reasons for these types of transfers rather than cash transfers to the same households?
3. Is economic liberalization policy a panacea for all kinds of problems which persists in the Indian economy? Discuss.
4. Describe the status of irrigation in the Indian agriculture mentioning its regional variations.
5. Why must future expansions in agricultural output focus on yields rather than cultivable area expansions and what types of state policies have been successfully used for higher yields? How can better communication strategies with farmers help in this regard?
6. International Banks or financial agencies have been found involved in laundering of black money raised through illegal activities such as drug/narcotics trafficking, forged invoicing, extortion and kidnapping for ransom to name a few of the ways through which terrorist

generate cash to finance their deadly deeds. Would a blanket ban on such agencies solve then problem? Critically examine.

7. Discuss the role of electronic media and social networking sites in the context of internal security by highlighting both positive and negative aspects?
8. Throw light on the role played by external, state and non-state actors in threatening national security?
9. Internal security problems could be place in two categories: (a) border state problems and (b) core state problems, identify essential differences between the two and suggest remedial measures?
10. "There is not an iota of doubt that a definite linkage do prevail between development and spread of extremism." Elucidate.
11. Given below is the date of an electoral constituency in Bihar—

Religion	Voters in 000
Christians	20
Hindus	100
Sikhs	50
Muslims	30

(a) Draw a Pie-Chart based on the data

(b) If votes are in proportion to the religious population what % of votes have Muslims polled?

संघ लोक सेवा आयोग के पाठ्यक्रम के साथ राज्यों के पाठ्यक्रम व प्रारूप की संगति

अधिकांश राज्य लोक सेवा आयोगों द्वारा आयोजित राज्य प्रशासनिक सेवा परीक्षा और संघ लोक सेवा आयोग द्वारा आयोजित सिविल सेवा परीक्षा के उद्देश्य

व अर्हताएँ समान होते हुए भी उनमें संगति नहीं है एवं ज्यादातर छात्र दोनों में से एक चुनने पर विवश हो जाते हैं। युवावस्था के सर्वाधिक ऊर्जा वाले दौर में जब छात्रों में उत्साह, कुछ कर गुजरने का हौसला अपने चरम पर होता है, तब परीक्षा प्रणालियों की विसंगतियाँ उसे एक विशिष्ट साँचे में ढलने पर विवश कर दें तो यह अत्यंत दुर्भाग्यपूर्ण है। पिछले कुछ पृष्ठों में इस बात का विश्लेषण किया गया है कि किस प्रकार राज्य लोक सेवा आयोगों के प्रश्नों की प्रकृति, स्तर, शब्द-सीमा आदि युक्तिसंगत नहीं है। यदि इन प्रश्नों की संघ लोक सेवा आयोग के प्रश्नों से तुलना की जाए तो स्पष्ट हो जाता है कि राज्य सेवा की मुख्य परीक्षा के अधिकांश प्रश्न सूचना आधारित व ज्ञानमूलक हैं, वहीं संघ लोक सेवा आयाग में पूछे जानेवाले प्रश्न ज्ञान, विश्लेषण व मौलिकता तीनों का संश्लेषण (Synthesis) है। ऐसे में दोनों सेवाओं की तैयारी की basic approach एवं पाठ्य सामग्री शुरू में ही अलग हो जाती है। देश की युवा प्रतिभाओं की यह विवशता खेदजनक है। यही अंतर प्रारंभिक परीक्षा के प्रश्न-पत्रों में भी देखने को मिलता है।

समस्या का दूसरा पक्ष पाठ्यक्रम से जुड़ा है। जैसा कि हमने पिछले कुछ पृष्ठों में देखा कि किस प्रकार राज्यों के पाठ्यक्रम असंगत अंशों से भरे पड़े हैं, ऐसे में छात्र उन व्यर्थ के अंशों की अधकचरा जानकारी इकट्ठी करने में अपनी ऊर्जा एवं समय नष्ट करता है। कुछ आयोगों, यथा उत्तर प्रदेश लोक सेवा आयोग ने अपनी पूरी पद्धति को संघ लोक सेवा आयोग की हमशक्ल बना दिया है, साथ में उसमें उत्तर प्रदेश का इतिहास, कला, संस्कृति, राज-व्यवस्था, उद्योग, अर्थव्यवस्था, कृषि समेत उत्तर प्रदेश का सामान्य अध्ययन भी हर खंड में जोड़ दिया है। वस्तुतः पाठ्यक्रम को बिना विचारे (यदि अंग्रेजी से शब्द उधार लें तो without Application of Mind) लागू कर दिया और यह भी नहीं सोचा कि पाठ्यक्रम संघ लोक सेवा आयोग से सवाया हो गया है। पाठ्यक्रम बदलने की तत्परता तो उचित है, परंतु समग्र मंथन के बाद ही।

यहाँ यह भी महत्त्वपूर्ण है कि राज्य सेवा हेतु चुने जानेवाले अभ्यर्थियों को राज्य के इतिहास, संस्कृति, समाज, कृषि, अर्थव्यवस्था, समस्याओं, संभावनाओं की अच्छी समझ होनी चाहिए। साथ ही देश एवं विदेश के संदर्भ में भी आवश्यक ज्ञान होना चाहिए। अतः अधिक विवेक सम्मत यह होगा कि पाठ्यक्रम की संघ लोक सेवा आयाग से संगति बिठाते हुए राज्य व देश संबंधी विषयों का प्रतिशत निश्चित किया जाना चाहिए। हमारा सुझाव है कि यह 65:35 या 70:30 हो सकता

है, जिसमें 35 प्रतिशत हिस्सा राज्य विशेष का हो एवं 65 प्रतिशत हिस्सा संघ लोक सेवा आयोग के पाठ्यक्रम से हो।

परंतु केवल पाठ्यक्रम बदलने से पूरी बात नहीं बनेगी। राज्य लोक सेवा आयोगों को चाहिए कि वे उन विद्वान् प्राध्यापकों को अपने राज्यों में आमंत्रित करें कि वे उनके प्रश्न-पत्र बनाने वालों व परीक्षकों का इस संबध में मार्गदर्शन करें, ताकि श्रेष्ठ प्रश्नों का निर्माण व परीक्षण हो सके।

यहाँ यह भी ध्यान देने योग्य है कि सारी जिम्मेदारी आयोग की नहीं है, वरन् राज्य सरकार भी उतनी ही जवाबदेह है। आयोग परीक्षा आयोजित करनेवाली संस्था है। कोई नया प्रारूप तभी लागू होता है, जब राज्य सरकार अनुमति देती है। यह राज्य सरकार की इच्छा पर है कि किसी प्रारूप में परिवर्तन हो अथवा नहीं। इन नियमों के प्रति सामान्यत: राज्य सरकारें बेरुखी दिखाती रही हैं। आवश्यकता है कि लोकसेवकों के चयन की व्यवस्था के प्रति राज्य सरकारें गंभीर हों, सेवा एवं चयन नियमों पर मंथन कर आवश्यक परिवर्तन किए जाए। पुरानी पड़ चुकी पद्धतियों व पाठ्यक्रमों को पहचानकर उन्हें हटाया जाए व नई व्यवस्था लागू की जाए। तब जाकर ही योग्यतम प्रशासक चुने जा सकेंगे और राज्य प्रशासन की नींव बन चुकी ये सेवाएँ बेहतर बन सकेंगी।

इस पूरी समीक्षा पर पाठकों के सुझाव सादर आमंत्रित हैं—

prakalpssun@gmail.com

□

व्यापक भर्ती वाली परीक्षाएँ (SSC, बैंकिंग, रेलवे)

एस.एस.सी., बैंकिंग व रेलवे भर्ती बोर्ड की परीक्षाएँ देश में सरकारी क्षेत्र में प्रतिवर्ष हजारों छात्रों को रोजगार प्रदान करती हैं। राज्य सरकार की समूह 'ग' की सेवाओं की अपेक्षा युवा वर्ग केंद्र सरकार की इन नौकरियों को तरजीह देता है, क्योंकि इनमें बेहतर वेतन व पदोन्नति के अवसर मौजूद हैं। वर्तमान में ये परीक्षाएँ भ्रष्टाचार, भाषायी पूर्वाग्रह व सेवा आवश्यकताओं से असंगति की समस्या से जूझ रही हैं। देश के सामान्य ग्रामीण व कस्बाई पृष्ठभूमि के युवा इन नौकरियों का स्वप्न देखते हैं, परंतु इनका प्रारूप इस प्रकार का हो चुका है कि उक्त पृष्ठभूमि के युवाओं का प्रवेश कठिनतर हो जाता है। मंत्रालयों में काम करनेवाले अनुभाग अधिकारी की परीक्षा ऐसी है कि उसमें लेखन शैली व संक्षिप्तीकरण व बोधगम्यता (Comprehension) का परीक्षण न्यूनतम है। ग्रामीण व आदिवासी क्षेत्रों में काम करनेवाले बैंक अधिकारियों से ऐसी अंग्रेजी पूछी जा रही है कि सिविल सेवा परीक्षा में बैठनेवाले विद्यार्थियों के भी पसीने छूट जाएँ। ऑनलाइन परीक्षा केंद्रों पर मचे हाहाकार को आप आसानी से यू-ट्यूब पर देख सकते हैं। ऐसे माहौल में चयनित विद्यार्थियों की सेवा में आते ही क्या प्राथमिकता होगी, सहज अनुमानगम्य है। बैंक पी.ओ. की परीक्षा में सामान्य अध्ययन बहुत असामान्य हो गया है। परीक्षा प्रणाली का ध्यान गणित और शायद उससे भी ज्यादा ध्यान अंग्रेजी पर लगा है। जितनी अच्छी अंग्रेजी, चयन की उतनी अधिक संभावना। अभी तक खरीद घोटाला, टेंडर में गड़बड़, रिश्वत प्रकरण में सी.बी.आई. जाँच आपने सुनी होगी, परंतु एस.एस.सी. भर्ती में हुई धाँधली हेतु सी.बी.आई. जाँच शायद पहली बार हम सबने देखी और वह भी तब, जब हजारों छात्र सड़कों पर उतरे व आंदोलन किया। ऐसे में इन परीक्षाओं की समीक्षा आवश्यक

है, ताकि इन्हें तार्किक, न्यायसंगत व समावेशी बनाया जा सके।

सर्वप्रथम एस.एस.सी. परीक्षा से प्रारंभ करते हैं। एस.एस.सी. अर्थात् कर्मचारी चयन आयोग की स्थापना की सिफारिश संसद् की प्राक्कलन समिति ने वर्ष 1967-68 में की थी। पहले Subordinate Service Commission अस्तित्व में आया और फिर 26 सितंबर, 1977 को इसे कर्मचारी चयन आयोग (Staff Selection Commission) के रूप में पुनर्गठित किया गया। कर्मचारी चयन आयोग के दायित्व इस प्रकार हैं—

(a) To make recruitment to
   (i) All Group 'B' non-gazetted posts carrying the pay scale upto RS6500-10500 'in the various Ministries/Departments of the Government of India and their attached and Subordinate Offices.
   (ii) All non-technical Group 'C' posts in the various Ministries/Departments of the Government of India and their Attached and Subordinate Offices, except those posts which are specifically exempted from the purview of the Staff Selection Commission.

(b) To conduct examinations and/or interviews, whenever required, for recruitment to the posts within its purview.

(c) To hold Competitive Examinations for recruitment to:
   (i) The posts of Lower Division Clerks in various Ministries/Departments, Attached and Subordinate Offices of the Government of India including those participating in the Central Secretariat Clerical Service/ Indian Foreign Service(B) Railway Board Secretariat Service; and Stenographers in the other Departments including Attached and Subordinate offices of the Government of India not participating in the aforesaid Services.

(ii) The posts of Grade C and Grade D Stenographers of the Central Secretariat Stenographers Service, and equivalent Grades of Indian Foreign Service(B)/Railway Board Secretariat Service; and Stenographers in the other Departments including Attached and Subordinate offices of the Government of India not participating in the aforesaid Services.

(iii) The posts of Assistants in various Ministries/ Departments including Attached and Subordinate Offices of the Government of India including those participating in the Central Secretariat services/IFS(B)/Railway Board Secretariat Service/Armed Forces Headquarters Civil Services.

(iv) The posts of Inspectors of Central Excise in different Collectorates of Central Excise; Inspectors of Income Tax indifferent charge of the Commissioners of Income Tax; Preventive Officers and Examiners in different Custom Houses; Assistant Enforcement Officers in Directorate of Enforcement.

(v) The posts of Sub-Inspectors in Central Bureau of Investigation and Central Police Organisations.

(vi) The posts of Divisional Accountants, Auditors and Accountant under the Office of Comptroller and Auditor General of India and other Accounts Departments and Upper Division Clerks in Attached/Subordinate Offices of the Government of India.

(vii) The posts of Junior Hindi Translators/Junior Translators in Government of India.

(viii) The posts of Section Officer (Commercial Audit) in the office of Comptroller and

Auditors General of India.

(ix) The posts of Section Officer (Audit) in Government of India.

(x) The posts of Investigators in Government of India.

(xi) The posts of Junior Engineer (Civil and Electrical) in Central Public Works Department (CPWD) of Government of India.

(xii) The posts of Tax Assistants in different charges of Commissioner of Income Tax/ Central Excise.

(d) To hold Departmental Examination for:

(i) Promotion from Group D to Lower Division Clerk Grade of the Central Secretariat Clerical Service and equivalent grades in Indian Foreign Service(B)/Railway Board Secretariat Clerical Service/Armed Forces Head-quarters Clerical Service.

(ii) Promotion from Lower Division Clerks to Upper Division Clerks Grade of the Central Secretariat Clerical Service and equivalent in Indian Foreign Service (B)/Railway Board Secretariat Stenographers Service/Armed Forces headquarters Stenographers Service.

(iii) Promotion from Stenographer Grade D to Stenographers Oracle C of the Central Secretariat Stenographers Service and equivalent grades in Indian Foreign Service(B)/Railway Board Secretariat Stenographers Service/Armed Forces Headquarters Stenographers Service.

(e) To conduct periodical Typewriting Test in English and Hindi.

(f) To conduct periodical Stenography Test for promotion of LDCs/UDCs to Stenographer Grade 'D'.

(g) To prepare schemes for recruitment to all Group

B Non-Gazetted posts carrying the pay scale upto Rs.6500-10,500 and Group C non-technical posts in the Ministries/Departments of the Government of India including its Attached and Subordinate Offices in consultation with the Departments concerned.

इस प्रकार एस.एस.सी. संयुक्त स्नातक स्तरीय, उच्च माध्यमिक स्तरीय आदि परीक्षाएँ आयोजित करता है। वर्ष 2008 में प्रारूप बदला और कुछ नई और ज्यादा खतरनाक समस्याओं की वजह बना। पुराने प्रारूप में लिखित परीक्षा पर अधिक जोर था व तत्पश्चात् साक्षात्कार भी था। पुराने प्रतिरूप से संबंधित कुछ रूपरेखा यहाँ दी जा रही है, ताकि नए प्रारूप से इसकी तुलना की जा सके।

Scheme A has the following conventional papers, followed by interview for candidates short listed on the basis of performance in Main Examination.

Paper	Subject	Maximum	Duration
	Marks	Gen.	
I	General Studies (English/ Hindi)	200	3 Hours
II	English	100	2 Hours
III	Arithmetic (English/ Hindi)	200	3 Hours
IV	English Language & comprehension	100	2 Hours
V	Communication Skill and	200	2 Hours
	Writing Ability (English/Hindi)		
-	Interview	100	
Total	900		

Paper II is of qualifying nature for the post of Assistant but for other posts its marks are counted for preparation of final list. Paper IV is compulsory for all except for those opting for the post of Assistant. The logic of prescribing Paper II only of qualifying nature for Assistants forming part of CSS and dispensing Paper IV altogether for them is not very clear as Assistants are required to possess better in their communication skills in the Secretariat compared to those working in the field.

Scheme B (Group 'C' Non-Technical)

Divisional Accountant in pre-revised Pay Scale of Rs. 5500-9000/Junior Accountant (Rs. 4500-7000)/UDC (Rs. 4000-6000)

Scheme B has the following Conventional Papers:

Paper	Subject	Maximum Marks	Duration General
I	Part A: Gen. English	50	2 Hours
	Part B: Gen. Studies (Hindi/Eng.)	50	2 Hours
II	Arithmetic (English/ Hindi)	100	2 Hours
	Total	**200**	

There is no interview prescribed for posts included in Scheme B.

2. The Preliminary Examination which is of screening nature consists of a single objective type question paper as detailed below:

Paper	Subject	Maximum Marks	No. of Questions	Duration General
I	General intelligence Awareness & General (Hindi/English)*	100	100	2 Hrs
II	Arithmetic (English/ Hindi)	100	100	3 Hrs

** Part I comprises General Studies only.*

इस प्रारूप में खास बात यह है कि प्रारंभिक परीक्षा में अंग्रेजी नहीं रखी गई है। 2009 में बी.एस. बासवान समिति ने इस परीक्षा प्रणाली में सुधार पर मंथन किया इससे पूर्व द्वितीय प्रशासनिक सुधार आयोग भी इस पर मंथन कर चुका था। समिति ने उल्लेख किया कि कर्मचारी चयन आयोग द्वारा बताया गया कि परीक्षा प्रक्रिया में काफी कार्य हैं, जिनसे प्रक्रिया लंबी व जटिल हो जाती है। परीक्षार्थियों की बढ़ती संख्या के साथ इसकी जटिलता और अधिक बढ़ जाती है। आयोग द्वारा उल्लिखित कुछ समस्याएँ इस प्रकार हैं—

- उत्तर-पुस्तिकाओं की छँटनी
- Dummy Numbers का आवंटन
- उत्तर-पुस्तिकाओं को विभिन्न परीक्षकों तक भेजना
- उत्तर-पुस्तिकाओं की जाँच
- स्कोरर्स (Scorers) द्वारा उनका सत्यापन (Verification)
- अंकों की एंट्री
- हर चरण व हर वर्ग (Category) के अनुरूप कट-ऑफ निर्धारण

इस प्रकार द्वितीय प्रशासन सुधार आयोग ने भी कई कमियाँ बताईं व अपनी रिपोर्ट में कुछ अनुशंसाएँ की हैं, जो इस प्रकार हैं—

(i) Manual evaluation apart from being time consuming may not be free from the bias of evaluators.

(ii) There is a viewpoint that the conventional examination system of administrating a subjective type test may be substituted by an objective type test. The argument against this proposal is that an objective type test cannot judge the comprehension, analysis and presentation skills of the candidates.

(iii) The advantages of quick evaluation and total objectivity outweigh the disadvantage of not being able to assess the candidates' presentation skills.

(iv) Shortening the examination process would allow the candidates to join at least a year earlier and this could be utilized in part for imparting training to upgrade the skills of relevant candidates.

(v) Testing technology through objective testing has evolved substantially and these tests can be designed to test various competencies of the candidates.

(vi) There is no need to conduct four different examinations for posts included in CGL, SIs in CPOs, Tax Assistants and Section Officers(Audit) [which presumably includes SO(Commercial Audit)]. Participation in extra curricular activities or depth of knowledge gained in the job in the case of candidates already employed, etc. Marks for interview will be apportioned appropriately to test the competencies which might not have been adequately tested through objective type testing in Tier I and II.

(vii) Skill Test for Tax Assistants will be held on-line and results will be available to the SSC immediately after conduct of the Text to avoid any delay in finalization of the results. For the convenience to the candidates, skill test will be scheduled along with interviews.

(viii) Interviews will carry a weight of 100 marks. Involvement of psychologists which is prescribed at present for SIs in CPOs will be dispensed with as such involvement has not been helpful in assessing the psychological profile of the candidates.

(ix) SSC will seek revised option from the candidates at the time of Interview. Such revised option will be to the advantage of the candidates as the Commission proposes to disclose the marks secured by the candidates at each stage of the Examination. This is also consistent with the practice followed by other recruiting bodies, including the UPSO.

अपनी विभिन्न चर्चाओं के आधार पर समिति ने परीक्षा में आधारभूत परिवर्तन की सिफारिश दी थी एवं लिखित के स्थान पर बहुविकल्पीय परीक्षा प्रणाली लागू करने की अनुशंसा की। इस आधारभूत परिवर्तन के संदर्भ में समिति के तर्कों का सार इस प्रकार है (बिंदु संख्या 10, पृ. 10, बासवान समिति रिपोर्ट)

In 2008 SSC had undertaken a review of schemes of Examination for recruitment to various posts for which Essential Qualification is Degree/Post Graduate Degree in different disciplines with a view to reduce the time taken for completing the recruitment cycle. In the Scheme proposed in 2008, it was proposed to conduct a Common Preliminary Examination each year, in the beginning of the recruitment cycle, covering all posts for which Educational Qualification is Degree/Post Graduate Degree. It was further proposed that the examination would be of Objective Type and compulsory for all aspirants to such posts during the year. As per this proposal, the Notice for Common Preliminary Examination would indicate the various posts for which it would serve as the screening test and that the candidates would be asked to indicate their options for various posts after ensuring their eligibility for the same. Multiple options for more than one post depending upon their eligibility were proposed. The proposal envisaged that through the Common Preliminary Examination (CPE), SSC will develop a pool of candidates with different qualifications giving multiple options, for posts. Various posts were grouped on the basis of Educational Qualification and job requirement. Thus, it was suggested that one exam for the posts of SO (Audit), Divisional Accountant, Auditor, etc, could be held and another for SO (Commercial Audit), Statistical Investigator, etc. The proposal envisaged that the candidates who would opt for a particular group of posts would be treated as distinct groups and that, based on the score in the CPE, statistics would be generated for this segregated group category wise depending on the number of category wise vacancies. Adequate candidates would be declared as qualified for the Main exam in options for each group of posts. Separate application for the Main Examination was also proposed to be dispensed with.

तत्पश्चात् वर्ष 2010 से नया प्रारूप लागू हो गया, जिसमें लिखित के स्थान पर बहुविकल्पीय प्रश्न प्रधान भूमिका में आ गए। इस प्रारूप में भी कुछ नई खामियाँ मिलने लगीं व 5 मार्च, 2014 को जारी आदेश में संघ लोक सेवा आयोग के पूर्व सदस्य आई.एम.जी. खान की अध्यक्षता में एक विशेषज्ञ समूह का गठन हुआ। वास्तव में बहुविकल्पीय होने के बाद भष्टाचार व नकल इतनी तेजी से व वृहद पैमाने पर हुई कि समिति के 'Term of Reference' के बिंदु संख्या 3 में यह कहना पड़ा कि "The Expert group will take note of instance of reported malpractices and suggest ways and means to check them."

समिति ने भी अपनी रिपोर्ट के बिंदु संख्या 1.10 में इस समस्या को स्वीकार किया है—

> **1.10** Another major problem with which the Commission is struggling is the growing technical capabilities in the hands of unscrupulous elements allowing them to operate organized rackets of use of unfair means in the various competitive Examinations held by the Commission. Despite continuing efforts by the Commission to tighten security aimed at preventing malpractice, the racketeers always seem to be one step ahead in exploiting the weakest link in the security apparatus, viz., the supervision and actual conduct of Examination at the large number of Centres throughout the Country where the Commission itself has to depend

on other agencies, like school/college teachers, local Government employees, etc. In the presentation given by the Delhi Police to the Expert Group, it became evident that the latest technology was being deployed in an ingenious fashion which could exploit even the small time interval required between the opening of question paper packets and distribution of question papers to candidates at the start of the Examination. Police have also found it difficult to collect evidence and prosecute the wrong-doers who are in a sense, saboteurs bent upon eroding the credibility of the examination system for monetary gain. This not only lowers the confidence of honest aspirant for Government jobs in the fairness and even-handedness of the recruiting agency, viz., the Commission, but also encourages misguided youngsters to assume that they can get a Government job by spending money!

इस प्रकार ऑनलाइन परीक्षा का प्रादुर्भाव हुआ। संयुक्त स्नातक स्तरीय परीक्षा (CGL) के वर्तमान प्रारूप इस प्रकार हैं—

SSC-CGL Scheme of Examination

TIER-I

Sr. No.	Sections	No. of Questions	Total Marks	Time Allotted
1	General Intelligence and Reasoning	25	50	A cumulative time of 60 minutes
2	General Awareness	25	50	
3	Quantitative Aptitude	25	50	
4	English Comprehension	25	50	
	Total	100	200	

TIER-II				
1	Quantiative Ability	100	200	2 hrs.
2	English Language & comprehension	200	200	2 hrs.
3	Statistics	100	200	2 hrs.
4	General Studies (Finance & Economics)	100	200	2 hrs.

TIER-III

SSC CGL Tier - III Exam is a descriptive paper which will be taken offline via pen and paper mode. In this exam, candidates' language proficiency, grammar knowledge, vocabulary usage and writing skills will be tested in English/Hindi. Candidates are required to write essays, précis, application, letter, etc. in 60 minutes.

यह सही है कि बहुविकल्पीय प्रश्न प्रणाली एवं ऑनलाइन परीक्षा से परीक्षा प्रक्रिया में आनेवाली समस्याएँ कम हुईं, परंतु क्या परीक्षा प्रक्रिया योग्य उम्मीदवारों को चुनने में और सक्षम हुई अथवा नहीं, यह मूल प्रश्न है। आयोग का बोझ हल्का होना उद्देश्य है अथवा योग्यतम उम्मीदवारों का चयन। पहले मूल लक्ष्य तय होना चाहिए था। भारत बहुत बड़ा देश है तो स्वाभाविक है कि परीक्षा प्रक्रिया में दिक्कतें आएँगी, पर सिर्फ उनसे बचने के लिए परीक्षा के मूल उद्देश्य से ही समझौता कर लेना गलत है। एक ओर साक्षात्कार प्रक्रिया समाप्त हो चुकी है, दूसरी ओर लिखित परीक्षा महत्त्वहीन कर दी गई है, ऐसे में सही गुणों वाले अभ्यर्थियों का चयन अंग्रेजी में विलोम शब्द बताने या कुछ पहाड़े, जोड़, घटाव से कैसे हो पाएगा, इस पर चिंतन आवश्यक है। फिर सेवा आवश्यकताओं के बारे में कब सोचा जाएगा। यही मंत्रालयिक कर्मचारी अंडर सेक्रेटरी भी बनते हैं, भारतीय राजस्व सेवा तक भी जाते हैं, पुलिस में सहायक पुलिस अधीक्षक भी बनते हैं। कार्य की प्रकृति व आवश्यकताएँ देखते हुए क्या वर्तमान बहुविकल्पीय प्रणाली बेमानी नहीं है ?

परीक्षा में अंग्रेजी इस कदर हावी है कि उसका सारांश देखकर ही पता लग जाएगा कि प्रणाली किस हद तक असंतुलित है। उदाहरण के लिए संयुक्त स्नातक स्तरीय परीक्षा के दो चरण में अंग्रेजी 25 प्रतिशत हिस्से पर कब्जा जमाए हुए है।

अब इस परीक्षा से चयनित अनुभाग अधिकारी अनिवार्य अंग्रेजी में अंकों के आधार पर चयनित होता है, वहीं उसका बॉस आई.ए.एस. अधिकारी की परीक्षा में अंग्रेजी अर्हकारी (Qualyfying) है। दोनों परीक्षाओं में अंग्रेजी के स्तर पर दृष्टि डालिए—

SSC CGL 2017

QID:114 - In the following question, out of the given four alternatives, select the alternative which best expresses the meaning of the Idiom/Phrase.

Wear the green willow

Options—

1. To do something for someone as an act of kindness
2. Suffer unrequited love
3. Cause someone to be very frightened
4. Producing a lavish celebrating feast

QID: 117 - In the following question, out of the four alternatives, select the alternative which is the best substitute of the phrase.

Killer of prophet

Options:

1. Mariticide
2. Vaticide
3. Patricide
4. Sororicide

QID: 110 - In the following question, out of the given four alternatives, select the alternative which best expresses the meaning of the Idiom/Phrase.

Reap the whirlwind

Options:

1. Providing that other factors or circumstance remain the same.
2. Suffer negative consequences as a result of one's actions.
3. An indication that something is accepted or regarded favourably.
4. Believing that moderation is more satisfying than excess.

Civil Services Mains 2017 General English

Use the following idiomatic expressions in sentences in order to bring out their meaning: 2x5=10

(i) A hot potato

(ii) The ball is in your court

(iii) Best of both worlds

(iv) Curiosity killed the cat

(v) Don't put all your eggs in one basket

अब आप ही बताइए, यह कहाँ का न्याय है कि कनिष्ठ अधिकारी से वरिष्ठ अधिकारी से ज्यादा अंग्रेजी में प्रवीण होने की अपेक्षा की जाए। कठिन अंग्रेजी वह भी दोनों चरणों में; इस स्थिति में आपको लगता है कि समूह 'ग' तक की नौकरी में ऐसा होगा तो क्या भारतीय भाषाओं में कोई अध्ययन करेगा? जिन्होंने अनजाने में कर लिया, उनमें से अधिकांश की नियति संभवतः स्वरोजगार या हस्तकौशल रह जाएगी। बड़ा प्रश्न यह भी है कि यदि भारतीय भाषाओं में रोजगार नहीं होगा तो क्या ये भाषाएँ जीवित रहेंगी? क्या इनमें साहित्य, पुस्तकों का लेखन होगा? क्या कोई माता-पिता चाहेंगे कि उनकी संतान भारतीय भाषाओं में पढ़कर यह दंश झेले?

इसी समस्या का दूसरा पहलू यह भी है कि क्या सरकारी कामकाज हेतु भारतीय भाषाओं की आवश्यकता शून्य हो गई है। एक और दृष्टिकोण से सोचिए— भाषा कौशल व उसको अभिव्यक्त करने की क्षमता जरूरी है अथवा अंग्रेजी भाषा के कौशल की। चलिए एकबारगी मान लें कि थोड़ी अंग्रेजी आनी चाहिए, परंतु ऐसा कहने से पहले यह मन में सोच लेना चाहिए कि इस थोड़ी से कहीं ज्यादा अंग्रेजी एस.एस.सी. की परीक्षाओं में बैठनेवाला विद्यार्थी दसवीं व बारहवीं कक्षा की राज्य बोर्ड परीक्षा में पहले ही उत्तीर्ण कर आया है तथा एस.एस.सी. की किसी भी परीक्षा में आवेदन आठवीं की टी.सी. के आधार पर नहीं किया जा सकता। ऐसे में अंग्रेजी में प्रवीणता व 25 प्रतिशत भारांश सर्वथा अनुचित है।

अब दूसरा महत्त्वपूर्ण प्रश्न सेवा आवश्यकताओं को लेकर है। इस परीक्षा में गणित, जोड़, घनत्व, चित्रों की पहेलियाँ असामान्य रूप से अधिक हैं तथा सामान्य अध्ययन कहीं पीछे छूट गया है।

इस प्रकार परीक्षा में सामान्य अध्ययन का महत्त्व बढ़ाए जाने की आवश्यकता हैं। प्रारंभिक चरण पर अंग्रेजी केवल प्रारूप को पूर्वाग्रही बना रही है। अतः उसे हटाया जाना चाहिए। परीक्षा का स्वरूप सिविल सेवा परीक्षा की तर्ज पर निम्न प्रकार हो सकता है—

स्तर-1

1. इस परीक्षा को सिविल सेवा परीक्षा की भांति मात्र अर्हकारी (क्वालिफाइंग) कर देना चाहिए। इस परीक्षा का उद्‌देश्य मात्र गंभीर उम्मीदवारों की छँटनी होना चाहिए।
2. भाषा के प्रश्न इस स्तर पर सम्मिलित नहीं किए जाएँ। केवल गणित, रीजनिंग एवं सामान्य अध्ययन आधारित प्रश्न होना चाहिए।

स्तर-2

इस स्तर को वस्तुनिष्ठ के स्थान पर सिविल सेवा मुख्य परीक्षा की तरह विषयनिष्ठ बनाया जाना चाहिए। इसमें निम्नलिखित खंड अपेक्षित है—

1. भाषा के प्रश्न-पत्र अंग्रेजी के अतिरिक्त अन्य भारतीय भाषाओं में भी होने चाहिए। साथ ही इनका स्वरूप क्वालिफाइंग प्रश्न-पत्र का होना चाहिए।
2. सामान्य अध्ययन को प्राथमिकता देते हुए इतिहास, भूगोल, संस्कृति, राज्यव्यवस्था, संविधान, विज्ञान एवं समसामयिकी आदि से प्रश्न पूछे जाने चाहिए।
3. प्रश्नों के उत्तर का प्रारूप पुराने पैटर्न के अनुसार भी किया जा सकता है। इसमें 300 शब्द, 75 शब्द, 50 शब्दों की सीमा होती थी।
4. जहाँ तक प्रश्न-पत्रों के अंकों के विभाजन का प्रश्न है, निम्नलिखित प्रारूप विचारणीय है—

सामान्य अध्ययन 1	200 अंक
सामान्य अध्ययन 2	200 अंक
गणित/रीजनिंग (निर्णयन क्षमता)	200 अंक
अंग्रेजी	100 अंक (क्वालिफाइंग)
एक भारतीय भाषा	100 अंक (क्वालिफाइंग)

5. गणित, रीजनिंग के प्रश्न-पत्र में कुछ अंक परिस्थिति आधारित निर्णयन क्षमता की जाँच के भी रखे जाने चाहिए।

एस.एस.सी. द्वारा एक और परीक्षा ली जाती है, जो मूलतः समूह घ की परीक्षा दी है, यद्यपि उसका नाम मल्टी टास्किंग स्टॉफ (Multitasking Staff-MTS) परीक्षा है । इसमें चयनित होनेवाले अभ्यर्थियों से जिन कार्यों की अपेक्षा होती है, उनकी सूची का प्रकार है—

1. सेक्शन के रिकॉर्ड की देखभाल।
2. सेक्शन की सामान्य देखभाल।
3. भवन में एक स्थान से दूसरे स्थान तक फाइल–कागजात पहुँचाना।
4. फोटोकॉपी करना।
5. डाक एक कार्यालय से दूसरे कार्यालय ले जाना।
6. कमरे खोलना, बंद करना।
7. कमरों की सफाई।
8. पार्क, लॉन, गमलों की देखभाल आदि।

अब कल्पना कीजिए कि इस हेतु परीक्षा का स्वरूप क्या होगा। इसकी न्यूनतम अर्हता दसवीं कक्षा या समकक्ष परीक्षा उत्तीर्ण करना है। अब यह तो तय है कि दसवीं तक की अंग्रेजी वह पढ़कर ही आया है। गमले सँभालने, डाक एक जगह से दूसरी जगह ले जाने के कार्य करने हेतु आयोजित इस परीक्षा का प्रारूप देखकर आप हैरान रह जाएँगे—

Paper-I
(Computer Based Examination-Objective Type):

Date of Computer Based Examination (Tier-I)	Part	Subject (Not in sequence)	Number of Questions/ Maximum Marks	Time Duration (For all four Parts)
	I	General English	25/25	90 Minutes (120 Minutes for candidates eligible for scribes
	II	General Intelligence & Reasoning	25/25	
	III	Numerical Aptitude	25/25	
	IV	General Awareness	25/25	

Paper-II (Descriptive):

Subject	Maximum Marks	Time Duration
Short Essay/Letter in English or in any language included in the 8th schedule of the Constitution.	50	30 minutes (40 minutes for the candidates eligible for scribes as per Para 8.1 and 8.2)

अब यह विचार-शक्ति व विवेक के परे की बात है। इस परीक्षा में भी 25 प्रतिशत अनिवार्य अंग्रेजी। यानी अंग्रेजी पर अच्छी पकड़ होगी, तभी फूल, पत्ती या डाक अच्छे से पकड़ पाएँगे, शायद यही आधार होगा कि परीक्षा में अंग्रेजी की अनिवार्यता का। यानी यह लगभग तय है कि दसवीं तक भारतीय भाषा माध्यमों में पढ़कर आपके लिए सरकारी नौकरी (समूह 'घ' तक की) पाना अत्यंत कठिन है। अब एक बार इसमें पूछे गए प्रश्नों को भी देख लीजिए, इसके बाद समझ जाएँगे कि आज सरकारी बागवान बनने हेतु भी आपको किस स्तर की अंग्रेजी आनी चाहिए।

Out of the four alternatives, choose the one which best expresses the meaning of the given word:

1. Abhorrent (SSC-MTS 2017)
   (a) Irregularity (b) Repugnant
   (c) Admirable (d) Uncommon

Out of the four alternatives, choose the one which can most appropriately substitute the given word (s) or sentence:

2. The centre of attraction (SSC-MTS 2017)
   (a) Cynosure (b) Focus
   (c) Custodian (d) Point
3. Opposites/Antonyms (SSC-MTS 2013)
   Doleful
   (a) Mournful (b) Cheerful
   (c) Deceitful (d) Beautiful
4. Another meaning of Magnanimous is
   (SSC-MTS 2017)
   (a) Generous (b) High handed
   (c) Magnificent (d) Arrogant

इसी प्रकार की दूसरी महत्त्वपूर्ण परीक्षा बैंकिंग क्षेत्र की है। सरकारी क्षेत्र के बैंकों में लिपिक, पी.ओ. एवं अन्य प्रकार के अधिकारियों की भर्ती परीक्षा का जिम्मा IBPS (Institute of Banking Personnel Selection) को दिया गया है। संस्था की वेबसाइट पर यदि संस्था का Vision देखेंगे तो वह इस प्रकार है—

"To evolve and implement world class processes and systems of assessment/selection of personnel in fast and objective manner for various client organisation. Conduct relevant supportive research and publicise the findings."

अब बैंकिंग पी.ओ. परीक्षा का प्रारूप देखिए एवं अनुमान लगाइए कि यह परीक्षा कितनी समावेशी (inclusive), तार्किक एवं बैंकिंग के उद्‌देश्यों के अनुरूप है—

IBPS PO Prelims 2018 के लिए विस्तृत परीक्षा पैटर्न नीचे दिया गया है।

प्रारंभिक परीक्षा

परीक्षण	प्रश्नों की संख्या	अधि. अंक	परीक्षा का माध्यम	समय
अंग्रेजी भाषा (English Language)	30	30	अंग्रेजी (English)	20 मिनट
मात्रात्मक योग्यता (Quantitative Aptitude)	35	35	अंग्रेजी और हिंदी (English & Hindi)	20 मिनट
तार्किकशक्ति (Reasoning Ability)	35	35	अंग्रेजी और हिंदी (English & Hindi)	20 मिनट
कुल	100	100		60 मिनट

मुख्य परीक्षा

परीक्षण	प्रश्नों की संख्या	अधि. अंक	परीक्षा का माध्यम	प्रत्येक टेस्ट के लिए आवंटित समय
तार्किक शक्ति और कंप्यूटर योग्यता (Reasoning	45	60	अंग्रेजी और हिंदी (English & Hindi)	60 मिनट

Computer Aptitude)				
सामान्य/ अर्थव्यवस्था/ बैंकिंग जागरूकता (General/ Economy / Banking Awareness)	40	40	अंग्रेजी और हिंदी (English & Hindi)	35 मिनट
अंग्रेजी भाषा (English Language)	35	40	अंग्रेजी और हिंदी (English & Hindi)	40 मिनट
डेटा विश्लेषण और व्याख्या (Data Analysis& Interpretation)	35	60	अंग्रेजी/हिंदी (Eng. & Hindi)	45 मिनट
कुल	**155**	**200**	–	**3 घंटे**
अंगेजी भाषा (English Language) पत्र लेखन और निबंध (Letter Writing & Essay)	2	25	अंग्रेजी (English)	30 मिनट

IBPS PO Mains—वर्णनात्मक परीक्षण (Descriptive Test)

वर्णनात्मक पेपर पर (Descriptive Paper) अंग्रेजी भाषा परीक्षण के लिए आवंटित 25 अंकों के साथ 30 मिनट की अवधि का होगा। इसके लिए आपको पत्र लेखन और निबंध पर आधारित परीक्षण से गुजरना होगा।

नोट (Note) : केवल उन उम्मीदवारों को वर्णनात्मक पेपर (Descriptive

Paper) के लिए आमंत्रित किया जाएगा, जो प्रथम और द्वितीय परीक्षा को क्वालीफाई कर चुके हों।

आईबीपीएस पीओ चयन प्रक्रिया—साक्षात्कार (Interview) (Phase-III)

- साक्षात्कार के लिए कुल आवंटित अंक 100 हैं।
- साक्षात्कार में न्यूनतम योग्यता अंक 40 प्रतिशत से कम नहीं होंगे। (आईए. एस. परीक्षा में ऐसा कोई नियम नहीं है)
- (एस.टी./एस.टी./ओबीसी/पीडब्ल्यूडी उम्मीदवारों के लिए 35 प्रतिशत)।
- ऑनलाइन मुख्य परीक्षा और साक्षात्कार का अनुपात क्रमशः 80:20 होगा।

IBPS Po Final Cut-Off 2018-19 : Category-Wise

यह परीक्षा तीन चरणों में आयोजित होती है—

(i)	प्रारंभिक	वस्तुनिष्ठ	केवल अर्हकारी (Qualyfing)
(ii)	मुख्य	वस्तुनिष्ठ एवं विषयनिष्ठ	200 अंक वस्तुनिष्ठ परीक्षण 25 अंक अंग्रेजी लेखन
(iii)	साक्षात्कार	100 अंक	न्यूनतम योग्यता अंक 40%

सर्वप्रथम प्रारंभिक परीक्षा ले लीजिए। इसमें 30 प्रतिशत सारांश अंग्रेजी का है, शायद इसीलिए कि हम-आप जिन शहरी बैंक शाखाओं में रोज आते हैं, वहाँ हमसे सारा व्यवहार अंग्रेजी में ही होता है एवं हम स्वयं सिर्फ अंग्रेजी बोलते, पढ़ते, लिखते एवं समझते हैं। एक बार पुनः याद कीजिए, दिल्ली उच्च न्यायालय ने सिविल सेवा परीक्षा प्रारंभिक परीक्षा में अनिवार्य अंग्रेजी के 7-8 प्रश्न जोड़ने को गंभीर विभेदकारी व अतार्किक माना था।

दूसरी खास बात यह है कि शायद बैंकिंग क्षेत्र के अधिकारी बनने के लिए बैंकिंग संबंधी सामान्य जानकारी, भारतीय अर्थव्यवस्था की मूलभूत जानकारी व अर्थशास्त्र की किसी अवधारणा को जानने की कोई आवश्यकता नहीं है, इसीलिए प्रारंभिक परीक्षा में उक्त खंडों को शामिल ही नहीं किया गया है। आप अंदाजा लगाइए, बैंकिंग क्षेत्र के सर्वोच्च पदों तक लोग इसी परीक्षा से पहुँचते हैं और सामान्य अध्ययन व अर्थशास्त्र का क्या कोई महत्त्व नहीं है?

इसी से स्पष्ट है कि परीक्षा की सेवा आवश्यकताओं से कितनी संगति है। ऐसी असंगत परीक्षा से ही चुने लोग मुख्य परीक्षा में बैठेंगे और उन्हीं में से

अंतिम रूप से आपको चुनना होगा। यदि इसी में उपयुक्त उम्मीदवार नहीं छाँटे जाएँगे तो बाद के चरणों में क्या हो पाएगा।

अब जरा मुख्य परीक्षा की प्रणाली को समझने का प्रयास करते हैं। IBPS का अंग्रेजी के प्रति हठ इतना ज्यादा है कि मुख्य परीक्षा में फिर 2 बार अंग्रेजी पूछी गई है। पहले 40 अंक के वस्तुनिष्ठ प्रश्न एवं उसके बाद 25 अंक की लिखित परीक्षा यानी दोबारा लगभग 30 प्रतिशत अंग्रेजी। बात केवल इतनी नहीं है कि 3 बार अंग्रेजी की परीक्षा ली जा रही है, उसका स्तर क्या है, एक बार इसे भी परख लेते हैं—

1. Which of the followg is MOST OPPOSITE in meaning to the word FEASIBLE ?

(A) Persuasion (B) Duress
(C) Cinch (D) Impediment
(E) Impossible

2. Which word is the most SIMILAR in meaning to Ostentatious?

(A) Illumination (B) Cohort
(C) Pretentious (D) Surcease
(E) None of these

3. Meditation is a practice where an individual, operates or trains the mind or________ a mode of consciousness to allow the mind to engaged peaceful thoughts. Meditation has been practise since ________ in numerous religious traditions are beliefs. Since the 19th century, it has spread from its Asian origins to Western cultures where it commonly practised in private and business life.

I. Conjures
II. Practices
III. Induces
IV. Arcane
V. Antiquity

(A) I-III (B) II-IV
(C) II-V (D) I-V
(E) III-V

क्या इस स्तर की अंग्रेजी पूछा जाना उचित है। परीक्षा के 2 चरणों में ऐसी

अंग्रेजी पढ़कर एवं कस्बाई पृष्ठभूमि के छात्र, सरकारी विद्यालयों में पढ़े छात्र बैंकिंग परीक्षा में पास हो पाएँगे? यदि इस संबंध में कोई असमंजस हो तो कृपया कटऑफ के निम्नांकित आँकड़ों पर गौर कर लीजिए, आपको अंदाजा हो जाएगा कि परीक्षण का स्तर क्या है—

IBPS PO 2018-19 Mains Cut-Off: Subject-wise

S. No.	Subject	Max. Marks	Cut Off (SC/ST/ OBC/PwD)	Cut Off (General)
1.	Reasoning & Computer Aptitude	60	7.50	10.25
2.	English Languae	40	7.50	11.25
3.	Data Analysis & Interpretation	60	2.25	4.50
4.	General Economy & Banking Awareness	40	5.00	8.00
5.	English Language (Descriptive)	25	8.75	10.00

यानी चयनित लोग वे हैं जिन की अंग्रेजी काफी अच्छी है, पर बैंकिंग व अर्थशास्त्र के ज्ञान तथा आँकड़ों के विश्लेषण में हाथ काफी तंग है।

IBPS PO 2018-19 Mains Cut-Off: Category-wise

Category	Cut Off Marks
General	74.50
OBC	68.38
SC	56.38
ST	35.75
HI	42.63
OC	53.25
VI	66.88
ID	37.00

इस प्रकार परीक्षण को बहुत जटिल कर देना भी उचित नहीं है। जटिलता अलग चीज है व अवधारणात्मक समझ अलग। देश की परिस्थितियों व समावेशिता (inclusiveness) को ध्यान में रखते हुए यह बहुत जरूरी है कि परीक्षा किसी वर्ग, पृष्ठभूमि आदि के पक्ष में न झुक जाए। साथ ही सेवा की आवश्यकताओं के साथ उसका सीधा संबंध होना चाहिए। इन परीक्षाओं में सबसे चिंताजनक बात यह है कि इसमें भारतीय भाषाओं का कहीं कोई स्थान नहीं है। जमीनी हकीकत यह भी है कि अपने सेवाकाल में बहुत वर्षों तक कई बार ग्रामीण शाखाओं में भी ये अधिकारी काम करते हैं। कुछ कारपोरेट या औद्योगिक शाखाओं को छोड़ दें तो आप अपने सामान्य अनुभव से अंदाजा लगा सकते हैं कि अंग्रेजी में प्रवीणता चाहिए या भारतीय भाषाओं में। समस्या तब और भी गंभीर हो जाती है, जब बैंक लिपिक परीक्षा (जो IBPS द्वारा ली जाती है) में भी अंग्रेजी के प्रति यह मोह छूट ही नहीं पाता। सरकार प्रयास कर ही है बैंकों के फॉर्म क्षेत्रीय भाषाओं में हों, परंतु शायद IBPS का मानना है कि लिपिक का कर्तव्य है कि वह सिर्फ अंग्रेजी बोले व लिखे, 5वीं पास ग्राहकों को अंग्रेजी में ही समझाए। आप अपने व्यक्तिगत अनुभव से बताइए, कितने बैंक लिपिकों को आपने अंग्रेजी में आपसे व्यवहार करते देखा व निर्णय कीजिए कि लिपिक के लिए भारतीय भाषाएँ जरूरी हैं या दो चरण में अंग्रेजी की परीक्षा उत्तीर्ण करना। इसीलिए IBPS की बैंक लिपिक परीक्षा के प्रारूप पर एक दृष्टि डालना जरूरी है—

CLERICAL PRE

S. No.	Name of Tests (Objective)	No. of Questions	Maximum Marks	Duration
1.	English Language	30	30	20 Min.
2.	Numerical Ability	35	35	20 Min.
3.	Reasoning Ability	35	35	20 Min.
	Total	100	100	Composite time of 1 Hour

CLERICAL MAINS

S. No.	Name of Tests (Objective)	No. of Questions	Maximum Marks	Duration
1.	Reasoning Ability & Computer Aptitude	50	60	45 Min.
2.	English Language	40	40	35 Min.
3.	Quantitative Aptitude	50	50	45 Min.
4.	General/ Financial Awareness	50	50	35 Min.
	Total	190	200	160 Min.

अब इसे क्या समझा जाए। कितनी अतार्किक बात है कि जहाँ आई.ए.एस. बनने हेतु अंग्रेजी सिर्फ क्वालिफाई करनी होती है, वहाँ हमारे देश में बैंक लिपिक बनने हेतु दो चरणों के अंग्रेजी परीक्षण से गुजरना होता है। यह बात अंग्रेजी के विरोध की दृष्टि से नहीं, वरन् सेवा आवश्यकताओं से असंगत होने की दृष्टि से देखी जानी चाहिए। प्रारूप इसलिए अतार्किक है, क्योंकि यह सेवा आवश्यकताओं से असंगत है। क्यों नहीं लेखन कौशल व विश्लेषण की जाँच हेतु एक लिखित परीक्षा जोड़ी जाती? आपको यह जानकर आश्चर्य होगा कि बैंक पी.ओ. एवं बैंक क्लर्क दोनों में अभ्यर्थी लगभग एक ही होते हैं। इसके पीछे वही मजबूर मानसिकता है कि चलो कहीं तो चयन हो, कैसे भी नौकरी तो लगे। यह भी अत्यंत निराशाजनक है कि भारतीय भाषाओं में पढ़े, ग्रामीण व कस्बाई पृष्ठभूमि के छात्र बड़ी नौकरियों से तो वंचित हो ही रहे हैं। इस प्रकार की व्यापक भर्ती वाली लिपिक परीक्षाओं से भी उन्हें पहले चरण से ही चलता किया जाएगा तो इन भाषाओं की क्या नियति होगी? 'हम भारत के लोग' अपने ही देश में अपनी ही भाषा में पढ़कर यदि लिपिक भी नहीं बन सकते तो क्या हम यह मान सकते हैं कि हम वास्तव में स्वतंत्र हो गए।

बड़ा प्रश्न यह है कि आज भारतीय भाषाएँ पतन की ओर हैं, क्योंकि भारतीय

भाषाओं में रोज़गार घटता जा रहा है। व्यापक भर्तियों वाली इन सेवाओं में यदि भारतीय भाषाओं को सेवा की मूल आवश्यकता होते हुए भी इस तरीके से हटा दिया जाएगा तो इन भाषाओं का क्या हश्र होगा। विश्व के विकसित राष्ट्र अपनी ही भाषाओं में पूरा काम यहाँ तक कि आधुनिकतम विज्ञान का कार्य भी करते हैं। वहीं दूसरी ओर हम अपनी मातृभाषा की गोदी से उतरकर अंग्रेजी के पिछलग्गू बन गए हैं। यह ध्यान रखना नितांत आवश्यक है कि भाषा संस्कृति की संवाहक होती है। यदि भाषा क्षरित होती रहेगी तो संस्कृति भी नहीं बच पाएगी।

अतः आवश्यक है कि इन परीक्षाओं को तार्किक, सेवा आवश्यकताओं के अनुरूप व समावेशी बनाने हेतु इनके प्रारूप पर पुनर्विचार किया जाए। भारतीय भाषाओं को इसमें यथोचित स्थान मिले व अंग्रेजी यदि बहुत आवश्यक समझी जाए तो सिविल सेवा परीक्षा के समान अंग्रेजी केवल अर्हकारी हो। साथ ही उस वर्ष के प्रश्न-पत्र एवं उसमें छात्रों की performance की दृष्टि से कट ऑफ अंक तय किए जाएँ।

इस पूरी समीक्षा पर पाठकों के सुझाव सादर आमंत्रित हैं—

prakalpssun@gmail.com

□

सिविल सेवा परीक्षा पर आयोजित प्रथम राष्ट्रीय कार्यशाला

सिविल सेवा परीक्षा की प्रणाली में व्याप्त कमियों तथा देश में इस सेवा की भूमिका को रेखांकित करते हुए इसमें सुधार की आवश्यकता के महत्त्व को समझाने व उसका सामाधान प्रस्तुत करने हेतु शिक्षा संस्कृति उत्थान न्यास द्वारा एक राष्ट्रीय स्तर की कार्यशाला का आयोजन 1 मार्च, 2015 को इंडियन लॉ इंस्टीट्यूट, नई दिल्ली में आयोजित किया गया। इसका विषय था, 'संघ लोक सेवा आयोग द्वारा आयोजित परीक्षाएँ : भाषा व पद्धति की प्रासंगिकता।' गत वर्ष परीक्षा प्रणाली में सुधार की माँग को लेकर हुए अभूतपूर्व आंदोलन द्वारा उठ खड़े हुए प्रश्नों के विश्लेषण व समाधान पर भी इस सम्मेलन में मंथन हुआ एवं भविष्य की कार्ययोजना भी तैयार की गई। श्री अतुल कोठारी के दिशा निर्देश पर आयोजित इस सम्मेलन में वरिष्ठ शिक्षाविदों, लोक प्रशासन के ख्यातनाम विद्वानों, वरिष्ठ अधिकारियों, लोक सेवा आयोग के पूर्व सदस्य एवं सिविल सेवा परीक्षा के अभ्यर्थियों ने इस कार्यशाला में भाग लिया। समारोह का उद्घाटन माखनलाल चतुर्वेदी पत्रकारिता के विश्वविद्यालय भोपाल में कुलपति श्री बृजकिशोर कुठियालाजी ने किया, साथ ही इस सत्र में इग्नू की प्रो. वाइस चांसलर श्रीमती सुषमा यादव भी मौजूद रहीं। इस कार्यशाला में विद्वानों का अमूल्य मार्गदर्शन मिला तथा अनेक सुझाव भी आए। इस अध्याय में उन्हीं का सार प्रस्तुत है।

सर्वप्रथम अपने स्वागत भाषण में शिक्षा संस्कृति उत्थान न्यास के राष्ट्रीय सचिव श्री अतुल कोठारी ने कहा कि प्रथम बार ऐसी चर्चा का आयोजन किया जा रहा है, जो कि विषय पर चेतना प्रसार में अहम भूमिका निभाएगी। छात्रों द्वारा की गई पहल की मुक्त कंठ से प्रशंसा करते हुए उन्होंने कहा कि वर्तमान प्रणाली में

कुछ गंभीर दोष हैं। इस विषय पर एक गंभीर विश्लेषण की आवश्यकता को समझते हुए इस कार्यशाला का आयोजन किया गया है। साथ ही उन्होंने 'शिक्षा बचाओ आंदोलन' द्वारा प्रारंभिक परीक्षा में अंग्रेजी अनिर्वायता के विरोध एवं इस संदर्भ में दायर याचिका का भी उल्लेख किया। तत्पश्चात् मुख्य अतिथि श्री कुठियालाजी ने वर्तमान प्रणाली में भाषा संबंधी विसंगति को रेखांकित किया तथा इस बात पर जोर दिया कि एक योग्य लोकसेवक हेतु भारतीय संस्कृति की समझ आवश्यक है तथा अंग्रेजी के साथ-साथ हिंदी व भारतीयता को अधिक महत्त्व मिलना चाहिए। एक लोकसेवक ऐसा हो, जिसमें यह दृष्टि हो, कल्पना हो कि मेरा देश कैसा होना चाहिए। उसमें देश की समस्याओं, जनाकांक्षाओं की जमीनी समझ हो तथा उन समस्याओं को हल करने का दृष्टिकोण भी हो। प्रणाली ऐसी हो जो यह परख सके कि सिविल सेवक बनने वाला व्यक्ति भारत को इंडिया बनाना चाहता है अथवा भारत। क्या उसमें देश के लिए एक स्वप्न है अथवा नहीं?

तत्पश्चात् श्रीमती सुषमा यादव ने लोक प्रशासन, नीति निर्माण, संघ लोक सेवा आयोग आदि में अपने व्यापक अनुभव ज्ञान से सभी का मार्गदर्शन किया। अपने उद्बोधन में उन्होंने बताया कि वे स्वयं हिंदी माध्यम से रही है। भाषा व बुद्धिमत्ता का कोई सीधा सहसंबंध नहीं है अथवा बुद्धिमत्ता (intelligence) भाषा से सीमित नहीं हो सकती। यह तो अंतनिर्हित क्षमता है। अत: किसी भाषा विशेष प्रति पूर्वग्रह अनुचित है। इसीलिए उन्होंने जोर देकर कहा कि अंग्रेजी के अनिवार्यता सिविल सेवा में नहीं होनी चाहिए। अंग्रेजी की अनिर्वायता ICS वाले ढाँचे में थी, जब कुलीन व अंग्रेजी पर्यायवाची थे। पुन: उस समय सिविल सेवा का उद्देश्य भी भिन्न था। तब सिविल सेवकों का उद्देश्य अंग्रेजी हुकूमत को चलाना था। स्वतंत्र भारत में यह उद्देश्य सुशासन (good governance) है।

सिविल सेवा के महत्त्व को रेखांकित करते हुए उन्होंने कहा कि यही सेवा परिवर्तन का माध्यम बन सकती है। इसमें निहित परिवर्तन क्षमता, सम्मान, शक्ति, गरिमा के कारण आई.आई.टी. व एम.बी.ए. के विद्यार्थी भी इसकी ओर आकर्षित हुए। अत: प्रणाली 'LEVEL PLAYING FIELD' होनी चाहिए तथा यदि भाषा या अन्य किसी आधार पर सभी छात्रों को समान अवसर नहीं मिलता है तो यह सर्वथा अनुचित है। इसी संदर्भ में उन्होंने स्पष्ट किया कि भारत में वही नीतियाँ सफल हो सकती हैं, जो भारत की परिस्थितियों को ध्यान में रखकर बनाई जाएँ, न कि आयात की हुई नीतियाँ। इसी को वास्तविक रूप प्रदान करने के लिए उन्होंने

कुछ अमूल्य सुझाव दिए, जो निम्नलिखित हैं—

1. विद्वानजनों की एक समिति बनाई जाए, जो इस तथ्य का विश्लेषण करे कि इस परिवर्तन का (CSAT) का क्या परिणाम रहा व क्या यह परिणाम देशहित में है।
2. इन सुझावों को सभी छात्रों तक ले जाया जाए व आखिल भारतीय स्तर पर संगोष्ठियों का आयोजन हो।
3. मंथन व विचार के बाद इस विषय को आगे बढ़ाया जाए।

सत्र का समापन करते हुए श्री अतुल कोठारी ने एक गैर–सरकारी समिति के गठन का प्रस्ताव दिया, इसमें इस विषय से जुड़े विद्वानों की भागीदारी हो। साथ ही इस विमर्श को अखिल भारतीय स्तर पर प्रसारित करने की बात कही। छात्रों तथा विद्वानों से इसका नेतृत्व करने का आह्वान किया। इस सत्र में श्री देवेंद्र सिंह द्वारा सिविल सेवा परीक्षा पर देश में लिखी गई पहली पुस्तिका 'सिविल सेवा परीक्षा : विवाद एवं समाधान एक प्रयास' का विमोचन किया गया। साथ ही न्यास की ओर से एक पुस्तक 'संस्कृत, संस्कृति व विदेशी भाषा विवाद' (लेखक आलोकजी एवं दयालुजी) का विमोचन भी किया गया।

दूसरा सत्र मूलतः प्रारंभिक परीक्षा पर केंद्रित था। इस सत्र की शुरुआत में छात्रों की ओर से कुछ प्रश्न रखे गए, यथा क्यों अचानक 2011 से ही ग्रामीण व मानविकी पृष्ठभूमि के छात्रों का चयन प्रतिशत तेजी से गिर गया ? क्या G.M.AT, MBA आदि परीक्षाओं का प्रारूप योग्य सिविल सेवक का चयन करने में सक्षम है ? इस सत्र को वरिष्ठ अधिकारियों ने ही संबोधित किया तथा वर्तमान प्रणाली की समस्याओं को रेखांकित करते हुए अपने अमूल्य सुझाव दिए।

एक वरिष्ठ अधिकारी ने छात्रों के संघर्ष व प्रयासों की प्रशंसा करते हुए हिंदी व अन्य भारतीय भाषाओं से मुख्य परीक्षा देनेवाले छात्रों की गिरती संख्या पर चिंता जताई। भाषा के महत्त्व को रेखांकित करते हुए उन्होंने कहा कि वर्ष 1979 से कोठारी समिति की अनुशंसाओं के अनुरूप लाए गए परिवर्तनों का परिणाम सकारात्मक रहा व पहली बार देश के गरीब तबके के छात्र भी अपनी भाषा में लिखकर सिविल सेवा में चयनित हुए तथा यह प्रतिशत निरंतर बढ़ता चला गया। कोठारी समिति के एक निष्कर्ष का भी उन्होंने उल्लेख किया, जिसके अनुसार समिति का मानना था कि जिन्हें भारतीय भाषाएँ नहीं आतीं, उन्हें सिविल सेवा में नहीं आना चाहिए। साथ ही आयोग द्वारा आयोजित अन्य परीक्षाओं की विसंगतियों

पर चर्चा करते हुए उन पर भी ध्यान देने की आवश्यकता पर उन्होंने जोर दिया।

अगले वक्ता ने सिविल सेवा में अपने लंबे अनुभव के आधार पर स्पष्ट किया कि चयनित होने के बाद एक लोकसेवक के रूप में वास्तव में क्या करना होता है व इसके लिए कैसी क्षमताएँ चाहिए। वर्तमान प्रणाली के प्रश्न–पत्र 2 को उन्होंने इस संदर्भ में असंगत माना।

अगले वक्ता ने अनुवाद को एक गंभीर समस्या माना तथा यही भी स्पष्ट किया कि इसके कारण छात्रों में अनुचित विभेद हो रहा है। प्रश्न–पत्र के प्रारूप का विश्लेषण करते हुए उन्होंने स्पष्ट किया कि वर्तमान प्रणाली में गणित, रीजनिंग जैसे घटकों का प्रभुत्व है, जो अनावश्यक व अनुचित है। MBA/CAT/MAT आदि की परीक्षा की प्रकृति सिविल सेवा से मौलिक रूप से भिन्न है। इन्हें मिला देना सिविल सेवा की परीक्षा पद्धति के मूल उद्देश्य को निष्फल कर देता है। प्रश्न–पत्र–2 में पूछे जानेवाले परिच्छेदों के अनुवाद को त्रुटिपुर्ण मानते हुए उनका सुझाव था कि हिंदी में पूछे जानेवाले परिच्छेद अनूदित न होकर मूलत: हिंदी में ही हों।

एक अन्य वक्ता ने वर्तमान प्रणाली में सुधार के साथ–साथ चयन के बाद भी सेवा के दौरान लोकसेवकों के बेहतर सेवा निष्पादन हेतु अधिक विवेकपूर्ण प्रणाली की आवश्यकता पर बल दिया। इसके लिए आवश्यक है कि लोकसेवकों की पदोन्नति आदि को आधार सेवा काल (Time in service/Seniority) के बजाय बेहतर कार्य निष्पादन हो तथा इसके एक वस्तुनिष्ठ पद्धति बने।

सम्मेलन के सभी सत्रों में छात्रों व वक्ताओं के बीच संवाद भी हुआ। इस संवाद में छात्रों ने भी कुछ गंभीर प्रश्न उठाए यथा क्या IAS व IFoS की एक ही परीक्षा होनी चाहिए? क्या अंग्रेजी प्रशिक्षण के दौरान नहीं सिखाई जा सकती, जबकि भारतीय भाषाओं का प्रशिक्षण भी तो दिया ही जाता है? क्या CSAT को क्वालिफाईंग नहीं कर देना चाहिए?

इसी प्रकार अगले सत्र मुख्य परीक्षा, साक्षात्कार व पारदर्शिता पर आधारित था। इसमें एक वरिष्ठ अधिकारी का मत था कि सामान्य अध्ययन पर ही पूरा जोर होना चाहिए, क्योंकि ऐसा कोई विषय या क्षेत्र नहीं है, जो सामान्य अध्ययन की परिधि से बाहर हो। मुख्य परीक्षा में वैकल्पिक विषयों को उन्होंने अनुपयुक्त व अव्यवहार्य बताया।

अगले वक्ता ने अपने सेवा काल, संघ लोक सेवा आयोग में अपने व्यापक अनुभव के आधार पर CSAT प्रणाली के दोषों पर चर्चा की तथा इसे समाप्त करने

पर बल दिया। उन्होंने परीक्षा प्रणाली में भाषाई भेदभाव को एक बड़ी समस्या बताया। उनका मत था कि अमुक पृष्ठभूमि के उम्मीदवार (यथा इंजीनियरिंग) को अन्य पृष्ठभूमि (यथा मानविकी) से बेहतर मानने का पूर्वग्रह वर्तमान प्रणाली का सबसे बड़ा दोष है।

अगले वक्ता ने चयन के अपने अनुभव के आधार पर बतलाया कि वर्तमान CSAT प्रणाली सिविल सेवा की आवश्यक अर्हताओं के परीक्षण में अक्षम है। मुख्य परीक्षा में प्रश्नों के प्रारूप व प्रश्नों की अत्यधिक संख्या पर उनका मत था कि यह प्रारूप सतही व तथ्यात्मक जाँच करने में ही सक्षम है, न कि छात्र की विश्लेषण क्षमता का, साथ ही अंग्रेजी अनिवार्य प्रश्न-पत्र के स्तर के मनमानेपन पर प्रकाश डालते हुए इस प्रश्न-पत्र को समाप्त करने का समर्थन किया।

अंतिम सत्र में संकल्प संस्था के श्री संतोष तनेजा ने पद्धति की कमियों पर अपने विचार रखे तथा छात्रों को परीक्षा की तैयारी करने की योजना हेतु सुझाव दिए।

अंत में श्री अतुल कोठारीजी ने अपने समापन भाषण में पूरी कार्यशाला का सार प्रस्तुत करते हुए कहा कि यह सिविल सेवा परीक्षा जैसे गंभीर विषय पर वर्षों से लंबित सुधारों की ओर एक शुरुआत है। इस विषय पर और अधिक मंथन की आवश्यकता है तथा इसके लिए विद्वानों, अधिकारियों, शिक्षाविदों, छात्रों आदि की एक समिति बनाई जानी चाहिए।

इस कार्यशाला में उपस्थित अतिथियों, छात्रों, अधिकारियों के विचार व सुझाव जानने हेतु एक सुझाव पत्रक भी वितरित किया गया था, जिसमें 3 प्रश्न पूछे गए थे जो निम्नलिखित हैं—

1. आपके विचार से किसी लोकसेवक में किस प्रकार के गुण होने चाहिए?
2. क्या सिविल सेवा परीक्षा की वर्तमान पद्धति में एक सक्षम लोकसेवक बनने हेतु आवश्यक गुणों का परीक्षण हो पाता है?
3. क्या वर्तमान प्रणाली सभी पृष्ठभूमियों (ग्रामीण व शहरी) तथा सभी भाषायी माध्यमों को समान व न्यायपूर्ण अवसर देती है?
4. कोई अन्य टिप्पणी।

इन प्रश्नों पर प्राप्त सुझावों के कुछ महत्त्वपूर्ण अंश निम्नलिखित हैं—

1. वर्तमान प्रणाली आंशिक रूप से सक्षम है। एक योगय सिविल सेवक जन भाषा व समाज को समझने वाला, समानता का पक्षधर, निडर, तर्कशील तथा संवेदनशील होना चाहिए।

2. CSAT प्रणाली में प्रश्न–पत्र 2 तकनीकी पृष्ठभूमि के छात्रों के लिए अत्यंत सहज है, जिस कारण अन्य पृष्ठभूमि के छात्रों के साथ भेदभाव हो रहा है।
3. मानविकी, ग्रामीण पृष्ठभूमि व भारतीय भाषाओं वाले माध्यम वाले छात्रों CSAT के कारण पिछड़ रहे हैं।
4. वर्तमान प्रणाली में अवसर की समानता का अभाव है, जो परीक्षा प्रक्रिया के मूल उद्देश्य को ही निष्फल कर रहा है।
5. परीक्षा में सामान्य अध्ययन के सभी खंडों का भारांश समान होना चाहिए, ताकि किसी को भी अवांछित लाभ न मिले।
6. वर्तमान साक्षात्कार प्रक्रिया में वस्तुनिष्ठता का अभाव है, अतः इसे वस्तुनिष्ठ बनाने हेतु एक समिति का गठन किया जाना चाहिए।
7. साक्षात्कार प्रक्रिया की कमियों को दूर करने हेतु इस प्रक्रिया को S.S.B, सेना आदि की साक्षात्कार प्रक्रिया के समान होना चाहिए।

□

एक विनम्र निवेदन

इस प्रकार इस पूरी समीक्षा से यह स्पष्ट होता है कि लोक सेवा परीक्षा की वर्तमान प्रणालियों में कई कमियाँ हैं, जिनका निराकरण अति आवश्यक है। आज जब विकास सबसे महत्त्वपूर्ण मुद्दा है तो यह भी समझना चाहिए कि इस विकास को जमीनी हकीकत का रूप सिविल सेवक ही देते हैं। वर्तमान में भारत में अनेक सुदृढ़ कानून व तंत्र हैं, परंतु फिर भी अपेक्षित विकास एवं सुशासन दिखाई नहीं पड़ता। वस्तुतः समस्या कानूनों या मॉडलों की नहीं वरन् उन्हें लागू करने की है। यदि अच्छे सिविल सेवक चुने जाएँगे तो यह कार्य सुगमता से हो सकेगा। अच्छे अधिकारी किस तरह पूरा परिदृश्य बदल सकते हैं, यह श्री टी.एन. शेषन व श्री लिंगदोह जैसे अधिकारियों ने साबित कर दिया। आज भारत की चुनाव प्रणाली विश्व की कुछ चुनिंदा प्रणालियों में शामिल है तो ऐसे ही अधिकारियों की बदौलत। अतः आवश्यक है कि जितने गंभीर प्रयास विकास अथवा सुशासन के मॉडलों को बनाने में किए जाते हैं, उतना ही गंभीर प्रयास सिविल सेवा परीक्षा एवं राज्य लोक सेवा आयोगों एवं अन्य लोक सेवा संबंधित परीक्षाओं को बेहतर बनाने के लिए भी होना चाहिए, ताकि सुशासन व विकास जमीनी सच्चाई बन सकें। अतः आवश्यक है कि इस पर देशव्यापी विमर्श प्रारंभ हो, ताकि उपयुक्त समाधान मिल सके।

साथ ही सभी प्रतियोगी परीक्षाओं में भारतीय भाषाओं का समाप्त होता महत्त्व हर भारतीय के लिए चिंता का विषय होना चाहिए। हमें यह ध्यान रखना चाहिए कि स्वतंत्रता के 70 वर्ष बाद भी यदि 'हम भारत के लोग', अपनी भाषाओं में पढ़े मेधावी छात्रों को लिपिक भी नहीं बना सकते तो यह स्वतंत्रता बेमानी है।

इस पूरी समीक्षा पर पाठकों के सुझाव सादर आमंत्रित हैं—

prakalpssun@gmail.com

□

संदर्भ स्रोत

1. संघ लोक सेवा आयोग द्वारा प्रकाशित वार्षिक रिपोर्ट (55th Annual Report to 68th Annual Report)
2. लाल बहादुर शास्त्री राष्ट्रीय प्रशासनिक प्रशिक्षण अकादमी, मसूरी द्वारा प्रकाशित रिपोर्ट 'BATCH PROFILE'
3. http://www.outlookindia.com/article/A-Commission-Of-Errors/291638
4. http://www.outlookindia.com/article/A-Battle-I-Didnt-Need/291639
5. http://indiatoday.intoday.in/story/from-the-archives-civil-services-examination-upsc-row/1/377036.html
6. http://persmin.gov.in/otraining/Competency%20 Dictionary % 20for %20the %20Civil %20Services.pdf
7. http://timesofindia.indiatimes.com/india/MHA-allows-use-of-Hinglish-in-official-work/articleshow/10333790.cms
8. S.K. Khanna Committee Report
9. Purushottam Aggrawal Committee Report
10. Prof. Arun Nigevekar Committee Report
11. Y.K. Alagh Committee Report
12. IInd ARC Report
13. Arvind Verma Committee Report
14. www.rpsc.rajasthan.gov.in
15. https://gpsc.gujarat.gov.in/

16. http://ukpsc.gov.in/
17. http://www.mppsc.nic.in/
18. https://www.mpsc.gov.in
19. http://www.hppsc.hp.gov.in/hppsc/
20. https://upsc.gov.in/
21. http://uppsc.up.nic.in/
22. https://www.ibps.in/
23. https://ssc.nic.in/
24. Y.K. Alagh Committee Report on Reforms in SSC
25. I M G Khan Committee Report
26. www.hindustantimes.com/chandigarh/rana-resigns-as-hpsc-member/story-G0Qhxfc46RuHflWVjDmDUN.html
27. https://timesofindia.indiatimes.com/city/jaipur/RJSE-paper-leak-Arrest-warrant-issued-against-ex-RPSC-chairman/articleshow/
28. https://indiankanoon.org/doc/175165493/
29. https://indiankanoon.org/doc/1433495/
30. http://www.kpsc.kar.nic.in/
31. http://www.psc.cg.gov.in/
32. ppsc.gov.in

□□□